afgeschreven

Het gewicht van een mosterdzaadje

Wendell Steavenson

Het gewicht van een mosterdzaadje

Het leven van een gezin in Bagdad

Vertaald door Per Justesen

Uitgeverij De Arbeiderspers
Amsterdam · Antwerpen

Uitgeverij De Arbeiderspers stelt alles in het werk om op milieuvriendelijke en duurzame wijze met natuurlijke bronnen om te gaan. Bij de productie van dit boek is gebruikgemaakt van papier dat het keurmerk van de Forest Stewardship Council (FSC) mag dragen. Bij dit papier is het zeker dat de productie niet tot bosvernietiging heeft geleid.

Omslagontwerp: Bram van Baal
Omslagillustratie: Ziyah Gafic/Getty Images

ISBN 978 90 295 6771 8 / NUR 320

www.arbeiderspers.nl

En Wij zullen weegschalen der gerechtigheid instellen op de Dag der Opstanding, zodat geen enkele ziel in enig opzicht onrecht zal worden aangedaan. En al was het slechts het gewicht van een mosterdzaadje, Wij zullen het naar voren brengen en Wij zijn voldoende als Rekenaar.

Koran, hoofdstuk 21, De Profeten, vers 47

Inhoud

Bericht van de auteur

In de zomer van 2003 kwam ik als freelancejournalist in Bagdad aan. Ik had afspraken gemaakt met *The Observer*. Ik had de oorlog in het noordelijk gelegen Koerdistan doorgebracht en ik wilde de nasleep van de strijd meemaken en meer te weten komen over de jaren van isolement tijdens het bewind van Saddam Hoessein. Die hele augustusmaand bracht ik in Bagdad door en ik keerde in november terug voor een verblijf van zeven maanden. Eerst woonde ik tussen horden journalisten in het Hamra Hotel en daarna verhuisde ik naar het goedkopere Dulaimi in dezelfde straat. Daarna naar het huis van The Guardian met een paar gewapende bewakers in de tuin. Ik schreef berichten voor Slate.com en artikelen voor *Financial Times Magazine* en *Granta* en intussen werkte ik aan dit boek door met een tolk de familie Sachet en vrienden en collega's van generaal Kamel Sachet te interviewen. Ik legde hun uit dat ik belangstelling had voor het verhaal van een Irakese generaal om daarmee het verhaal te vertellen van de gebeurtenissen in Irak, gezien door de ogen van niet alleen de slachtoffers van het regime, maar ook van degenen die er een rol in hadden gespeeld. Ik schreef mijn interviews in een zakboekje en werkte ze, meestal nog dezelfde dag, op mijn laptop om tot opgeschoonde transcripties, observaties en paragrafen.

Ik verliet Bagdad in juni 2004, uitgeput door de stress van het geweld, dat onophoudelijk doordenderde. Ik wilde na een flinke pauze terugkomen. Gedurende de zomer werden twee vrienden van me ontvoerd – beide werden na een paar dagen vrijgelaten – maar uit gesprekken met collega's in Irak werd me duidelijk dat mijn werkwijze langzamerhand al te roekeloos was geworden: rondrijden door de stad in een gewone auto met een hoofddoek om mijn blonde haar te verbergen, maar zonder bewakers of vuurwapens. In de periode januari-februari 2005 was ik vijf weken terug om de eerste verkiezingen te verslaan en op zoek te gaan naar andere verhalen. Ik moest ook afspraken maken met de Sachets, maar in die tijd waren er meer ontvoeringen, en het was duidelijk dat buitenlanders zowel het doelwit waren van bandieten als van opstandelingen. Zeventig procent van Bagdad stond onder controle van gewapende groeperingen en was zo goed als ontoegankelijk. Vuurgevechten en aanhoudingen waren aan de orde van de dag en hoewel ik me gehuld had in een grote zwarte allesverhullende abaja, op de achterbank van een onopvallende auto zat en er zorg voor droeg dat ik onaangekondigd bij mensen langskwam en niet langer dan één of twee uur binnenbleef, was wel duidelijk dat voor mij als onafhankelijk werker elke pretentie van risicobeheersing een doekje voor het bloeden zou zijn. Later, in het voorjaar van dat jaar, werd Marla Ruzicka met haar Irakese collega gedood door een autobom die voor een Humvee bedoeld was. Zij had een ngo opgericht die de Iraki's schadeloos wilde stellen voor onbedoelde schade die de Amerikanen hadden aangericht. Het jaar daarna werd Jill Carroll, een freelancer voor *The Christian Science Monitor*, drie maanden in gijzeling gehouden, en haar tolk Alan Enwia, die ik voor het eerst in 2003 had ontmoet, een prettige, hartelijke en intelligente kerel, werd gedood in de hinderlaag. In vroeger dagen ging ik met Marla en Jill naar het Babylon Hotel om te zwemmen in het overdekte zwembad.

Sinds de zomer van 2004 tot de tijd dat ik dit boek schreef, zelfs gedurende de relatieve afname van het geweld in 2007, heeft er volgens mij geen enkele westerse journalist ontspannen door een straat in Irak gewandeld (behalve in Koerdistan), niet voor een kopje koffie, niet om naar een restaurant te gaan, of om boodschappen te doen. Wanneer ik met collega-journalisten sprak voordat ze weer werden afgelost, begreep ik dat hun bewegingsruimte beperkt bleef tot hun bewaakte compounds en de hun aangewezen legerkorpsen, en dat elke rechtstreekse waarneming door Iraki's werd gedaan. In 2006 zeiden zelfs bevriende Irakese journalisten (degenen die nog in leven waren) dat ze zich vrijwel niet meer in de openbare ruimte konden vertonen, laat staan met een camera of een opschrijfboekje.

Daarom verlegde ik mijn onderzoek na 2005 naar de steeds groter wordende groepen Irakese ballingen en vluchtelingen in Londen, Damascus, Beirut, Amman en Dubai. Dat was geen perfecte oplossing, maar wanneer het verhaal je tenslotte niet meer loslaat dan worden tijd en afstand obstakels die er gewoon bij horen, zoals je ook steeds afstandelijkheid en ontvankelijkheid moet opbrengen.

Bij het schrijven van dit boek heb ik zeer sterk het gevoel gehad van een overmoedige buitenstaander die probeert Iraki's te begrijpen en te duiden. Ik heb uiteraard getracht hun het volle pond te geven, maar ik heb zeker ook remmingen gevoeld bij uiteenzettingen over de private levens en gedachten van Iraki's in die gevaarlijke en onzekere tijden. Dientengevolge zijn enkele namen veranderd. De Iraki's die op de volgende bladzijden figureren, praatten met mij omdat ze hoopten dat, door begrip te wekken voor hun verhalen, en het verhaal van Kamel Sachet, op de een of andere manier een diepere waarheid over het lijden van de Iraki's aan het licht zou komen, en dat Amerikaanse en Britse lezers iets meer zouden begrijpen van het land dat ze waren binnengevallen.

Er zijn heel weinig boeken die van binnenuit het leven in de Baathstaat beschrijven, en de beschikbare Engelse exemplaren zijn van het genre geautoriseerde memoires, onbetrouwbaar en vol lacunes. Tijdens de grote opruiming van 2003 werden pakken regeringsdocumenten verzameld door meerdere belanghebbende partijen: sjiieten, Amerikanen, historici, chanteurs, maar deze papieren bevatten dikwijls handgeschreven Arabische teksten en liggen vrijwel allemaal op wanordelijke stapels zoals ze van de planken van de regeringskantoren zijn weggegrist. Zonder schriftelijke bronnen was ik afhankelijk van het geheugen van de mensen en dat kan fungeren als een ongrijpbaar instrument van eigenbelang. Elk verhaal (afgezien van één of twee onbelangrijke gebeurtenissen) uit het leven van Kamel Sachet is me door meer dan één persoon verteld en het globale relaas van zijn leven is me door velen bevestigd. Echter, de verhalen die mensen over zichzelf hebben verteld, zijn oncontroleerbaar. Ik weet dat weglaten net zo'n grote leugen kan zijn als selectieve herinnering en ik heb geprobeerd mijn gespreksgenoten aan te zetten tot zoveel oprechtheid als ze konden opbrengen. Het gespreksonderwerp is er debet aan dat dat soms niet veel opleverde. Alles overziend berust het waarheidsgehalte van deze verhalen op mijn eigen oordeel en niemands oordeel is overal en altijd juist, evenmin als ieders geheugen.

Ik maakte me ook zorgen over mijn ontvankelijkheid. In hoeverre moest ik tijdens de interviews mijn oren laten hangen naar de verhalen van de hoofdrolspelers van de tirannie? Ik gaf dikwijls toe aan de vriendelijkheid van de Baathfunctionarissen omdat ik besefte dat het tenslotte ook mensen zijn en welk mens verdient geen luisterend oor? Geen. Ik blijf erbij. Als we onszelf via de ander willen begrijpen, wat het enige uitgangspunt is om verhalen te vertellen: geen.

Parijs, maart 2008

Voorwoord

Augustus 2003. Begin augustus. Ik had een velletje papier met een naam, dr. Hassan al Qadhani, en een adres. Op het telefoonnummer dat ernaast stond kreeg ik geen gehoor. De meeste telefoonlijnen in Bagdad functioneerden niet.

Er hing een roze rozenstruik over de muur rond de tuin. Ik drukte op de bel naast het ijzeren hek, maar er was geen stroom en de bel ging niet over. Mijn tolk riep iets over het tuinpad, er gingen enkele minuten voorbij, we riepen nogmaals, en een vrouw stak zenuwachtig haar hoofd naar buiten en zei dat de doctor zo zou terugkomen. Ik wilde me niet opdringen of haar bang maken en ik zei dat we in de auto zouden wachten.

Toen dr. Hassan was aangekomen stelde ik mezelf voor en hij nam ons mee naar de officiële ontvangstkamer van het huis. Hij was iets ouder dan vijftig, fors, gedrongen, maar niet onknap. Hij had donker, borstelig haar, een snor. Hij zag er fit uit en was een beleefde, aardige man. Met donkere kringen onder zijn ogen. Dr. Hassan was psychiater, hij vertelde me dat hij in Wenen en Londen had gestudeerd en dat hij gediend had bij de medische troepen. Hij sprak precies en perfect Engels, rustig en een beetje bars. Enkele malen brak een warme glimlach door. We hadden heel wat te verhapstukken.

'Ja. Traumatische stress, soldaten die zich ombrachten, zelfverminking.' Hij werkte het rijtje af. 'Ik heb die effecten gezien in vier –', hij stopte even om te tellen, 'ja, de oorlog in het noorden tegen de Koerden in 1974, de oorlog tegen Iran. De Eerste Golfoorlog en deze hier, ja, vier oorlogen.'

Zijn blonde, goedgeklede vrouw kwam twee koppen koffie

brengen. Dr. Hassan begon zich te excuseren omdat ik buiten op straat had moeten wachten. Ik wuifde zijn verontschuldigingen weg. 'Nee, nee geen sprake van.'

'Maar mijn vrouw was bang begrijp je. Vijf dagen geleden zijn we beroofd.'

Drie mannen hadden bij zonsopgang ingebroken. Dr. Hassan werd wakker met een pistool op zijn hoofd gericht. De rovers hadden hem, zijn vrouw en hun acht jaar oude zoon de keuken in geduwd en ze vastgebonden. Daarna roofden ze het huis leeg. Ze vonden 15.000 dollar in contant geld, een baar goud en de sleutels van de Mercedes, die buiten stond. De vangst was ze nog niet groot genoeg. Ze zeiden dat ze wisten dat de doctor honderdduizend dollar had. Waar waren die? Ze wilden zijn achtjarig zoontje meenemen als borg voor dat bedrag, maar dr. Hassan zwoer dat hij niet zoveel geld had, dat ze verkeerd waren geïnformeerd, dat ze de jongen met rust moesten laten, de auto meenemen en weggaan nu het al licht was geworden. Hij trok zijn overhemd op om me een grote ovale rode kneuzing op zijn buik te laten zien waar hij met de kolf van een kalasjnikov was mishandeld.

'Mijn zoon,' vertelde hij me, 'heeft kwade dromen en hij huilt. Hij slaapt nu bij ons. We moeten zelfs met hem mee naar de wc. Ik zei hem dat alles in orde was, dat we allemaal ongedeerd zijn gebleven en dat alles goed zou komen. Hij gelooft me niet. Hij zoekt altijd naar mijn pistool en wil dat vlak naast zich zien.'

Maar in Irak was er nooit een enkel verhaal, er waren altijd vele verhalen, uiteenlopende fragmenten, die over elkaar heen schoven en evenzovele wonden veroorzaakten. We begonnen te spreken over zijn recente ziektegevallen, maar een explosie beëindigde onze conversatie. De vensters rinkelden in de sponningen. Een autoalarm sloeg aan.

Toen sloeg dr. Hassan zijn blik neer, hij keek naar zijn handen en zei dat hij begrip had voor zijn patiënten, voor hun fobieën, voor hun paniekaanvallen, depressies, rusteloosheid, slaapstoornissen: 'Ik ben zelf ooit gearresteerd onder het oude regime.' Hij pauzeerde even en keek door de opening in het ijzeren raster voor het raam dat de rovers eruit hadden getrokken om binnen te kunnen komen. 'Dat zijn delicate kwesties,' zei hij voor zich uit, 'drie maanden eenzame opsluiting... ik heb dikwijls slachtoffers van marteling gezien, ze zijn apatisch, in zichzelf gekeerd, uitermate depressief, vaak vel over been. Het is al moeilijk voor een dokter om een andere dokter te behandelen, laat staan voor een psychiater een andere psychiater...'

De volgende maal dat ik dr. Hassan opzocht had hij een paar minuten nodig om het gloednieuwe hangslot open te krijgen en ons binnen te laten. Hij zag er beter uit sinds die beroving, hij glimlachte wat vaker en de donkere kringen onder zijn ogen waren verdwenen. Ook de kneuzing op zijn buik genas goed.

We voerden die zomer meerdere gesprekken. Dr. Hassan leek zijn gevoel voor goedmoedige humor te hervinden, maar al te vaak verduisterde zijn blik bij de herinnering aan voorbije gebeurtenissen en hij sprak nog steeds met een bedeesd soort openhartigheid. Lange tijd had hij alles opgekropt. Door erover te praten bevrijdde hij zich geleidelijk aan van zijn remmingen. Hij vertelde dat hij een broer in Engeland had, dat hij ooit in Wenen verliefd was geweest en haar had moeten opgeven, dat hij een sjiiet uit het zuiden was en dat 'zij' hem nooit hadden vertrouwd. In de loop van zijn werkzaamheden had hij de taak gehad om de mentale geschiktheid voor actieve militaire dienst te beoordelen, hij was getuige geweest van executies wegens desertie en had hele getraumatiseerde executiepelotons in behandeling gehad, psychosomatische verlammingen genezen en spionnen onderzocht. We praatten over de Amerikanen. Wat wilden ze eigenlijk in Irak? Hoe moest een voormalig lid van de Baathpartij zich gedragen tijdens de bezetting? Kille afzijdigheid of samenwerking? Hij was bezorgd over de veiligheid van zijn gezin en had het over emigratie. In kringen van de voormalige elite ging het gerucht dat wraakzuchtigen zich uit-

15

leefden: moordpartijen, afpersingen, arrestaties. Een van zijn vrienden was adviseur van Tariq Aziz geweest, de vroegere vicepremier. Hij zat thuis te wachten op zijn arrestatie door de Amerikanen, niet in staat om normaal te eten en te slapen. Hij verloor gewicht en durfde niet op zijn diplomatieke paspoort te reizen. 'Het is gewoon een ander soort angst. Vroeger waren we bang voor Saddam, die angst is overgedragen op Bremer en de Amerikanen.'

Maar altijd weer kwamen we terecht op de voorbije periode, de tijd van Saddam Hoessein. Saddam, de falende vaderfiguur, oppersjeik, machtsgeil, paranoïde – dr. Hassan trachtte duidelijk te maken hoe invloedrijk het regime was, zelfs voor insiders, zelfs voor hem, met zijn connecties en zijn hoge militaire rang.

'Je moest je principes overboord zetten. Je moest dingen zeggen waarin je niet geloofde. Het was een mentaal conflict. Dat soort spanning en zelfverloochening vernietigt het superego – ik bedoel dat je geen beslissingen kunt nemen, je wordt geleefd door het regime, door je opleiding, door je militairediensttijd, je baan. Je zag gevallen van sociaal isolement, mensen die bang waren naar hun werk te gaan en vaak thuisbleven. Iets als een tussenweg tussen sociale fobie en pleinvrees. En je zag dat normale mensen tekenen van paranoia vertoonden en bijvoorbeeld niet door de telefoon wilden praten en bang waren wanneer er op vreemde tijden werd aangebeld. De extreme gevallen verloren hun baan en wantrouwden hun familie en vrienden. Ze zeiden dat ze zeker wisten dat de politie achter hen aan zat of dat ze via satellieten in de gaten werden gehouden.'

Vrees vatte vaste voet en vrat zich naar binnen.

'Vijfendertig jaar zo leven. Dan wordt het een intrinsieke persoonlijke karaktertrek.'

Het was een lange lijdensweg. Dr. Hassan had de deur opengezet, niet naar de wereld van zwart en wit die ik had verwacht, maar naar een onbestemd grijzige gang. Hij was lid geweest van de Baathpartij en ik ontdekte dat hij bij de medische troepen tot generaal was opgeklommen. Hij had deel uitgemaakt van het regime. Maar toch...

Maar toch, een intelligente, rationele man, een man met hartzeer en moraliteit, spijt en hoogmoed, vrouw en zoon, trots, en angst voor vernedering.

Op dat moment had ik nog maar een vage notie van een verhaal, een vraag die in de blauwe schaduw van de aanbrekende dag in mijn hoofd gestalte kreeg. Waarom waren mensen als dr. Hassan niet gewoon weggegaan? Waarom hadden ze zo'n regime gediend? Hoe kwamen ze met zichzelf in het reine? Hoe hadden ze geleefd? Hoe hadden ze geleefd met zichzelf als gezelschap?

Op zekere dag, toen we zaten te filosoferen over dit soort vragen, zei dr. Hassan me dat ik de Sachets moest gaan opzoeken. 'Ik weet niet hoeveel ze u zullen vertellen. Maar het is een interessante familie. Kamel Sachet was generaal, een heel beroemde generaal.'

1 Zijn vrouw

Het gezin Sachet woonde in Saidiya. Saidiya was een wijk waarin vooral legerofficieren woonden op percelen die door de regering waren uitgegeven. Het was een karakteristieke wijk voor Bagdad, met kubusvormige betonnen huizen langs autowegen die in de vette jaren zeventig waren gebouwd, en nu waren weggezakt in verdorde plakken onkruid, zwerfvuil en afval van een corrupt decennium van sancties, dat werd afgesloten met een invasie.

Op zesenvijftig graden noorderbreedte ging in augustus bij avondschemering de zon onder en het doorstoofde beton zinderde de avond in. Geen verkoelende nachtlucht, geen vleugje wind, maar het was eindelijk doenlijk om de buitenlucht op te zoeken, de benen te strekken, een café te bezoeken met het zweet in je nek, in de hitte van het fornuis te zitten, waar een kring van kebabrook omheen hing. En dan een vlokkige, warme Pepsi en luisteren naar de kakofonie van het verkeer. Een miljoen tweedehandsauto's overstroomt de plotsklaps opengestelde grensovergangen – geen douane! Geen uitreisvisa! Geen immigratieambtenaren! Niets! Geloei van claxons vlak voor het gezicht van de verkeersagent op het kruispunt, getoeter in de rij met een lengte van veertig auto's bij de benzinetank. Tegen voordringers werd met revolvers gezwaaid, je kon ook 'jellycans' benzine kopen van lenige, ongewassen, hosselende straatjongens. De winkels stalden stapels achtergehouden importgoederen uit op het trottoir. Schotelantennes, ventilatoren (hoewel de elektriciteit om en om drie uur aan- en drie uur uitgeschakeld was), mobiele telefoons (het gerucht ging dat er

19

spoedig een netwerk zou worden opgezet), fancy opsmuk, vergulde kandelaars, strengen gekleurde lampjes, kersenrode lippenstift, luipaardprintlingerie (want een vrouw moet er verleidelijk uitzien voor haar echtgenoot), roze poppen voor dochters en plastic kalasjnikovs voor zonen. Mannen zaten met gekloofde hielen in sandalen en met wijde trainingsbroeken op hun gemak te kettingroken en te klagen over de elektriciteit, het water, de Amerikanen, de werkloosheid en de rechteloosheid. Vrouwen kwamen langs in lange jurken, met hoofddoek en kilo's tomaten. Jongetjes verdrongen elkaar in de nieuwe internetwinkels, ze drukten hun neuzen tegen stoffige tweedehands monitors waarop ze uitgelaten en achteloos Gulf War One speelden, waarin ze Amerikanen waren die Iraki's opjoegen omdat het spel uitgaat van maar één hoofdrolspeler.

We reden door de winkelende mensenmassa, negeerden het geweerschot, dat ook de uitlaat van een auto had kunnen zijn, behalve dan dat het een echt geweerschot was, voorbij de strook onbebouwde grond precies bij de half afgebouwde moskee, een onaantrekkelijke grijze massa met daarbovenuit overbodige bouwkranen, voorbij een kleine, verlaten politiepost, we slingerden langs een wegversperring van palmboomstammetjes, langs een grote pluizige bol prikkeldraad en een vijver knalrood rioolwater. We kwamen aan bij een pretentieloze straat met kleine villa's en ommuurde voortuinen.

Kamel Sachet Aziz al Janabi was commandant geweest van de Speciale Troepen, bevelvoerend generaal, tijdens de Golfoorlog verantwoordelijk voor de strijdkrachten in Koeweit Stad en gouverneur van de provincie Maysan. Maar het huis van zijn gezin was bescheiden en aangenaam, een goede middenklassewoning. Niets van de opschepperige marmeren zuilen en bruin getinte vensters van de façades van de Baathelite. Ze brachten me naar de daarvoor bestemde ontvangstruimte, een groot, licht en behaaglijk vertrek. Ik ging op een sofa zitten voor een glazen koffietafeltje met gehaakte kleedjes. Er stond een vaas met plastic rozen op. Mijn tolk zat naast me. De Sachets waren erg trots op hun pater familias en wilden graag over hem praten. We waren er voor het eerst in die zomer, toen we allemaal overliepen van nieuwsgierigheid, optimisme en opwinding. Ze hadden me heel wat te vragen. Waarom waren de Amerikanen binnengevallen? Ging het om de olie? Wat voor soort regering zouden ze installeren? Maar toen de winter was ingevallen waren we allemaal gedeprimeerd door de geruchten over de Abu Ghraib, gevangennemingen en hardhandige invallen, en ik kon me alleen nog maar verontschuldigen en met het hoofd schudden, want ik was even boos en even heftig tegen de bezetting gekant als zij.

Een- of tweemaal namen de dochters me mee naar de privévertrekken in het binnenste van het huis om me iets te laten zien. De (mannelijke) tolk moest achterblijven. We zagen hoe Ali, de tweede zoon, zijn kamer met roze satijn en tule had versierd ter gelegenheid van de komst van zijn nieuwe vrouw. We bekeken een nieuwe baby, of hoe je aubergines vult. Maar meestal wanneer ik op bezoek was, één of twee keer per week, zat ik in de ontvangstruimte en verscheidene gezinsleden kwamen dag zeggen, thee brengen en daarna koffie, en een praatje maken.

Kamel Sachets vrouw heette Um Omar, Moeder van Omar (haar oudste zoon) – moeder van zijn negen kinderen, in ruwe volgorde: Shadwan, Omar, Ali, Sheima, Amani, Ahmed, Zeinab, Mustafa, Zaid, en een florerend aantal rondkuierende kleinkinderen. Ze was een warmvoelende matriarch. Haar met een kus begroeten voelde aan of je je armen om een donzen divan sloeg. Wanneer ze liep maakte ze het geluid van een ruisend, dubbelgevoerd gordijn. Ze was stevig gebouwd en toegeeflijk. Zacht en volumineus en bekleed met ruimvallende lappen zwart fluweel. Ze was in de loop der jaren uitgegroeid tot een voorbeeldige moederkloek, inschikkelijk tegenover haar broedsel en vatbaar voor opspelende zenuwtjes. Van tijd tot tijd leed ze aan ongespecificeerde klachten zoals slapeloosheid, maagproblemen – niet direct kramp, maar ook niet direct pijn. Ze ging ooit in een week naar drie dokters en kwam terug met een tas vol medicijnen. Slaappillen, antidepressiva, antibiotica en, vreemd genoeg, antityfustabletten. Ik nam een bevriende dokter mee, die haar een behoorlijk advies zou kunnen geven. Ze voelde zich duizelig, misselijk, maar ze had niet overgegeven, en ja, ze had dat al eerder meegemaakt, en het was heel erg geweest, die keer was ze flauwgevallen, misschien was het stress – ja, ze knikte toen de bevriende dokter de samenhang tussen lichaam en geest uit de doeken deed. Hij zei dat ze moest ontspannen en zich geen zorgen moest maken en toen ontplofte er als een ironisch commentaar in de verte een bom.

Haar hoofddoek omlijstte haar gezicht met een streng zwart ovaal, maar Um Omars gelaatstrekken waren plomp en onscherp en wanneer ze niet van streek was glimlachte ze welwillend en sereen. De grote, babbelzieke Ali was toen begin twintig en leek elke keer dat ik hem zag weer wat vetter geworden. Hij vertelde me dat zij, toen ze jong waren, heel strikt was en hun sloffen of houten lepels naar het hoofd slingerde wanneer ze door het huis renden en dingen stukmaakten of wanneer ze hun huiswerk verwaarloosden. Maar het was moeilijk om je haar in die rol voor te stellen – hoewel niet onmogelijk. Ze droeg een grote goudgerande bril en ik zag soms een glimp van de schooljuffrouw die ze ooit was geweest. Af en toe leek zij wel de belhamel van de famlie: haar kinderen waren opgevoed met de voorschriften van Saddams regime en met de rechtzinnige autoriteit van hun vader, maar Um Omar was opgegroeid in een milder tijdvak. Ze giechelde vaak, haast als een schoolmeisje; ze gesticuleerde en draaide haar polsen en haar ogen of ze wilde zeggen dat het allemaal maar met een korreltje zout moest worden genomen. En dan keek ze over haar schouder met gespeelde ontsteltenis of Ahmed, haar vrome en al te kritische zoon, haar op een frivoliteit had betrapt.

Toen ik haar op een zekere middag eind 2003 opzocht had ze oranje gekleurde handen.

'Ja, ik weet het. Ik heb Shadwans haar met henna gedaan en moet je mij nu zien!' Ze draaide haar lichtgevende handpalmen naar boven.

'U heeft ook tuinbonen gedopt.' Ik had bij de keukendeur twee grote zakken lege peulen zien staan.

'O, ze zijn heerlijk en nu is het seizoen,' zei Um Omar en streek haar jurk glad, 'maar je doet er lang over om de boontjes uit hun velletjes te peuteren.' Ze deed of ze huiverde van al dat werk en sloeg met haar handen op haar knieën en het leek of ze een kussen platsloeg.

Op dat ogenblik kwam Shadwan, haar ongetrouwde oudste dochter van dertig, binnen met een grote cirkelvormige schotel hoog opgetast met rijst en groene tuinbonen. Um Omar straalde. Shadwan glimlachte triomfantelijk. Amani, een andere dochter, mager en breekbaar als een wuivende rietstengel en met een bleek ovaal gezicht, liep achter haar met kommen yoghurt. Ze keek me even aan bij wijze van beleefde, onderdanige groet, maar ze zei geen woord. Ze zette de kommen geluidloos op het glazen tafelblad en trok zich een beetje trekkebenend terug in de private binnenwereld van het huis. Um Omar zwaaide met haar armen als een verkeersagent.

'Eet! Eet!' De berg rijst met tuinbonen leek me groot genoeg om de hele Janabiclan te voeden. We sloegen de hand aan de ploeg. Um Omar smeet haar armen in de lucht zodat de mouwen van haar zwarte overtuniek een tiental centimeters in de richting van haar gerimpelde ellebogen opschoven. Ze vroeg of het smaakte. 'Ik weet nooit zeker of het me lukt. Weet je, als je niet goed oplet lukt altijd alles. En als je iets echt goed wilt doen komt er niets van terecht.'

Um Omar was net terug uit Mekka. Het was voor het eerst dat ze buiten Irak was geweest. Ze had meegedaan aan de loterij – in elk islamitisch land wordt een quotum pelgrims aangewezen – en ze was uitverkoren om deel te nemen aan de hadj. Ze had me bedacht in haar gebeden en als cadeautje een handtas voor me meegenomen, en ze drong erop aan dat ik een slokje heilig zamzam-water nam. Ik sputterde tegen en zei dat ik niet van haar kostbare voorraad wilde drinken, maar Um Omar schudde het hoofd en zei dat ze enkele liters mee terug had genomen.

'En,' vroeg ik, 'hoe was het?'

'O ja, het was heel fijn, heel interessant, maar heel vermoeiend.'

De reis naar Mekka duurde vijf dagen! Ze gingen per bus naar Safwan en hadden daar in een permanent kampement moeten blijven wachten op een terrein waar tenten voor pelgrims waren ingericht. De toiletten waren erg slecht. Um Omar huiverde. 'We leken wel schapen, maar de groep voor ons was slechter af, die moest vijf dagen in Safwan blijven.' Ze hief haar handen om de hemel als getuige aan te roepen. Van Safwan ging het met een gele schoolbus naar Koeweit. Aanvankelijk kende Um Omar niemand, maar de alleenreizende dames werden al gauw vrienden. Zij trok veel op met een vrouw uit de chique wijk Mansour in Bagdad.

'Ze was een wahabi, maar erg aardig,' zei Um Omar. De wahabitische mevrouw had Um Omar pamfletten en religieuze verhandelingen te lezen gegeven, maar Um Omar biechtte op dat ze nooit de moeite had genomen ze te lezen en toen ze eenmaal weer thuis was...! Oeioei, de boot was aan, Ahmed klaagde steen en been en nam alle 'ketterse geschriften' in beslag.

In Koeweit was voor de pelgrims een prettig onderkomen geregeld, het leek wel een dorp, de wc's waren schoon en het eten was goed. Toen werd het tijd om in het vliegtuig te stappen. Um Omar had niet eerder gevlogen en ze was een beetje nerveus, maar ze had het een heel prettige ervaring gevonden. De stewardessen waren erg mooi – 'Uit Turkije, weet je – en het eten! Ik heb nog nooit zo lekker gegeten!'

Ze vlogen naar Djedda en vandaar reisden ze over land naar Mekka. In Mekka verbleef het Irakese contingent in een goed hotel. Met lift. Um Omar had doodsangsten uitgestaan. Bij het ontbijt kregen ze mandjes gevuld met in folie verpakte honing, melk, sinaasappelsap en kaas. Um Omar was verrukt van die pakjes, zo keurig!

'Maar er zijn veel mensen in Mekka! En overal vandaan!' De mensenmassa's waren compact opeengedrongen en wanneer je er middenin terechtkwam viel het niet mee om er weer uit te komen. Zovele mensen liepen dezelfde route dat je onderweg naar de berg Arafat over hen die neerknielden om te bidden moest heen stappen. Een oude man werd voortdurend onder de voet gelopen. Andere pelgrims trokken hem aan zijn nek overeind en zeiden dat hij beter even kon wachten met zijn gebeden, 'bij Allah'. Um Omar had de duivel in de pilaar willen stenigen, maar die plek was berucht wegens het gevaar voor massale drangpartijen, en dus had ze twee stenen aan twee verschillende mensen gegeven om in haar naam de duivel een lesje te leren. 'Ik heb twee mensen gevraagd, weet je, omdat één het zou kunnen vergeten.'

De mannen droegen allemaal hun speciale witte toga, die een schouder bloot laat. Um Omar zette uiteen dat vrouwen zich kunnen kleden zoals ze willen, zolang het maar *hijab* is.

'Sommige vrouwen uit Indonesië waren opgemaakt en droegen blauwe oogschaduw!' Um Omar was geschokt. En enkele sjiieten hadden portretten en beeltenissen van Hoessein bij zich en dat was niet goed. En sommige pelgrims uit Engeland wilden haar boeken en literatuur geven, maar dat weerde ze af, nee, nee. Ze wuifde met haar handen en de buitenlanders dropen af. Ze was echter ook niet vaak tevreden over het gedrag van de andere Iraki's van haar groep. Blijkbaar hadden ze gekibbeld en geruzied en maakten die lui te veel problemen om alle mogelijke kleinigheden. Um Omar zei dat toen ze voor de hadj was ingeloot, ze de man die hun groep begeleidde had gevraagd wat ze het best kon meenemen en hij had geantwoord dat het belangrijkste reisaccessoire op de hadj geduld is. Dus had ze met veel geduld de lange periodes van wachten en organiseren doorstaan. Ze klaagde erover dat de andere Iraki's geen geduld hadden opgebracht. Zij had bijvoorbeeld op de terugweg meer tijd in de tweede heilige stad, Medina, willen door-brengen. Twee dagen waren niet voldoende voor het graf van de profeet, maar er was zoveel discussie geweest dat ze eerder waren vertrokken.

'Het was interessant, weet je, dat de meeste Saudi's waha-bieten zijn en afkeuren dat anderen bidden tot Mohammed of Ali, ze zeggen dat dat ook maar mensen zijn en er is maar één Allah. Ze hebben gelijk, ik heb me door hun argumenten laten overtuigen. Maar ze lieten niet toe dat we ons bundeltje brie-ven van familieleden en vrienden in het graf van de profeet Mohammed gooiden. Ik had een brief van Shadwan en ik heb hem weggegooid.' Shadwan keek naar de grond en haalde haar schouders op. 'En ik wilde een mobieltje kopen met een gra-tis muziekje – maar ze vertelden me dat dat niet geoorloofd is want muziek is haram! Waarom? Een cadeautje voor een kind!' Um Omar opende haar handpalmen in een gebaar van onbe-grip. Er was iets vreemds aan die ideeën, maar had je anders verwacht?

'Ah. Natuurlijk, je kunt het gevoel dat over je komt op de hadj niet beschrijven, een gevoel dat je nergens anders hebt.' Um Omar sloeg even haar ogen neer en keek me weer aan. 'Maar niet makkelijk!' Ze was heel blij dat ze was gegaan maar ze wilde niet nog eens. Eenmaal was genoeg. 'Het is een ver-plichting die God ons heeft opgelegd. Een dure plicht.'

Ahmed kwam de kamer in. Hij was zeventien en studeerde aan de religieuze universiteit van Bagdad. Hij droeg een ree-bruine, spiksplinterschone en goed gestreken djellaba. Hij be-groette me met een buiging en raakte met zijn hand zijn borst aan, knipperend met zijn onrustbarend lange wimpers. Hij zei dat hij hoopte dat hij eens zelf de hadj zou volbrengen.

'Een gebed in Mekka is 100.000 gewone gebeden waard. Ja, zo is het. En een gebed in Medina 10.000, evenveel als in de rotskoepel in Jeruzalem. Een gebed in een moskee zevenen-twintig maal een gebed thuis.'

Een foto: *een snapshot in zwart-wit uit de jaren zestig, met een wit randje. Um Omar als studente aan de universiteit. Ze werd Shamh genoemd, jong, met fraaie rondingen, geperst in een donkergekleurd kokerrokje en een kort jasje met een ceintuur om de taille. Ze staat op straat. Haar donkere haar is opgeföhnd tot een grote bijenkorf, haar ogen met kohl aangezet als bij een filmster en haar wimpers zijn zwaar van de korrelige mascara. Ze glimlacht naar de camera en veinst dat ze tegen haar zin door de fotograaf verrast is.*

'Toen droeg ik geen hijab.' Um Omar en ik zaten getweeën te praten. Ik had haar gezegd dat ik alles wilde weten, van aanvang af aan. Hoe ze was opgegroeid, hoe ze haar man had ontmoet, en ik had haar gevraagd of ze misschien oude fotoalbums had.

'Niet veel,' zei Um Omar en ze was in het huis gaan zoeken. Even later kwam ze terug met een doos losse kiekjes. Ze draaide er een rond in haar handen, ze keek verrukt naar de jonge Shamh die ze was geweest, en wees toen zichzelf met de nodige zelfspot terecht. 'Als mijn man toen godsdienstig was geweest zou hij nooit met me zijn getrouwd!' Um Omar schoof dichter naar me toe en lachte om haar herinneringen aan andere tijden. 'Ik ben blij dat Ahmed niet hier is...' Ze onderdrukte een lachje. Ahmed zou beslist niet blij zijn.

Shamh was aan de universiteit van Bagdad opgeleid tot lerares. Geen van haar zusters was naar de universiteit gegaan. Lesgeven was altijd haar roeping geweest. In haar tweede jaar merkte ze voor het eerst een jonge man uit haar wijk op, die haar volgde. Ze zag hem steeds bij de bushalte in zijn politie-uniform. Ze voelde zich gevleid door zijn interesse, maar ze praatte pas met hem toen hij op een dag naast haar in de bus zat. Hij zei haar dat hij Kamel heette, hij had het over zijn goede vooruitzichten en zei dat hij graag met haar wilde trouwen. Shamh was verguld, zijn manier van spreken verraadde zijn goede bedoelingen, de Sachets waren een bekende familie. Shamh nam haar schoonzuster in vertrouwen en niet lang daarna organiseerde Kamel een formeel bezoek van zijn ouders aan de hare. Shamh stemde toe in een huwelijk op één voorwaarde. Hij moest een huis voor haar kopen zodat ze op zichzelf konden wonen, maar Kamel kon zich met zijn inkomen als politieman geen huis veroorloven en dus werden de verlovingsplannen op de lange baan geschoven.

Um Omar fluisterde samenzweerderig achter haar hand, quasizielig en met gespeelde afschuw van haar eigen respectloosheid, dat hun families erg van elkaar verschilden. De hare was in de stad geworteld en de zijne recentelijk geïmmigreerd uit een dorp, en nog behept met de gewoonten van woestijnnomaden. 'Weet je, ik wilde niet bij hen intrekken, zijn ouders waren een beetje *Arabisch*!'

Kamel Sachet was in 1947 geboren in het dorp Hor Rajab, als derde zoon in een ongeletterd boerengezin. Het leven was arm en eentonig zoals het sinds generaties was geweest. Hor Rajab lag slechts twintig kilometer van Bagdad, maar er was geen weg en geen elektriciteit, zelfs geen moskee. 's Vrijdags beklom de plaatselijke sjeik een heuveltje en riep zonder megafoon op tot het gebed, dat in een van de lokalen van het lage, uit ongebakken leem opgetrokken schoolgebouw werd gehouden.

Kamel was groot voor zijn leeftijd en hij was ook als kind al erg rustig, bij het zwijgzame af. Hij leidde een leventje van djellaba en blote voeten, schoolbord en krijt, oudere broers en zusters, kou in de winter en hitte in de zomer. De regering voorzag in het middagmaal van de scholieren. Eieren, sinaasappels, brood en melk en dagelijks een lepel levertraan, die ze kaviaar noemden en waarvan de stank ze deed walgen. Lessen van de sjeik, lezen en schrijven en de Koran. Karweitjes thuis en buiten spelen. De dorpsjongens maakten zelf hun voetbal van samengebonden versleten lappen en repen schoenleder, die met dik draad aaneengenaaid werden. Op een dag kwam er een kameelkaravaan naar het dorp en ze zochten alles af voor plukken kameelhaar, die ze fijnstampten in kamelenmelk. Ze kneedden de massa stevig, lieten die drogen en vormden een rubberachtige bal die kon stuiteren, maar de grond waarop ze speelden was dooraderd met zout en het zout plakte aan de kamelenmelk-voetbal en schramde hun tenen wanneer ze ertegen schopten.

Iedere keer dat ik Kamel Sachets vrienden of collega's uit het leger sprak gebruikten ze twee woorden om hem te beschrijven. Ze zeiden 'Hij was dapper' en 'Hij was een eenvoudig mens'. Om dat te vertalen moet je zoiets schrijven als ongecompliceerd, rechtdoorzee, staat in voor zijn woord, geen poespas. Maar ik stelde me Kamel Sachets eenvoud altijd anders voor, als een zuiverheid van geest, uitgehouwen in messcherp afgetekende schaduwen in een enkele kleur: het geel van de zon, die door een gele hemel op de gele aarde neerslaat. Kamel groeide op in armoede die de armoede niet kende – spartaans, hard, *eenvoudig*. Het was niet normaal dat de dorpsjongens onderling ruziemaakten en vochten, maar het was haram om je door wie dan ook te laten vernederen. Dat was niet toegestaan, dat was schande.

Kamel was een van de jongens die het goed deden op school en zijn onderwijzer hemelde hem op bij zijn ouders en moedigde hen aan hem naar de middelbare school te sturen. Of dat de reden was, of dat er economische redenen waren, toen Kamel twaalf was nam vader Aziz het gezin mee naar een voorstad van Bagdad en wel naar het district Dora, aan de uiterste rand van de stad, waar nog akkers en weiden waren en onverharde wegen. Elektriciteit (en radio, televisie, muziek en nieuws) kwam er niet eerder dan in 1964.

Hier was de teenager die de grenzen van zijn mogelijkheden en van de maatschappij verkende, zijn kleine groep vrienden naar de aangrenzende christelijke wijk meenam, met andere groepjes op de vuist ging, onder een boom zijn huiswerk maakte wanneer het thuis te warm was en daarna in de Tigris dook om af te koelen, die verliefd werd op een meisje van een goede Jobourifamilie, die zijn nederige aanzoek afwees, die tijdelijk dweepte met Eenheid! Bevrijding! *Ishtiraqiya* (socialisme)! Tijdens de kortlevende coup van 1963 van de Baath droeg hij zelfs korte tijd een groen uniform en een Egyptisch geweer ('zo slecht dat als je het liet vallen het zou afgaan en exploderen') en bewaakte de controlepost bij de raffinaderij van Dora, en moedigde zijn vader aan zich te melden voor de nieuwe alfabetiseringscursussen met subsidie van de socialistische revolutie.

Zijn ambitie was, net zoals die van zijn vrienden en zijn jonge strijdmakkers uit de buurt, die hadden gezien hoe hun vaders zich afbeulden op het land, als ambtenaar voor de regering te gaan werken tegen een vast inkomen met het bijbehorende prestige. Velen van hen voelden zich ertoe gedrongen om zich, na de vernedering van 'De Agressie' van de oorlog van 1967, toen de Arabische naties door Israël werden verslagen, bij het leger aan te sluiten. Na het behalen van zijn eindexamen solliciteerde Kamel Sachet bij de luchtmacht, maar hij werd afgekeurd en nam toen maar dienst bij de politie.

Een jaar na Kamels aanzoek stond Shamh bij de bushalte te kletsen met een jongen van de universiteit, die haar complimenteerde met haar hoge cijfers. 'Ik weet nog steeds hoe hij heette,' zei Um Omar weemoedig, 'Mahmoud.' Kamel had hen gezien en stapte er met een rode kop en gebalde vuisten op af. Shamh zei Mahmoud dat hij beter een confrontatie kon vermijden en beter kon weggaan, maar daarna zei ze haar pretendent dat hij geen aanspraken op haar kon maken.

Een jaar later sloot hij een koopovereenkomst voor een huis en zij stemde toe in een huwelijk. Haar zusters waren met lieden getrouwd die door koppelaars en familieleden waren voorgesteld. Um Omar zei giechelend dat ze zelf een man gevonden had. Haar broer deed navraag naar de reputatie van een jonge politieagent die Kamel Sachet heette. Over het geheel genomen was iedereen vol lof. Hij stond bekend als een moedige man, maar hij had een kort lontje. Hij was een vechtersbaas. Als iemand hem bijvoorbeeld sneed bij een stoplicht liep hij grote kans in elkaar te worden geslagen.

Kamel Sachet en Shamh trouwden in 1972.

Een foto: *een polaroid van Shamh-Um Omar als jonge moeder in de jaren zeventig. Ze draagt een zomerjurk die tot aan de knie reikt, met een kleurige geometrische opdruk, en een paar torenhoge wankele witte sandalen met strikken op de tenen. Ze lacht en houdt een baby vast, haar eerste zoon, Omar.*

'Was Kamel Sachet altijd religieus? Heeft hij u niet verplicht om de hijab te dragen toen u getrouwd was?'

'Nee, nee! Hij begon pas vele jaren later geregeld te bidden en de Koran te bestuderen en toen had hij er spijt van dat hij daar niet veel eerder mee was begonnen.'

Um Omar had willen doorstuderen tot haar doctoraal, maar haar man vond dat niet nodig en hoe dan ook werd ze al snel zwanger. In plaats daarvan werd ze onderwijzeres op een lagere school met de naam Etedahl (Rechtdoorzee), die later de naam Emtethal (Een Voorbeeld Stellen) kreeg. Ze onderwees algemene vaardigheden, aardrijkskunde, geschiedenis en *wataniya*, het vaderlands curriculum.

Wataniya was een soort maatschappijleer. Het leerplan behandelde de burgerplichten, de organisatie van de regering, de grondwet, de autoriteit van de politie en de administratieve indeling van de natie. Het vermeldde ook de plichten van de student: op tijd komen, de onderwijsgevenden respecteren, het meubilair onderhouden en in het bijzonder het portret van de president, dat in elk klaslokaal hing, schoonmaken. In 1979 werd het gezicht van president Bakr weggehaald en vervangen door dat van zijn neef, de onrechtmatige opvolger Saddam Hoessein.

Saddam Hoessein was de sterke man van de Baathpartij, de onontbeerlijke partner om hogerop te geraken, en de vicepresident met steeds meer sleutelposities in het leger, in de partij en in de veiligheidsdiensten. Dankzij zijn stamverwantschap met de president en zijn vertrouwelingen controleerde hij doeltreffend de vier steunpilaren van de staat Irak. Hij zorgde ervoor dat hij de meest in het oog springende politicus van het land was, steeds op televisie met zijn glimlach, zijn knappe verschijning, zijn charisma, goed gesneden pakken, gepoetste schoenen, spiegelende zonnebril. Hij bracht in een optocht van zwarte Mercedessen bliksembezoeken aan provinciesteden en maakte zijn opwachting voor juichende menigten jonge, blozende universitaire studentes en fier paraderende verdienstelijke Baathjongeren. Hij leverde charme, gouden horloges, nationalisatie van de olie, landbouwhervorming. In de vette jaren zeventig werden de onderwijzerssalarissen opgetrokken, scholen werden nieuw gebouwd of gerestaureerd, en volgepropt met dure buitenlandse spullen. In Um Omars school werden de rioolbuizen gerepareerd zodat ze niet meer lekten in een hoek van de speelplaats. Ieder jaar kwamen er nieuwe banken en stoelen, er waren moderne leerboeken en speciale niet-stuivende krijtjes. Saddam Hoessein leek net zo jong en vitaal als zijn opbloeiende land en hij beloofde een toekomst die even stralend en rijk en krachtig was.

In de loop van de jaren zeventig wist hij sluipenderwijs de controle over de organisaties van de natie te verkrijgen. Partijleden die hem mishaagden werden gearresteerd, gedegradeerd of geïntimideerd met luid schallende telefonische bedreigingen. En net zoals Stalin gebruikmaakte van Lenins ziekte liep Saddam over de oud geworden Bakr heen, en dwong hem in de rol van passief boegbeeld van de natie totdat hij klaar was om openlijk de macht te grijpen en Bakr 'zich terugtrok om gezondheidsredenen' in 1979. Saddams eerste daad als president was het bijeenroepen van vooraanstaande partijleden. De bijeenkomst is op video vastgelegd. Saddam zit op een verhoging een sigaar te roken wanneer zijn luitenants melden dat er een samenzwering is ontdekt. Saddam zegt met spijt in zijn stem en tranen in zijn ogen dat hij niet langer genadig kan zijn. De ene naam na de andere wordt voorgelezen. Degenen die met name genoemd zijn komen aarzelend en geschokt overeind en worden door beambten van de Amn uit de kamer geleid. Niemand durft te protesteren, de spanning wordt voelbaar, de videoband draait door, minuut na minuut, naam na naam. Aan het einde, opgelucht na de doorstane angst, barsten de overgeblevenen uit in applaus en zingen met beloften van trouw de lof van de nieuwe leider. Sommigen worden beloond voor dit vertoon met een uitnodiging om deel uit te maken van de executiepelotons die de uitgestotenen gingen elimineren. Meteen vanaf het begin was er geen enkele twijfel over mogelijk dat wie Saddam niet onvoorwaardelijk steunde met de dood bestraft werd.

De aangewezen klassenleraar stofte elke morgen Saddams gezicht af, het was de verantwoordelijkheid van de onderwijzer dat de lijst intact en onbeschadigd bleef. Bij aanvang van elk nieuw leerjaar schreven de leerlingen een bloemlezing van de uitspraken van de president op en plakten die aan de muur.

Saddam legde graag verrassingsbezoeken af aan scholen om te zien hoeveel vooruitgang er werd geboekt en stelde voor de televisiecamera vragen aan de leerlingen. Onderwijzers droegen er altijd zorg voor dat alles piekfijn in orde was voor het geval de president onverwacht langskwam. Wanneer de inspectie op bezoek was vergewisten de ambtenaren zich ervan dat de presidentsportretten goed zichtbaar waren opgehangen en onderstreepten dat de idealen en ideeën van de wataniya in elk onderdeel van het curriculum ter sprake moesten komen. Op nationale feestdagen waren er openbare vergaderingen en bijeenkomsten, maar Um Omar had nooit veel aandacht voor de ronkende toespraken.

'Niemand gaf een cent voor die praatjes. Je moest er wel bij zijn. Ik legde mijn hoofd in mijn handen; bij een lange toespraak viel iedereen in slaap. We dachten na over wat we nog aan eten in huis hadden, over de kinderen, over het avondeten straks.'

Kamel Sachet verliet in 1975 de politie en nam dienst in het leger en daarna bij de Speciale Troepen in de rang van officier. Hij trachtte zichzelf te verbeteren. Hij meldde zich vrijwillig voor elke mogelijke extra training en elke cursus. In 1978 bracht hij drie weken in Duitsland door voor een stage oorlog voeren in bergachtig gebied. Hij leerde Farsi en was present bij gemeenschappelijke oefeningen met de Iraanse Speciale Troepen van de sjah. Hij klom op tot de rang van majoor en stond bekend om zijn leiderschap en zijn vakbekwaamheid.

Hij was een goede echtgenoot en vader. Bij zijn terugkomst uit Duitsland had hij een koffer vol cadeautjes bij zich. Voor zijn vrouw een jas met bontkraag, twee blouses, een föhn, sokken en lange ochtendjassen. Voor zijn en voor Shamhs moeder jassen van dezelfde kwaliteit en blouses voor haar zusters en voor de kinderen speelgoed. Iedere vrijdagmiddag maakte hij met Shamh een ritje langs haar zusters. Ze gingen picknicken met het gezin en de kinderen braakten in de auto en hij keek bars omdat het stonk. Hij zocht graag een schilderachtig, afgelegen plekje op, bij voorkeur onder een boom of bij een beekje. Um Omar kon niet begrijpen waarom hij in dat soort niemandsland wilde stoppen. Ze hief haar armen op en zei: 'Wat hebben we te zoeken op een plek waar verder niemand is?'

Kamel Sachet verwachtte van zijn gezin dezelfde hoge standaard die hij voor zichzelf aanlegde. Hij zag bijvoorbeeld niet graag dat zijn vrouw zonder begeleiding buitenshuis kwam.

'Mijn man bepaalde wat mij was toegestaan. Hij liet me niet vaak uitgaan. Maar hij heeft me bij grote beslissingen nooit iets in de weg gelegd. Uitgaan is niet zo belangrijk. Ik kon meubilair kopen en de inrichting van het huis veranderen. Ik kon geld uitgeven of geen geld uitgeven. Hij gaf me zijn hele salaris en stelde nooit vragen. Ik was zijn accountant.' Ze lachte erom. 'Hij had zijn uitkering aan mij te danken.'

En hij was dikwijls weg, oefenen, en later, tijdens de oorlog tegen Iran, aan het front. Wanneer hij er niet was, was de sfeer in huis meer ontspannen. De kinderen waren lawaaiig. Um Omar telefoneerde uren achtereen met haar vriendinnen. Wanneer Kamel uit de loopgraven opbelde kon hij er niet tussen komen. Ze zei dan dat de kinderen de hoorn niet goed op de haak hadden gelegd. Hij kocht een auto voor haar en leerde haar rijden en ze ging met de kinderen tochtjes maken. Ze ging op bezoek bij haar zusters en nam haar nichtjes en haar kinderen mee naar de ijssalon. Ze drukte hun wel steeds op het hart dat ze dit uiterst geheim moesten houden voor hun vader. Ze hebben het nooit verteld. Alle kinderen Sachet groeiden op met de autoriteit van hun vader thuis en met de autoriteit van hun president buiten. Ze begrepen dat ze hun vader niets moesten vertellen over de ijsjes en ze begrepen dat ze op school nooit iets moesten vertellen over wat hij thuis over de regering had gezegd.

De tegenstrijdigheden in Um Omars gedrag waren geen opstandigheid, het was de levenslust van een jonge vrouw. Ze kende heel goed haar plaats als echtgenote, haar rol als vertrouwelinge, stut en toeverlaat, meesteres van het huis. Alles was glashelder, geworteld in de samenleving, en ze was geen moment opstandig. 'De man zegt wat je moet doen. Een vrouw die weet wat de islam betekent gehoorzaamt haar man want gehoorzaamheid aan de man is verbonden met gehoorzaamheid aan de islam.'

Een foto: een familiekiekje uit de jaren tachtig. Shamh is uitgedijd tot een moederkloek. Ze zit op een sofa, omringd door haar kinderen. De familie heeft iets te vieren en iedereen is op z'n paasbest. Shamh heeft haar haar blond geverfd en van achteren kort laten knippen in de vorm van een wig. Opgestijfde golfjes op haar voorhoofd. Ze draagt een uitbundige, bontgekleurde jurk met uitstekende schouderstukken, hangende oorringen en matte roze lippenstift.

Pas in het midden van de jaren tachtig stond Kamel Sachet erop dat zijn vrouw en zijn dochters zich op islamitische wijze bedekten. Um Omar verzette zich en weigerde drie jaren lang. Ze had veel tijd nodig om eraan te wennen, ze voelde zich ongemakkelijk, ze deed steeds haar hoofddoek af en dan weer op en ze klaagde en gaf toe. Haar dochters probeerden eronderuit te komen en drukten zich, maar hun vaders wil was duidelijk. Um Omar zei dat kinderen aan alles wennen. Voor haar was het moeilijker. 'Ik was over de dertig.' Geleidelijk aan schikte ze zich, liet zich vermurwen, was het ermee eens. Ze begon de waarheid van de religieuze leerstellingen in te zien en kreeg er zelfs spijt van dat ze de hijab niet eerder was gaan dragen.

De oorlog tegen Iran sleepte zich het hele decennium voort. Het was een voortmalende uitputtingsslag die de hele samenleving verzwakte. Naarmate de oorlog langer voortduurde werd Kamel Sachet godsdienstiger. Als dertiger begon hij op de correcte tijden te bidden, vijfmaal per dag. Hij las de Koran en dacht erover na wat hij zou hebben bereikt als hij het boek in zijn jeugd van buiten had geleerd. Zijn gezin werd het exacte evenbeeld van zijn rechtzinnigheid, zijn geloof en zijn autoriteit.

Op zekere dag vond Kamel Sachet een oude doos met familiefoto's. Veel van Shamh in haar jonge jaren, uitgedost en opgedirkt, met hoge hakken en lippenstift. Hij wilde er niet aan worden herinnerd. Hij nam elk kiekje uit de doos, bekeek het en zei dat het geen goede foto was en knipte het vervolgens in stroken. Shadwan, zijn oudste dochter en zijn favoriet, misschien de enige die dat durfde, de ongetrouwde behoedster van de geheimen en de trots van de familie, raapte de foto's op die hij had laten vallen en bewaarde ze. Alleen de weinige die we in onze handen hielden hadden de slachting overleefd.

2 Zijn eerste overwinning

Zaid was de jongste zoon van de Sachets, dertien of veertien jaar oud toen ik hem voor het eerst ontmoette. Een onverstoorbaar joch, speelde voetbal, hield van videospelletjes, kende de namen van alle spelers van Manchester United. Zijn moeder wilde dat hij zijn best deed op school om Engels te leren en ze probeerde hem te helpen met zijn huiswerk, maar Zaid was niet erg begeesterd. Ze beklaagde zich. 'Ik leer er uiteindelijk meer van dan hij.'

De familie bezat een archief met videocassettes, veertig of meer, dat de jaren van Kamel Sachets carrière in beeld bracht. Zaid wist alles van videorecorders, hij resette en configureerde ze dat het een lieve lust was, en sloot ze aan op de televisie. Op een middag knielde hij voor een recorder.

'Wat wilt u zien? Van veel banden weten we niet wat erop staat...' Hij las hardop de handgeschreven etiketten. '1986, 1988. Deze is van een schietwedstrijd die mijn vader heeft gewonnen.' Een heel leven lag opgeslagen in bombastische videobanden, een leven dat, volgens de tekst op de etiketten die Zaid oplas, vooral uit veldslagen bestond. 'Koerdistan, Mohamara, Fao, Koeweit, toen Saddam op bezoek kwam...'

Ik zei dat ik dacht dat we met Mohamara moesten beginnen omdat dat de eerste slag was.

De video was vlak en het met de jaren streperig geworden beeld trilde. De opnamen waren waarschijnlijk door een Irakese militaire fotograaf in september 1980 gemaakt, tijdens het eerste offensief in de oorlog tussen Iran en Irak. Maandenlang had ayatollah Khomeini, de nieuwe leider van de nieuwe islamitische republiek Iran, Saddam getergd met zijn religieuze en revolutionaire retoriek. Saddam op zijn beurt had oude grensgeschillen nieuw leven ingeblazen. Beide partijen hadden beledigingen en granaten uitgewisseld, incidenten werden opgeblazen tot vuurstormen, propagandamachines schiepen vijanden en wezen verraders aan. In de hoop te kunnen profiteren van de revolutionaire chaos in Iran gaf Saddam het bevel tot een invasie van Khuzestan, een grensprovincie met een grotendeels Arabische bevolking. Hij stuurde onverwijld een divisie naar de belangrijkste provinciestad, een stad die de Iraniërs Khorammshahr en de Iraki's Mohamara noemden. De divisie veroverde de helft van de stad, maar ze werden tegengehouden bij de rivier. De Iraniërs hielden de bruggen. Toen zette hij de Speciale Troepen in.

Vanuit de woestijn vielen ze Mohamara aan. Een groot deel van de band was zonder commentaar en het geluid was gedempt. Het donkergroen van de Irakese legeruniformen bewoog door een landschap van dezelfde grijsgroene kleur, alsof de oorlog alles vaal kaki had gekleurd. Beige zand, grijze woestijngrond, gele schaduwen van groeven, en littekens ingekerfd door tanks en infanteristenlaarzen. De hemel was vol zwarte pluimen, die opstegen uit de spetterende rode vuren uit gaten in de pijplijnen voor de olie. In de eerste scène rolde een tank over een stuk pas aangelegde asfaltweg. De bemanningsleden staken hun hoofden uit de luikdeksels. De camera zwenkte en focuste schokkend op een brandende Iraanse tank. Daarachter de vlakke woestijn, doorsneden door verticale skeletachtige hoogtelijnen van metalen pylonen.

Het bombardement van de stad begon. Het leek er heftig aan toe te gaan. Het enige geluid op de band was het zware geplof van de artillerie. Een Iraanse straaljager vloog door het zwerk, helde over en vuurde drie paar granaten af, die als witte vlammen oplichtten en in explosies uiteenspatten. Het vliegtuig trachtte zich na die manoeuvre in veiligheid te brengen in hogere luchtlagen, maar het werd getroffen door een Irakese raket, veranderde in een loeiende vuurbal en in een oogwenk was er niets meer van over.

De buitenwijken van de stad kwamen in beeld. Losstaande blokvormige huizen van ongepleisterd beton. De tanks kropen vooruit tussen de verspreid liggende dode lichamen van grondtroepen. Op het geluidsspoor het moeizame, knarsende zwoegen van de motoren als een gemechaniseerde hartslag. We hoorden ook het moeilijk te onderscheiden geluid van machinegeweren in de verte. De witte rook vanuit het stadscentrum gaf aan waar de Irakese bommen waren neergekomen.

'Dat is hem!' Zaid was opgewonden. Hij wees. Zijn vader, majoor Kamel Sachet van de Speciale Troepen, marcheerde Mohamara binnen, met grote stappen dwars over het slagveld, aan het hoofd van zijn eenheid. Hij droeg een smetteloos uniform en hield een pistool in de rechterhand. Hij had geen helm op en droeg een dichte zwarte baard, die zijn gezicht verduisterde.

Zaid had lui op de grond gelegen vóór de *fast forward*-knop, maar nu kwam hij rechtop, trok respectvol zijn T-shirt naar beneden en keek toe hoe zijn vader een heldenrol vervulde.

De strijd verplaatste zich tot in de stad. Bijna alle inwoners waren geëvacueerd, alleen in de Arabische wijk waren enkele gezinnen achtergebleven. Huizen, straten, kronkelige steegjes, zichtlijnen, schootsvelden, hoekige versperringen, muurtjes als borstwering. De cameraman stond achter een Irakese soldaat met een lang sierlijk Dragunov-scherpschuttersgeweer, dat steunde in een glasloos raamkozijn met goed uitzicht op de straat. Overgang naar een peloton Irakese soldaten die achter elkaar optrokken onder een zuilenrij van donkere, stoffige bomen, te midden van het onophoudelijke tikken van kogelinslagen. Een explosie, ze weken enkele meters terug en renden dan weer vooruit, naar de overkant van de straat, met zware heuptassen, geweren die in hun lendenen bonkten, hun hoofd naar beneden, zo diep mogelijk gebogen. Eentje stopte, knielde neer en vuurde met een bazooka vanaf de schouder.

Um Omar schuifelde in haar zwarte fluwelen jurk de kamer binnen met een schaal biscuits en jam. 'Die jongens waren erg dapper,' was haar commentaar. Ze ging in een leunstoel zitten en maakte het zich gemakkelijk. Ze had kortgeleden de sofa's met een lichter gekleurde stof laten overtrekken. Ze waren nu blauw en geel en ze wilde weten of ik het mooi vond.

'Zeker, heel mooi,' zei ik. Zaid keek met rollende ogen zijn moeder aan, wat hem op een mild afkeurende blik kwam te staan, alsof ze, zoals ik haar al eerder meermalen plagerig had horen zeggen, hem eraan wilde herinneren dat hij zijn huiswerk Engels nog maar eens over moest doen.

We hoorden luid geweervuur buiten, maar niet vlakbij. Het was halverwege een middag in de lente van 2004 en het geluid van geweervuur was ons vertrouwd geworden. Niet de moeite om het over te hebben en terwijl het geluid op de video intenser werd met echo's, knallen, repeteervuur en losse schoten, hadden we het gevoel dat we een oorlog in stereo voor ons zagen.

Toen de troepen een brug naderden stopte de actie op de band een paar minuten. De Irakese soldaten bij de brug vuurden naar de overkant. Op de voorgrond lag naast een versplinterde boomtak een dode Iraniër met gespreide armen en benen, en met een glasachtige blik en open mond. De Irakese soldaten stonden op enkele passen van het lichaam en schoten aan één stuk door en schudden en schokten van de terugslag, in het ritme van wegspringende lege patronen. Een van de soldaten deed een stap terug en kromp ineen toen een Iraanse kogel langs zijn gezicht zoefde. We hoorden het geluid van een fluitende kogelregen vanuit een aanplant doormidden gebroken dadelpalmen. Twee Irakese soldaten sleepten een martelaar uit het huis ertegenover. Het lichaam was in een wit laken gewikkeld en de soldaten gebruikten één hand om het te dragen, met de andere klemden ze hun geweer vast.

Beeldwisseling. Einde van de gevechten, stilte. Alleen een reeks straatbeelden van Mohamara en op het geluidsspoor niets. Een doodstil vat vol ongestileerde geschiedenis. Het gejuich van de Irakese soldaten was gewist. De camera toonde slechts een groezelige, grijnzende rij soldaten onder een Irakese vlag, die hun armen in de lucht staken en met twee vingers bij wijze van groet het v-teken maakten. Een eindje verderop marcheerden soldaten moeizaam en uitgeput, maar licht van hart na de overwinning, met patroongordels over hun schouders, langs de weg. Een soldaat werd gefilmd terwijl hij met zijn bajonet een poster met Khomeini erop van de muur schraapte. Tanks, jeeps en pantserwagens reden langs Iraanse graffiti: ZONEN VAN SADR.

Na deze sequentie volgde een pak propaganda met heftige bombastische militaire muziek waarop een krachtige bariton uit volle borst zong: 'Ik zal doorgaan. Ik zal doorgaan.'

En een stem die ronkt en gromt van patriottische ophitserij: 'Dit is Mohamara. Dit zijn de soldaten van Saddam Hoessein. Wilt u nog meer bewijs? Wat zijn ze sterk. Elke Irakese soldaat neemt het op tegen duizend vijanden. Wij zijn de overwinnaars en nu zijn we onderweg naar nieuwe veldslagen tot heil van Irak en tot heil van alle Arabieren.'

De camera registreerde de lege straten van de bezette stad. 'Waar zijn de soldatenzonen van Sadr? Of de lijfwachten van Khomeini?'

Een scène met Iraanse gevangenen. Ze zagen er vermagerd uit, waren dun gekleed, met onvolledige uniformen. Hun buitgemaakte patroongordels, hun geweren en hun granaten lagen uitgestald. Ze waren een armzalig zootje, een paar kleren, een moe lijf, angst voor het onbekende. Meer waren ze niet. Ze werden ruw afgemarcheerd en kregen het bevel om hun handen achter in de nek te houden.

De bronzen stem van de victorie liet zich weer horen. 'Dit zijn onze helden van de Speciale Troepen. Hun vader is Irak, hun moeder is Irak. Hoe konden deze zonen geen helden zijn?'

Majoor Kamel Sachet weer in beeld. Dit keer werd getoond hoe hij een kort onderhoud had met zijn luitenants in een ka-

41

mer waarvan de ruiten uit de sponningen waren geblazen. Hij wees naar een kaart en de voice-over informeerde de kijkers.

'Deze soldaten voeren een strijd voor onze eer en onze principes.'

Kamel Sachets tweede zoon werd op 10 oktober 1980 geboren, toen de slag om Mohamara in volle gang was. Um Omar verwittigde het hoofdkwartier van zijn bataljon in Bagdad en zij brachten hem per radio op de hoogte. Kamel Sachet wilde hem Nasser noemen, wat overwinning betekent, maar een collega-officier zei dat Ali beter was en Kamel Sachet was het met hem eens.

3 Zijn oudste dochter, zijn favoriete

Shadwan wist nog dat ze klein was en de Iraanse vliegtuigen door de nacht scheurden. Haar vader was ver weg aan het front. 'We werden allemaal wakker, we waren doodsbang.'

Aanvankelijk verliep de oorlog gunstig voor Irak. De mannen van het luchtafweergeschut schoten de Iraanse straaljagers neer en de wrakstukken werden tot monumenten. Shadwan keek naar het nieuws op de televisie. Saddam was overal. 'Hij had een leuk gezicht. Knap, jong. Hij kleedde zich goed. Hij was de president.' Op school hemelden de onderwijzers hem op als deugdzame, sterke en dynamische leider.

Na zijn grote overwinning in Mohamara kwam haar vader met verlof naar huis. Op zekere morgen pakte ze een boek van de plank en vroeg hem haar te helpen lezen wat erin stond. Hij weerde haar af. 'Ik wil niet dat je van mij houdt. Je moet al je liefde aan je moeder geven.' Pas veel later begreep ze dat hij dit had gezegd om haar te behoeden.

Shadwan leek op haar vader. Ze had zijn lange goed geproportioneerde gestalte, zijn onverstoorbaarheid en zijn bedachtzaamheid. Ze was, negen maanden nadat haar ouders waren getrouwd, geboren. Kamel Sachet bepaalde zelf de namen van al zijn negen kinderen, en hij noemde zijn eerstgeborene naar een slag tussen Israël en Egypte om een eiland in de Rode Zee. 'Het is een bijzondere naam,' vertelde Shadwan me trots, 'het is dezelfde naam als hij zijn kalasjnikov gaf.'

Ze had een zacht, knap gezicht, en de ferme kaaklijn, die ze van haar vader had, verleende haar uiterlijk waardigheid, een welomlijnde vorm die besluitvaardigheid verried. Ze lette er

43

goed op dat ze zich ingetogen gedroeg. In gemengd gezelschap droeg ze altijd een lange huisjas, meestal blauw of olijfgroen (eerder conservatief dan modieus) en een bijpassende hoofddoek. Zonder hijab, in vrouwengezelschap, liet ze haar zwarte haar los op haar schouders vallen. Het leek of ze dan wat vaker glimlachte en of ze zich vrij voelde van de druk om zich zo keurig voor te doen. Ze sprak niet veel, maar ze was niet bang om het woord te nemen, ook daarin leek ze op haar vader. Ze merkte op dat ze op dezelfde manier tegen de dingen aankeek als hij. Beiden waren bedachtzaam en keken verder dan de uiterlijke schijn. Toen ze klein was, was er nooit iets op haar aan te merken en hij had de gewoonte om haar op te tillen en aan haar broertjes en zusjes ten voorbeeld te stellen. Ze herinnerde zich dat hij lachte om Omars en Ali's grollen en met hen over de grond rollebolde, woest en teder. Later, toen de oorlog maar voortduurde, maakte hij geen grappen meer met zijn kinderen. Zijn rechtzinnigheid kreeg grimmige en onbuigzame trekjes en met zijn jongere kinderen heeft hij nooit gespeeld.

Shadwan was op school een ijverige leerlinge, thuis was ze beleefd en gedroeg ze zich bescheiden. Alle kinderen Sachet waren het erover eens dat ze altijd haar vaders favoriet was geweest. Shadwan had de gewoonte om haar wimpers neer te laten en haar blik naar beneden te richten om niet trots te lijken. Maar dan zei ze: 'Ja, zo is het. Ik was zijn favoriet, dat wist iedereen', en liet een klein lachje horen, het was een grapje waarmee ze in de familie altijd succes had.

Gedurende haar gehele kindertijd onderwierp Shadwan zich gehoorzaam aan haar vaders trots. Ze leerde vlijtig en behoorde bij de besten van haar klas. Ze ging naar een meisjesschool voor de elite – dochters van Saddam zaten in de klassen onder en boven haar – maar ze ging niet met haar schoolvriendinnen picknicken of ijsjes eten. Als ze iets nodig had ging ze met haar moeder naar de winkel. Toen ze zeventien was vroeg ze haar vader of ze naar een partijtje mocht gaan, dat haar vriendin Sohor thuis gaf. Haar vader stemde toe en reed haar erheen en haalde haar later weer op. Toen ze achttien was vroeg ze of ze naar het verjaardagsfeest van haar vriendin Amineh mocht gaan. Hij gaf weer zijn toestemming, bracht haar en haalde haar weer op. Aan het eind van het schooljaar organiseerde Amineh een samenkomst om te vieren dat ze hun eindexamen hadden gehaald en Shadwan mocht er weer bij zijn. Afgezien van familiepartijtjes waren dat de enige drie feestjes die ze in haar leven had meegemaakt. Ze had nooit de opwinding gevoeld van de tegendraadse teenager.

Shadwan was van nature geen gezelligheidsdier zoals haar moeder, zij had de serieuze, op zichzelf aangewezen houding van haar vader meegekregen. In tegenstelling tot haar moeders luidruchtig gegniffel vertoonde Shadwan een verlegen lachje, dat langzaam en zelden doorbrak. Gewoonlijk verbleef ze het liefst in de privéruimtes van het huis. Ze vertelde me dat ze dat niet erg vond. Wanneer ze zich verveelde ging ze naar bed en sliep in en in haar slaap vond ze afleiding in vergetelheid.

Op een dag liet Shadwan me haar kamer zien. Een klein, nauwelijks gemeubileerd, met hout betimmerd kamertje. Tegen een van de wanden stond een smal eenpersoonsbed met een rechtgetrokken groene deken. Een houten tafeltje aan het hoofdeinde, een lampje en een paar boekenplanken. De meeste boeken over haar twee favoriete onderwerpen, te weten godsdienst en psychologie. De kamer was donker en functioneel, zonder enige versiering. Shadwan glimlachte toen ik rondkeek en niet wist wat ik moest zeggen. Ik had geen idee of haar glimlach een blijk was van trots op de eenvoud van de inrichting of veeleer een vertrouwelijk blijk van hartzeer, een blik van de ene alleenstaande dertigjarige vrouw naar de andere: zou ik geen recht hebben op iets beters?

Soms liet Shadwan me een paar nieuwe schoenen of een hoofddoek zien of een handtasje, of ik zag de schittering van een diamant aan haar pols of op haar huissloffen. Ze had haar dromen en verwachtingen, maar haar leven was door verschillende omstandigheden, de positie van haar vader, de oorlog, het gebrek aan veiligheid, ingeperkt. Ze nam een houding aan van beschroomde rechtschapenheid en aanvaardde haar lot, maar betreurde haar diep weggestopte onbehagen. 'Ik heb na de middelbare school nooit meer een goede tijd meegemaakt.' Ze maakte zich ondergeschikt aan haar godsdienst en aan haar vaders verwachtingen. Toen ze de huwbare leeftijd had bereikt kwamen vele potentiële vrijers om haar hand vragen. Haar vader wees ze allemaal de deur.

Twee jaar nadat Kamel Sachet en de Speciale Troepen Moha-mara hadden veroverd, lanceerden de Iraniërs een tegenaanval en heroverden de stad. Het Irakese leger werd teruggedrongen in de woestijn en stelde zich teweer in losse groepjes, maar veelal werden ze onder de voet gelopen, en tienduizenden werden gevangengenomen. Saddam liet de generaal die verantwoordelijk was voor de terugtrekking doodschieten, en kondigde aan dat het leger langs de Irakese grens nieuwe stellingen zou innemen. Het nieuws op radio en televisie liet doorschemeren dat dit het eind van de oorlog kon betekenen. De meeste mensen waren heimelijk opgelucht. Misschien hoopte Saddam dat Khomeini zijn gram had gehaald. Maar Khomeini was gek gemaakt en tot bloedens toe gewond en had zijn gram niet gehaald. De Iraki's groeven zich in tussen zand en stenen en rekenden op een patstelling en spoedige onderhandelingen. Het vervolg van de oorlog, zes lange jaren, zou zich voornamelijk op Irakese bodem afspelen.

Naarmate de oorlog doormodderde werd Kamel Sachet onbuigzamer, formeler, vitterig en gespannen. De kinderen werden steeds beduchter voor zijn stemmingen en namen een gepaste afstand in acht. Wanneer hij thuis was heerste daar stilte, de onheilspellende frons in zijn voorhoofd bepaalde de stemming. Zijn zonen bewonderden hem maar kwamen hem niet te na, ze hengelden naar zijn goedkeuring en durfden nauwelijks hun slechte schoolrapporten thuis te laten zien. Shadwan bleef zijn vertrouweling. Af en toe vertelde hij haar iets van zijn er-

varingen. Eenmaal was de borstwering van een loopgraaf ingestort tijdens beschietingen en hij was onder het zand begraven.
Hij vertelde haar dat hij had liggen wachten en de stemmen
hoorde van het reddingsteam, dat steeds dichterbij kwam, tot
hij kon horen dat ze heel dichtbij waren begonnen om hem uit
te graven. Ze had hem geplaagd. 'Ja, en toen moest je al je kleren weer helemaal schoonmaken.' En hij had haar verteld dat
ze gelijk had en dat hij het stof van zijn tuniek af borstelde terwijl hij uit de loopgraaf klom. Hij was altijd erg netjes op zijn
uniform en wilde dat het vlekkeloos schoon en goed gestreken
was.

Toen Shadwan elf was kwam op een middag een familielid
dat diende onder haar vader bij hen langs en sprak op gedemp-
te toon tegen haar moeder. Um Omar was vijf maanden zwanger en toen ze terugkwam in de keuken stonden er tranen in
haar ogen en haar gezicht vertoonde een grimmige en zorgelij-
ke uitdrukking. Ze vertelde de kinderen dat hun vader gewond
was geraakt en dat hij in het ziekenhuis lag en insjallah weer
beter zou worden. Shadwan had altijd een foto van haar vader
onder haar kussen liggen en 's nachts, wanneer ze ernaar keek,
moest ze tussen haar gebeden door een beetje huilen. En ze
hoorde dat haar moeder 's nachts ook huilde, wanneer de kleintjes sliepen.

Kamel Sachets oudste broer, Abdullah, kwam op visite en
bracht een portret van Saddam mee, dat ze aan de muur moesten hangen. Hij zei Um Omar dat ze de religieuze boeken
moest wegdoen en haar boekenkasten vol moest zetten met
boeken van de Baathpartij. Um Omar liet hem niet het portret
van Saddam ophangen, maar ze gaf een aantal religieuze boeken weg en zette wat Baathpamfletten in de kleine boekenkast
in de ontvangstkamer, waar de gasten ze konden zien. Verscheidene familieleden kwamen langs met adviezen. Kamel Sachets
salaris werd niet meer uitbetaald, Um Omar hield haar baan
aan en weigerde elk aanbod van financiële steun. Ze durfde het
niet aan om zich in de schulden te steken want ze wilde haar

47

gezin niet opzadelen met verplichtingen. Ze probeerde van alles om een oplossing te vinden – telefoongesprekken, bezoeken die nergens toe leidden – maar iedereen bij wie ze aanklopte om hulp was bang om haar wat dan ook te vertellen. De directeur van haar school ontbood haar op zijn kantoor en zei haar dat als ze niet meedeed aan de activiteiten van de Baathpartij ze haar baan niet zou kunnen houden. Ze maakte de contributie over en gaf acte de présence op de wekelijkse bijeenkomsten zoals verlangd, maar Shadwan kon zien dat het voor haar een bittere pil was. Shadwan voelde bij haar moeder een gevoel van schaamte. Het ontging haar evenmin dat Um Omar veel moeite deed om ondanks alle problemen haar wanhoop het hoofd te bieden. Ze lachte niet meer en ze was kortaf tegen haar kinderen wanneer die lawaai maakten. Naarmate de weken van onzekerheid zich aaneenregen groeide de afstand tussen de klank en de betekenis van de woorden die Shadwan opving van de conversatie van de grote mensen. Shadwan begon te begrijpen dat haar vader toch niet in het ziekenhuis was opgenomen.

Drie maanden later kwam een ambtenaar bij hen langs en overhandigde haar moeder een handgeschreven papier behelzende de toestemming om in de gevangenis Al Rashid No. 1 Kamel Sachet te bezoeken. Shadwan ging er de vrijdag daarop met haar moeder en met oom Abdullah heen. Ze herinnerde zich dat de bewakers beleefd waren maar alles doorzochten, zelfs de schalen met eten die haar moeder had meegebracht. Um Omar liet ze hun gang gaan en zei niets toen ze met een mes door haar saffraanrijst roerden en de extra kleren, die ze voor hem bij zich had, bevoelden. Ze werden in een wachtkamer met een tafel en een bank geleid. Het was een militair complex en het was er kil.

Toen haar vader binnenkwam viel het haar op dat hij moe en vermagerd was. Zijn gezicht was bleek en gelig. Zijn uniform was schoon en gestreken, maar de rangonderscheiding van majoor was verwijderd. Hij omhelsde iedereen en trok Shadwan op schoot. Hij lachte en deed of hij op zijn gemak was. 'Jullie kleren. Jullie kleren zijn niet mooi genoeg,' waren zijn eerste woorden. Um Omar keek naar haar handen bij dat standje. 'Nee,' zei hij, 'je moet nieuwe kleren kopen en de volgende keer dat jullie komen wil ik ze zien en jullie mogen niet huilen.' Hij zei tegen zijn broer dat deze geen nieuwe advocaat moest huren als de zaak voorkwam en niet moest proberen de zaak op te lossen door het vragen van gunsten. 'Ik ben hier zo lang als ik hier ben,' zei hij. Hij zei tegen zijn vrouw dat ze de baby Ahmed moest noemen als het een jongen was en Esma als het een meisje was. Hij zei dat alles goed zou komen.

4 Van binnenuit

Terugblikkend leek het dr. Hassan dat de lange ellendige nationale neergang in 1983 was begonnen. Na drie jaar oorlog begon het oliegeld op te drogen, het vloeide weg als bloed in zand. De koers van de dinar, eerst een solide één tegen drie dollar, stortte in en zou de komende twintig jaar aan waarde blijven verliezen. Voor het eerst moesten Iraki's een officiële toestemming hebben om het land te kunnen verlaten. Mensen met strategisch belangrijke beroepen – officieren, dokters, ingenieurs – werd dikwijls toestemming geweigerd. Er veranderde iets. Een gevoel van moedeloosheid, vermoeidheid, claustrofobie. Het aantal gesneuvelden steeg alsmaar. Al gulziger vrat de offergave die oorlog heet de hoop aan. Door het leven werd een streep getrokken die ervoor en erna scheidde: de goede tijd en de tijd die moeizaam voortkroop.

Twee lange decennia daarna, in het voorjaar van 2006, zaten dr. Hassan en ik in zijn kantoor in het veilige ballingsoord Abu Dhabi en we keken terug. Dr. Hassan had de reportage van Saddams proces zitten bekijken. In de rechtszaal had Saddam fel uitgehaald en iedereen de les gelezen, vol overtuiging en uitdagend. Naar dr. Hassans professionele mening leed Saddam aan 'agressieve paranoia'; in zijn eigen denkwereld was hij nog immer president. Hij kaatste de aanklachten terug, recht in de snuiten van dat stel droedels dat het gewaagd had zijn eigen vorm van recht te ontwerpen. Hij verklaarde dat hij 'voor alles verantwoordelijk' was. Saddam werd aangeklaagd voor de dood van honderd mannelijke inwoners van de stad Dujeil, een represaille voor een mislukte moordaanslag in 1982.

'Heb je gezien dat ze de naam van de dokter voorlazen? De dokter die bij de executie in Dujeil was?' Dr. Hassan leunde achterover in zijn stoel en wreef met zijn handpalm langs de zijkant van zijn gezicht. Een gebaar dat getuigde van nervositeit, die hij trachtte te beheersen. 'De handtekening van de dokter stond op de overlijdensverklaringen.' Dr. Hassan werd bevangen door de gedachte dat zíjn handtekening daar had kunnen staan. 'Dokter Huda,' mompelde hij afwezig, 'zoiets ja, een christelijke naam... als ooit eens míjn naam... en op het proces tegen Saddam Hoessein, was opgelezen...'

'Wanneer kwam u erachter dat het niet deugde? 1983? Of eerder?'

We gingen terug naar het begin.

In de zomer van 1968 verliet Hassan de middelbare school, met de beste cijfers in de provincie Kerbala. Zijn vader was ten onrechte veroordeeld voor verduistering en zat in de gevangenis. Hassan woonde nu samen met zijn moeder en de rest van het gezin in een huurhuisje in Najaf zonder elektriciteit of stromend water. Hij had een uitzonderlijke prestatie geleverd gezien de familieomstandigheden. Hassan kreeg voor zijn schoolprestaties een fortuin van twintig dinar en zijn foto verscheen in de plaatselijke pers. Hij vertrok naar Bagdad om zich in te schrijven aan de universiteit.

Op 17 juli om zes uur 's morgens werd hij wakker van het geluid van schoten. Hij verbleef in een hostel nabij de Rashidstraat en ging naar buiten in de koperkleurige zomerse morgen. Hij vroeg de tegelverkopers, die hun handel klaarzetten, wat er aan de hand was. Het ministerie van Defensie bevond zich enkele straten verderop, ze wezen.

'Alweer een coup,' zei een van hen en haalde zijn schouders op.

'Een coup? Denk je dat ze de straten gaan afzetten?' Hassan dacht aan de miezerige drie bankbiljetten in zijn broekzak. Hij wilde die dag teruggaan naar Najaf want zijn geld was bijna op.

Hij ging terug naar het hostel, nam een kop thee en luisterde naar de radio. Generaal Aref was afgeserveerd, dat was duidelijk, maar onduidelijk was wie nu de macht had. Om half acht werd Proclamatie No. 1 voorgelezen. Er werden diverse beloften gedaan om het probleem met de Koerden op te lossen, met de Palestijnse guerrillero's, met het rechtzetten van de militaire catastrofe in de oorlog van een jaar geleden met de Joden, met de wetshandhaving, de gelijkheid van kansen, met mogelijkheden voor 'een democratisch leven'. Aanvullende bloemrijke welsprekendheid was gewijd aan de depreciatie van het regime dat zojuist was afgezet. 'Een kliek nitwits, analfabeten, profiteurs, dieven, spionnen, zionisten, onbetrouwbare agenten.' Dr. Hassan herinnerde zich dat niemand op straat zich er iets van aantrok. Het was sinds de moord op de koning in 1958 een komen en gaan geweest van coups, generaals en presidenten. Arabische trots bracht de politieke hartstocht tot een kookpunt. Neem het onrecht van de Palestijnse Kwestie en het schandalige Britse imperialisme! Een vloedgolf aan ideologieën: communisme, nationalisme, baathisme, als in een steeds sneller draaiende carrousel. De Baathrevolutie van 1968 kwam niet onverwacht en brak door zonder opzien te baren, als een windstilte na de storm. Op de grasveldjes onder de wrakke balkons van de voormalige Ottomaanse wijk weerklonk zoals altijd het kabaal van marskramers en straatventers. Hassan merkte een meisje op dat met onbedekt hoofd en met een eindje bloot been onder haar rok langsliep. Alle mannen met handkarren, de zakkendragers, de theeschenkers, de verkeersagent met zijn fluitje in de mond, de oude man op een muilezel, allen keken toe hoe ze daar liep, maar het meisje, dat een schoudertas vol studieboeken van de universiteit meedroeg, leek slechts minachting te voelen voor hun geile blikken. Het waren immers moderne tijden en wat kon haar die achterlijkheid van de smoezelige, mindere man schelen? Weer een revolutie! Vooruitgang! Wat betekende dat allemaal voor de gewone man? Niet zo veel, hij haalt nonchalant zijn schouders op. Die dag zag Hassan er geen omineus voorteken in, er waren tenslotte geen wegver-sperringen, geen avondklok, en hij reisde 's middags zonder problemen terug naar Kerbala.

Hassan schreef zich in aan de medische faculteit van de universiteit van Bagdad, maar na twee semesters werd duidelijk dat hij zonder beurs van het leger niet verder kon studeren, en hem werd gezegd dat hij, om daarvoor in aanmerking te komen, lid moest worden van de Baathpartij.

De politiek was nog steeds een warboel. Op de campus waren vele partijen actief, aanhangers van de leer van Nasser, linksgezinden, de moslimbroederschap, de Progressieve Socialistische Arbeiders, islamitische facties. Het was een gevaarlijk mengsel van volksstrijd en macht, van stakingen, brandstichting en samenscholingen, protestplannen en propaganda, denunciaties, arrestaties, geweervuur en moorden. Studenten werden tijdens de examens opgepakt en nooit meer gezien. Dr. Hassan herinnerde zich een jonge studentenleider, een Baathaanhanger met de naam Ayad Allawi, die dolgraag met zijn pistool zwaaide – het was tenslotte revolutie – om de communisten af te schrikken wanneer er gevochten werd in de sociëteit. Zo nu en dan werden er regeringsvoertuigen opgeblazen.

Zijn vader waarschuwde hem. Hij zou niet verwikkeld moeten raken in de politiek, maar Hassan vulde zonder veel ongenoegen het sollicitatieformulier in en onderschreef een voorgedrukte paragraaf waarin hij zich bekende tot de uitgangspunten van de Baathideologie en het panarabisme. Zoals werd verlangd bezocht hij trouw de wekelijkse bijeenkomsten.

Toen we in Abu Dhabi die geschiedenis ophaalden brandde er voortdurend één vraag op mijn lippen. Wist u het niet? Wist u het niet? Ik hoopte steeds dat ik de allereerste oprispingen van onbehagen boven water kon krijgen, zaken die hij had gezien en die hem verontrustten, een spoortje van ongemak, op z'n minst bezorgdheid – de telefoon ging over en dr. Hassan wendde zich af en nam de hoorn op.

Dr. Hassan legde de hoorn neer en glimlachte. Hij vervolgde zijn chronologische relaas. In januari 1969 werden hij en de andere Baathstudenten naar het Tahrirplein gecommandeerd. 'Kom ook meefeesten,' schalde de radio. Er werden veertien gevangenen, onder wie negen Joden, in het openbaar opgehangen als zionistische verraders. De Baathpartij was nog piepjong, niet zeker van haar machtspositie, en destijds niets meer dan een van de beurtelings bovenliggende partijen in het spel om de macht. Nu konden ze hun tanden laten zien. 'Dood aan de verraders! Dood aan Israël!' scandeerde de verzamelde menigte van honderdduizend samengedrongen mensen luider en luider onder de heen en weer bungelende lijken.

'Wat dacht u toen u daar stond?'

Dr. Hassan zocht geen uitvluchten, maar brak zich er evenmin het hoofd over. Die ter dood veroordeelden waren spionnen, ze waren veroordeeld voor contrarevolutionaire praktijken, en dit waren de gevolgen.

'Er was geen democratisch concept, geen idee over vrijheid van meningsuiting of over de rechten van het individu. Het ontbrak ons aan gevoel voor dat soort zaken, we hadden er geen ervaring mee, we dachten er simpelweg niet aan. Ik kwam uit een streng gelovige stad waar je nooit openlijk je mening kon uitspreken. Niemand had zich ooit vrijmoedig kunnen uitspreken, niemand had ooit vraagtekens kunnen zetten bij de bestaande orde, laat staan ertegenin gaan. Vooral niet tegen een van de verschillende godsdienstige instellingen. Over al die zaken werd niet gediscussieerd, het leven was wat het was, en had een vastliggende vorm. We voelden geen barmhartigheid of medelijden bij het ophangen van die Joodse spionnen. We kenden de waarheid niet. We wisten niet dat ze gemarteld waren en onschuldig. De mensen riepen "Dood aan de spionnen!" Zo was het, we riepen allemaal "Dood aan de spionnen!"'

In 1974 was er nóg een couppoging in Bagdad. Hassan en de andere studentkaderleden van de Baath kregen geweren uitgedeeld en moesten het ministerie van Defensie gaan verdedigen. Hij stond met klamme handen om de houten kolf van het ge-

weer te wachten op de aanval. *Wat sta ik hier in godesnaam te doen*
dacht hij (toen hij die episode weer ophaalde begonnen zijn
knieën licht te beven – een milde tremor, een latente zenuwaan-
doening?) Hij gaf toe dat, terwijl hij gehurkt naast een zandzak
zat met zijn zojuist uitgereikte nieuwe zwarte blaren trekkende
legerlaarzen op de zandige en kiezelige grond, hij dacht: *het is
goed mis, helemaal mis, we worden misschien gewond of gedood en we
kunnen niet meer terug.*

Aanbeland in 1983 was dr. Hassan majoor bij de medische
troepen met daarnaast een bloeiende particuliere praktijk. Hij
kleedde zich goed en hield van Italiaanse schoenen. Elk jaar
kocht hij een andere auto en hij huurde een huis waar hij met
zijn vrienden kon feesten. Een huis waar ze vriendinnen uitno-
digden, dronken, en zich op hun gemak voelden. Hij had het
naar zijn zin, blaakte van zelfvertrouwen, was trots op wat hij
had bereikt. Hij had een hoge rang, respect en geld.

Drie dagen per week onderzocht hij patiënten van het Rashid Militaire Ziekenhuis. Na de terugtrekking uit Mohamara
viel hem het aantal psychologische slachtoffers op. Shellshock,
rillingen, hysterische paralyse van de rechterzijde van het lichaam, daar waar het geweer wordt gedragen. Hem viel op dat
er synchroon met elke hevige aanval pieken voorkwamen in het
aantal simulanten. Kogelwonden in hand of voet, door eigen
toedoen gebroken armen, soldaten die benzine in hun hand-
rug injecteerden zodat het vlees opzwol en openbarstte als een
vulkaan en vocht afscheidde. Een afgrijselijke verwonding, die
met koorts gepaard ging. De Amn, de militaire veiligheidsdienst, beval de doktoren om deze deserteurs na hun behandeling naar de gevangenis te sturen. Het vonnis luidde gewoonlijk
tussen de vijf en de zeven jaar, maar psychiaters als dr. Hassan
schreven dikwijls 'onder spanning' op hun dossier en stuurden
hen terug naar hun onderdeel. Soms was hij zijn vrienden van
dienst. Hij schreef ziekteverklaringen voor officieren, vooral
wanneer er een grote aanval op handen was, of hij fabriekte een

medisch rapport met 'mentaal zwak, ongeschikt voor alle diensten'. Zo konden achttienjarigen de dienstplicht ontlopen.

Op een kwade dag was een van zijn vrienden verdwenen. Dr. Hassan deed discreet navraag, inofficieel, maar niemand wist iets – en toen verdween nog een vriend. Beiden waren, evenals hijzelf, sjiieten afkomstig uit de bedevaartplaats Kerbala, en evenals hij hadden zij hun studie goed doorlopen, zich bij de Baathpartij aangesloten en zich in Bagdad opgewerkt tot vooraanstaande beroepsbeoefenaars. Dr. Hassan voelde koude rillingen en diagnosticeerde zijn eigen angstsyndroom. Een van zijn collega's, dr. Laith, bevestigde zijn bange vermoeden. In het voorbijgaan fluisterde deze hem op de gang toe dat zijn vrienden inderdaad waren gearresteerd. Dr. Hassan begon slaappillen te gebruiken en hij droomde ervan het land te verlaten. Maar hij durfde geen uitreisvisum aan te vragen. Het berouwde hem dat hij na zijn stage in Wenen naar Irak was teruggekeerd, maar hij had geen keus, het was nu te laat. Hij dacht over onderduiken. Hij dacht: *het zou eigenlijk moeten, maar ze vinden me overal.*

Op een ochtend in januari ontving hij een brief met het verzoek om bij de Amn te verschijnen voor een gesprek. Hij deed zijn olijfgroene dienstjack aan en een met bont gevoerde survivaljas tegen de kou. Hij naaide tweehonderd tabletten tamazepan en valium in de kraag van zijn overhemd en in de taille van zijn broek en stak een weinig geld en zijn militaire identiteitsbewijs in zijn zak. In plaats van zijn eigen auto nam hij een taxi naar het kantoor van de Amn want hij wist dat hij niet zou terugkeren.

Dr. Hassan meldde zich voor zijn arrestatie. Ze trokken de distinctieven van zijn schouder en namen hem zijn horloge af. Geblinddoekt en met handboeien om brachten ze hem in een geblindeerd bestelautootje over naar het hoofdkwartier van de Amn. Ze duwden zijn hoofd naar beneden zodat hij moest lopen met zijn bovenlichaam horizontaal. Zo werd hij door een ondergrondse gang geleid en zeven treden lager in een cel geduwd. De cel had een vloer van beton en een dikke metalen deur met een luikje. Er lag een vieze matras, maar de ruimte was net geschilderd. Een enkel fel peertje hing continu te branden en het onregelmatige geruis van de wieken van een ventilator veroorzaakte gekmakende oorsuizingen. Tweemaal per dag, om zes en om achttien uur, was er een toiletpauze. De celdeuren gingen open en de gevangenen moesten in looppas door de gang, opgejaagd en vooruitgemept door bewakers met kabels in hun handen. Ze hielden hem drie dagen in afzondering. Hij lag daar als verdoofd, aangewezen op zijn onbestemde gedachten. Hij herinnerde zich dat hij twintig jaar geleden zijn vader in de gevangenis had bezocht, dat onrecht – dat nu weer op dezelfde manier plaatsvond! Hij herinnerde zich hoe trots zijn vader was geweest toen hij de hoogste rapportcijfers had van alle scholieren in de provincie Kerbala. Hij zwaaide met het telegram naar iedereen om zich heen en al zijn medegevangenen hadden Allah dank betuigd. Hij, die ongelukkige man, had zo'n zoon. Zo'n zoon! Dr. Hassan opende zijn ogen, maar de witte muren weerkaatsten het schelle elektrische licht en hij sloot ze meteen weer om zijn eigen roodgekleurde binnenwereld. In de gevangenis, in dit land van gevangenissen! Zijn herinneringen kwamen met vlagen van spijt. Zijn handen herinnerden zich de vormen van de vrouw die hij in Wenen had liefgehad en hij zag weer de lichtgroene bomen langs de boulevards in het voorjaar – waarom was hij ooit teruggegaan naar Irak? Hij verbeet zijn spijt en vervloekte zijn beslissingen. Hij had beter kunnen weten. Zijn gedachten verwijlden bij zijn werk als jonge toegevoegd arts, toen hij gevangenen moest verzorgen tijdens de oorlog van 1974 tegen de Koerden. Verminkingen, zwellingen, kwetsuren, kneuzingen, blauwe ogen, bloedvergiftiging, infecties, nierziektes, bloedarmoede, uitgerukte nagels, één, soms meer, soms alle tien, derdegraads verbranding van de vingertoppen na het toepassen van elektriciteit. 's Nachts hoorde hij gillen en snikken, hij nam een portie valium en werd gek van zijn onzekerheid. Hij probeerde te bedenken wat zijn vrienden zouden hebben verklaard, wat hijzelf het beste kon zeggen en wat hij beslist niet voor zich moest houden.

Drie dagen later wekten ze hem om drie uur 's morgens, deden de handboeien om, en sleepten hem met het hoofd naar beneden de gang door, de zeven treden op, naar buiten, vijf minuten lopen door de koude duisternis en weer naar binnen. Ze zetten hem op een stoel. Hij was nog steeds geblinddoekt, maar hij had de indruk dat hij in een oud stenen gewelf met witte muren was. Hij kon horen dat er twee bewakers bij de deur waren terwijl twee officieren heen en weer liepen en hem ondervroegen.

'Luister, we weten alles van u. U bent lid van de Dawapartij. U en uw sjiavrienden hebben politieke bijeenkomsten gehouden. Uw vrienden hebben alles bekend en u bent gearresteerd. U moet ons de waarheid vertellen. Het heeft geen zin om te liegen zodat we u onheus moeten behandelen.' Het woord 'Dawapartij' riep een schrikbeeld op dat in die tijd als een doem boven hem en zijn medesjiieten hing. Dr. Hassan protesteerde en zei dat hij niets te maken had met de Dawa, dat hij zelfs niet godsdienstig was, alcohol dronk en niet naar de moskee ging.

Een schreeuw van vlakbij, een man leed onverdraagijke pijn: 'Nee! Nee! Stop! Niet doen...'

Iets in de toon van het geluid deed dr. Hassan denken dat het een geluidsopname was waarmee ze hem bang wilden maken. Hij betuigde opnieuw zijn onschuld maar dat leidde tot niets en het matten begon. Ze gebruikten dikke elektriciteitskabels en sloegen hem op zijn benen en zijn rug. In het begin was de pijn nauwelijks te harden, maar na enige klappen werden de pijnscheuten minder heftig, de zenuwslopende wachttijd was voorbij, erger kon het niet worden. Zijn geteisterde lichaam pompte bloed en adrenaline en mengde dat met de kalmeringstabletten die hij had genomen. Hij werd duizelig en ongeconcentreerd, haast slaperig. Hij voelde dat zijn lichaam weggleed en deed niets om zijn val van de stoel tegen te houden. Hij stortte, vastgebonden en wel, op de vloer, overal pijn, geen enkele gedachte, hij deed of hij er niet was. De bewakers snelden toe. Ze waren bang dat ze hem hadden gedood. Hij wist dat, mocht hij overlijden, zij problemen zouden krijgen. Formulieren invullen, een onderzoek – 'Help hem! Help hem!' Hij ontwaarde oprechte bezorgdheid in hun stem. Er kwam een doktersassistent bij, die de bloeddruk opnam, en hij werd teruggebracht naar zijn cel. Hij werd nog tweemaal ondervraagd, weer midden in de nacht, en ten slotte tekende hij een verklaring waarmee hij toegaf in betrekking te staan tot zijn gearresteerde vrienden, maar hij werd niet meer gemarteld.

In zijn stoel in Abu Dhabi leunde hij achterover, vouwde zijn handen en alsof hij een smeekbede richtte tot het verleden, bracht hij ze tot voor zijn neus. 'Ik was er net zo aan toe als mijn patiënten, soldaten die hun kwetsuren overdrijven zodat ze niet naar het front hoeven.'

Zijn zaak werd voor de Nationale Veiligheidsraad gebracht, het juridisch orgaan dat misdaden tegen de staatsveiligheid berechtte. Intussen hadden zijn ouders 20.000 dollar betaald aan een advocaat die de broer was van de chef van de militaire inlichtingendienst. Een vriend van hem, dr. Laith, getuigde à décharge en verklaarde dat dr. Hassan een goed mens was en nooit iets van doen had gehad met de Dawapartij. Ten slotte luidde de aanklacht dat hij in diensttijd alcohol had gedronken, onkuise betrekkingen onderhield met de verpleegsters van het Rashidziekenhuis en sjiitische soldaten had geholpen hun dienst aan het front te ontlopen door verlofbriefjes wegens ziekte te tekenen. Na drie maanden werd hij overgebracht naar de gevangenis Al Rashid no. 1, afdeling officieren. Zijn celmaat was luitenant-kolonel Kamel Sachet.

Een foto: *een portret van Kamel Sachet in de gevangenis. Hij draagt een volgroeide baard, zijn ogen liggen diep in pikzwarte schaduwen, zijn gelaatsuitdrukking verraadt onderhuidse woede, bravoure en vermoeidheid.*

Kamel Sachet kon op de seconde in slaap vallen, of je een schakelaar omzette. 'Binnen vijf tellen was hij weg.' Dr. Hassan leed aan slapeloosheid en kon het niet geloven. 'Hoe kun je zo gemakkelijk slapen? Zijn we hier misschien toevallig in het Hilton?' Kamel Sachet zei dat hij altijd sliep als een blok, ook tijdens bombardementen op het slagveld.

Dr. Hassan kende zijn reputatie. Hij had de televisiebeelden gezien waarop Saddam zijn bevelhebber van de Speciale Troepen medailles toekent, hij had het verhaal gelezen waarin wordt beschreven hoe Kamel Sachet met schaamteloze moed in het parade-uniform van luitenant-kolonel van de Speciale Troepen van Irak fier rechtop door de hoofdpoort loopt van een Iraanse kazerne. Zijn arm geheven, als om het stupide saluut van de poortwachters te beantwoorden, voor hij ze neerschiet. Het Trojaanse paard waar zijn mannen alleen maar achteraan hoeven te hollen.

De omstandigheden op de afdeling officieren van de Al Rashidgevangenis waren redelijk. Dr. Hassan en Kamel Sachet deelden een kamer met een raam, de celdeur was 's nachts niet afgesloten en ze konden zonder toestemming naar het toilet gaan. Buiten was een veldje met een volleybalnet, wat struikjes en plantjes. Sommige officieren legden groentetuintjes aan en doodden daarmee de tijd. Het was toegestaan om de Koran te lezen en soms ook andere boeken. Ze hadden een radio maar geen kranten. In de sectie hogere officieren zaten vijftig man – na Mohamara duldde Saddam geen enkele tegenwerping – onder wie drie divisiecommandanten, het hoofd van de voedselvoorziening van de strijdmacht, die van fraude was beschuldigd, en de militaire attaché van de ambassade in India, die een diplomatiek incident had veroorzaakt door op heilige vogels te jagen.

Elke ochtend trachtte Kamel Sachet zijn nieuwe vriend mee te nemen naar het volleybal om zijn conditie op peil te houden, 's middags maakten ze samen een wandeling over het grind tussen de afscheidingen van prikkeldraad. Kamel Sachet oefende de uitspraak van Engelse woorden die hij op zijn verzoek van dr. Hassan leerde. Ze hadden gesprekken en vertrouwden elkaar bijzonderheden over hun langzaam helende trauma's toe. Kamel Sachet vertelde dr. Hassan dat hij drie maanden in een cel was vastgehouden die te klein was om in te liggen en om in te staan. Zijn ondervragers hadden hem niet geslagen, misschien was zijn aangeboren autoriteit krachtiger dan hun gangbare bruutheid. Maar hij kreeg geen toestemming om zich te wassen. Naar zijn zeggen werd zijn uniform zoiets als vuil zand en zijn baard werd lang en klitterig. 'Ik had dat niet door de telefoon moeten zeggen,' gaf hij in een van de gesprekken toe.

Bij een verhoor werd hem gevraagd waarom hij geen lid was van de Baathpartij. Hij antwoordde dat hij legerofficier was. 'En het leger heeft geen betrekkingen met de Baathpartij, het is dus niet nodig om lid te zijn.' Ze vroegen hem waarom hij het bevel tot terugtrekking uit Mohamara had bekritiseerd. Kamel Sachet kwam niet terug op zijn mening. 'Dat oord had ons te veel bloed gekost om het zomaar op te geven.'

Hij vroeg dr. Hassan hem te helpen met een petitie aan Saddam, behelzende dat zijn zaak voor de rechter zou komen. De brief werd door bevriende relaties bezorgd. Hij was nog nergens van beschuldigd en stoorde zich aan het tempo van het onderzoek. Maar zijn vertrouwen in God en de president bleef ongeschonden. Hij was, als immer tevoren, dienstbaar aan zijn taak.

Alle hoge officieren werden na wekenlange hardhandige verhoren, na eenzame opsluiting, geboeid en in hun eigen vuil, naar de Rashidgevangenis no. 1 overgebracht, maar ze praatten nooit over die vernederingen. Als dr. Hassan een van hen vroeg wat er was gebeurd haalde de man zijn schouders op, zei dat hij niets had gedaan, en liep van hem weg. Hun trots weerhield hen van spreken en ze wilden hun schaamte niet onder ogen zien. 'Alles draaide om wantrouwen.' Verklikkers werden uit de groep gestoten. De onzekerheid over de voortgang van de onderzoekingen hing als een schaduw over het kamp. Dr.

Hassan constateerde depressie en paranoia. Sommigen trokken als symptoom van hun obsessie de haren van hun bakkebaarden een voor een uit hun wangen.

De meeste officieren volgden de gebedsvoorschriften. Die voorzagen in een oud en vertrouwd ritme en deelden de dag op in overzienbare brokken. Ze baden en lieten de gebedskralen door hun vingers glijden. Troost, geveinsde vroomheid, hoop. 'Een verdedigingsmechanisme,' zei dr. Hassan, 'de stress van alledag drijft je terug naar het domein van het onbewuste, waar de geheimen van de godsdienst huizen.'

Kamel Sachet was heel toegewijd. Hij bad vijfmaal daags en 's avonds reciteerde hij passages uit de Koran. Zijn voornaamste ambitie was om de Koran integraal uit zijn hoofd te leren. Hij zei dr. Hassan meermalen dat het hem speet dat hij de soera's niet geleerd had toen hij jong was en de woorden beter konden beklijven. Hij vroeg of dr. Hassan met hem wilde bidden, maar deze voelde er niet voor, hij had zijn valium.

'Dat komt omdat je sjiiet bent,' klaagde hij. Hij had het liever anders gehad en dat zei hij hem ook met treurnis in zijn stem en een vleugje spijt. 'Jij bent mijn beste vriend, maar het is verkeerd dat je die graftombes bezoekt en die imams aanbidt.'

Kamel Sachet gedroeg zich in overeenstemming met het islamitische fatalisme. 'Wat voor mij door God op mijn voorhoofd is geschreven.' Op het slagveld dook hij nooit weg, hij weigerde een helm op te zetten en droeg een baret. Zijn bevelen gaf hij vanuit de voorste gelederen. Dikwijls, zo vertelde hij, had hij de kogels vlak langs zich horen heen fluiten, soms lieten ze brandsporen achter op zijn tuniek, maar nooit gaf hij krimp. 'Als ik op dat moment sterf wil dat zeggen dat het mijn tijd is om heen te gaan.'

Ontmoedigende zekerheid volgens dr. Hassan, bijna bovenaards. Kamel Sachets geloof stond in steen gehouwen. Hij was de beste schutter van het hele leger. 'Ik schiet er niet één kogel naast.'

'Als je bang wordt heb je de slag verloren,' legde hij uit, 'je moet de gedachten van de vijand lezen. Wat zou hij verwachten? Ze zouden niet verwachten dat een Irakese officier in z'n eentje met de borst vooruit door hun poort binnenloopt!'

Dr. Hassan was het met hem eens dat oorlog psychologie is. Hij vertelde Kamel Sachet hoe hij ooit een gevangengenomen Iraanse piloot zover had gekregen dat hij een korte verklaring aflegde voor de Irakese televisie. 'Ik werd zijn vriend.' Hij vertelde hem dat hij vlugschriften had ontworpen die boven de Iraanse loopgraven waren afgeworpen. Kamel Sachet was onder de indruk en vol verwondering. Dr. Hassans psychiatrisch wereldbeeld was hem vreemd. 'Ik weet dat mijn collega-bevelhebbers jou niet begrijpen, maar mensen zoals jij kunnen we niet genoeg hebben.' Ze waren het erover eens dat beloning effectiever is dan straf. Kamel Sachet zelf dwong loyaliteit af door zijn mensen goed te behandelen. Hij zorgde ervoor dat ze altijd genoeg proviand hadden, dat ze de best mogelijke laarzen kregen. Er waren enkele commandanten die vlees van hun troepen stalen en hun frontsoldaten met rijst en soep afscheepten. Dr. Hassan knikte. Hij had het front bezocht en verslag gedaan van het moreel. Hij zei dat hij een peloton had bezocht dat het moest doen met een enkel kippetje per twee weken omdat de diefachtige intendanten het gerekwireerde voedsel doorverkochten.

'In Mohamara,' verklaarde Kamel Sachet trots, 'behandelde ik gewonde Iraanse gevangenen als mijn eigen zoons en ik strafte mijn soldaten die plunderden en verkrachtten.'

Wekenlang spraken ze met elkaar. Ze hadden het over bevelvoering en psychologische oorlogvoering, over de uitoefening van autoriteit, over hun gezin en hun vroegere leven. Dr. Hassan vertelde Kamel Sachet van zijn periode in Wenen en de losse omgang tussen Europese mannen en vrouwen. In alle openheid!

'Schaamteloos!' typeerde Kamel Sachet die praktijken en vertelde dr. Hassan dat hij indertijd bij de politie aan de afdeling zedenzaken was toegevoegd geweest en de ontaarding door alcohol, de zelfverloochening van vrouwen, de gevolgen van seksuele agressie, littekens die nooit meer helen, van dichtbij had gezien – hij schudde het hoofd. Dr. Hassan vertelde dat hij had geprobeerd slachtoffers van verkrachting bij te staan. Kamel Sachet kneep zijn ogen tot spleetjes, en schudde nogmaals met zijn hoofd, voor hem was de dood de enig mogelijke maatregel.

Ze spraken niet over het regime. Ze spraken niet over Saddam. Kamel Sachets loyaliteit was onwrikbaar. De eisen die een plichtsgetrouwe vervulling van zijn taak behelsden, bleven dezelfde, of hij nu diende onder de president, onder zijn vader, onder de sjeik of onder God. De voortreffelijkheid van een generaal wordt in de Koran en in de legenden van de islamitische veroveringen afgemeten aan de gehoorzaamheid aan de heerser. 'Die in de naam van God God en zijn profeet gehoorzaamt en hun die over u gesteld zijn.' Zijn land was in oorlog. De Iraniërs waren dezelfde Perzische vijanden die de grote Kaakaa had vernietigd. Vijanden in de gedaante van sjiitische revolutionairen vol agressie en ketterij. Zijn wereld was afgetekend zwart-wit want politiek was hem vreemd. Hij schipperde niet, hij had een duidelijk standpunt, verlangde geen gunsten, debatteerde met zijn ondervragers, sprak zelfverzekerd, zonder schuldgevoel, en trachtte zijn gevangenschap ten nutte te maken door Engels te leren, de Koran te bestuderen, en de nieuwe wereld van de psychologie, die dr. Hassan voor hem ontvouwde, te begrijpen.

Dr. Hassan daarentegen verloor twintig kilo gedurende zijn eenzame opsluiting van drie maanden. Hij stortte in, zijn ziel verschrompelde, zijn zelfrespect verdampte. Hij verloor zich in een paradox. Noch zijn rang, noch zijn partijlidmaatschap had hem bewaard voor arrestatie en toch waren dankzij zijn positie de aanklachten minder ernstig. En hij was in een fatsoenlijke gevangenis ondergebracht. Soms zag hij alles als een doorgedraaide klucht, het maakte hun niets uit wat je verdiensten waren, je positie of je faam. Rechten bestonden niet, er was geen recht. Het was een machtsspel, maar wel een spel zonder regels, zag hij. Hij had geprobeerd de regels te volgen maar desondanks was hij gestraft. Tijdens zijn gevangenschap hield de vriendschap met Kamel Sachet hem op de been en hergaf deze hem een weinig zelfvertrouwen, maar toen hij na enige maanden ten slotte werd vrijgelaten verkruimelde dat vliesdunne afweerschild weer. Hij nam zijn werk aan het Rashid Militaire Ziekenhuis weer op, maar zijn hart was er niet bij. Zijn collega's bleven op een afstand en zoals gelijk gerichte magneten elkaar afstoten, trok hij zich nog verder terug. Tijdens meerdere maanden werd hij nog enige malen naar de rechtbank ontboden, steeds wanneer er een aspect van zijn zaak aan de orde kwam. Hij wilde zijn collega's uitleggen dat hij alleen beschuldigd werd van het geringe vergrijp van drankgebruik in diensttijd, maar hij was bang dat ze hem niet zouden geloven. Hij stond bekend als aanhanger van de sjia, zij waren soennieten, zij zorgden er wel voor dat ze niet met hem en zijn verdachte situatie geassocieerd konden worden. Vóór zijn arrestatie was dr. Hassan goed van vertrouwen en extravert geweest, daarna werd hij teruggetrokken, eenzaam en tobberig. Zijn sjiitische vrienden, die ook gearresteerd waren geweest, kwamen hem één of twee keer opzoeken in de kliniek, maar ze durfden hun vriendschap niet te hernieuwen. De sfeer van zijn toevluchtsoord was kil, maar het was een schuilplaats. In de loop der tijd drong dat innerlijke onbehagen door tot in zijn botten. Dr. Hassan zei dat hij nooit zijn vroegere ik helemaal hervond. De ogenblikken dat hij glimlachte, een dun lachje dat ik bij hem zag, verraadden hartelijkheid, maar hij droeg het gewicht van niet gerealiseerde mogelijkheden op zijn schouders, de handicap van een onuitwisbaar stempel. Het exil in Dubai was geen tijdelijke onderbreking, het was een amputatie, geen ontsnapping.

Kamel Sachet werd enige maanden later dan dr. Hassan vrijgelaten zonder dat een aanklacht was ingediend. Hij was nog maar een dag of twee thuis bij zijn gezin, toen hij bij Saddam werd ontboden. Saddam gaf hem geld en nóg een medaille en promoveerde hem tot kolonel met het bevel over een eigen divisie. Hier werd loyaliteit langs een nieuwe meetlat gelegd. Onverdacht patriottisme was geen reden tot vertrouwen, dat wist Saddam – hij prefereerde de roede en de beloning, het voorbeeld van de kaalgeplukte balling die naderhand de gulle genade van de wederopname in het systeem deelachtig wordt. Hij schiep slaven en beulen in dezelfde persoon.

Een maand na zijn vrijlating werd dr. Hassan naar een militair oefenterrein in de woestijn ten zuiden van Bagdad gestuurd om een executie bij te wonen. Het was niet gebruikelijk dat een psychiater die taak kreeg opgelegd, maar hij kon het bevel niet weigeren. Zes jonge mannen in blakende gezondheid werden aan palen vastgebonden. De doodvonnissen wegens desertie werden hun voorgelezen. Zes soldaten stelden zich tegenover hen op een rij, elk van hen kreeg dertig kogels om zijn taak te volbrengen. De commandant van het peloton stond terzijde met naast zich dr. Hassan en een vrome sjeik, die ook had moeten opdraven. De mannen gilden en rukten onophoudelijk aan hun boeien. 'Ik ben onschuldig... We zijn moslims... Geloof ons toch... We hebben vrouw en kinderen die niet zonder ons kunnen, we hebben voor ons land gevochten, we hebben Irak verdedigd, God sta ons bij alsjeblieft.'

Dr. Hassan boog het hoofd toen hij zich de gebeurtenis voor de geest haalde. 'Dertig kogels,' zo legde hij uit, 'maken een medische overlijdensverklaring overbodig. De hersenen lagen overal in het rond, schedels waren geheel verbrijzeld.' Hij tekende de certificaten volgens voorschrift, maar vele jaren lang spookten de bebloede, vertrokken gezichten in zijn dromen rond.

5 Ja... maar

Dr. Hassan had de mantra herhaald waarmee velen van zijn generatie zichzelf hadden gerustgesteld. 'Wat kon ik doen?' Sommige vragen of herinneringen konden maagpijn opwekken, maar de gal van medeplichtigheid werd in het algemeen goed weggehouden van het besef van verantwoordelijkheid, ingebed in dikke lagen 'Wat kon ik doen?'; 'Maar ik heb mensen geholpen, veel mensen'; 'Ik heb ook geleden weet je'; en het summum van zelfbedrog: 'Je kunt niet begrijpen wat het betekent onder zo'n regime te leven!'

Tegen deze rechtvaardigingen was niets in te brengen. In Saddams Irak waren vrees aanjagen en (dreigen met) geweld gebruikelijke praktijken. Een misstap kon de dood betekenen, je vrouw in de gevangenis brengen, je zoons inschrijving aan de universiteit en je dochters huwelijksmogelijkheden ongedaan maken.

Ik heb vele Iraki's ontmoet. Legerofficieren, dokters, professoren, tolken, zakenmensen. Ik heb elk gezicht bestudeerd, elk verhaal aangehoord, de verhouding tussen stille momenten en diepe zuchten geobserveerd. Ik realiseerde me dat mijn belangrijkste vragen, de vragen die ik dr. Hassan in Abu Dhabi had voorgelegd, 'Wist u het niet?', 'Waarom?', nooit waren beantwoord. Eenieder had zijn eigen rangorde aangebracht in de trits verontwaardiging, explicatie en rationalisatie. Het leek makkelijk genoeg om Saddam de schuld te geven, dat dol geworden monster, en niet toe te geven dat duizenden individuen het mogelijk hadden gemaakt dat zijn wil wet was. Maar ik wist dat hun tegenwerpingen hout sneden. Wat ze zeiden was waar:

ik kon niet begrijpen hoe het was om onder zo'n regime te leven. Ik kon hen niet veroordelen.

In de zomer van 2007 ontmoette ik generaal Raad Hamdani in Amman. Hij was commandant geweest van het Tweede Republikeinse Garderegiment tot aan de val van Bagdad in 2003. Hamdani was belezen en intelligent en in gesprekken die we in de loop van ruim tien dagen voerden ontdekte ik een variant van het argument 'Ikzelf niet, anderen'. Ik bedoel dubbelzinnigheid.

Hamdani zag eruit als een boef van de Baath. Hij was klein, kogelvormig en had afhangende schouders en worstelaarsarmen, die om zijn gespierde compacte tors gedrapeerd lagen. Zijn grote koepelvormige schedel was kaalgeschoren. Hij droeg een kortgeknipt zwart baardje en zijn borende gitzwarte ogen keken je aan van onder een glad, sinister voorhoofd zonder wenkbrauwen. Hij was cavalerist geweest en zag eruit als een sloperskogel – tot hij een breekbaar ogend randloos brilletje opzette, zijn armen uit de plooi haalde, een glimlach opzette, zijn ogen liet twinkelen en begon te praten en uitspraken van Churchill, Sun Tzu en Montgomery aanhaalde. Hij was ad rem en rijk aan ideeën, hij analyseerde. Hij dacht na over een van mijn probeersels inzake moraal of psychologie en antwoordde dan met 'Ja, maar...'. Hij zei zo vaak 'Ja, maar...' dat ik elke keer wanneer hij het weer deed mijn wenkbrauwen optrok en die ouwe kastanje toelachte en dan glimlachte hij terug. Het was zijn herkenningstune geworden.

Hamdani had zijn verzameling boeken en zijn onafhankelijke oordeelsvorming aan zijn vaders voorbeeld te danken. ('Een oosterse gedachtewereld omvat weinig kennis,' zei hij me en legde me uit hoe anders de achtergrond en het intellect van veel officieren van zijn generatie waren. 'Scholing had een lage status, het denken stond op een laag peil, mijn generatie had gestudeerd, maar de helft van de vorige was analfabeet.') Hamdani's vader was schoolhoofd geweest in Bagdad, maar in de woelige en warrige jaren zestig was hij door de communisten, toen door de nationalisten en daarna door de baathisten gedegradeerd tot hij ten slotte een gewone onderwijzer was. In 1969 brak hij met het gepolitiseerde onderwijs en ging hij met pensioen. Dat was ook het jaar dat Hamdani het nodig vond om zich bij de Baathpartij aan te sluiten teneinde verder te kunnen studeren en een beurs te krijgen voor de Militaire Academie. Zijn vader dacht met hem mee over die keuze, die nauwelijks een keuze was. Hij zei hem dat hij begreep dat het lidmaatschap belangrijk was voor zijn carrière – hoewel hij liever had gezien dat hij ingenieur werd zoals zijn oudere broer – maar dat hij goed moest nadenken over de ideologie die ze hem voorschotelden en zich een eigen mening moest vormen over de inhoud van de folders van de partij en van de bijeenkomsten. Hamdani vergeleek en analyseerde en kwam tot de conclusie dat het baathisme zoiets was als een Arabische vorm van communisme. Het was socialisme met de nadruk op panarabisme, een soort internationalistische droom. 'Mensen als mijn vader,' zei hij peinzend en met veel respect achteraf, 'wisten dat dit onmogelijk was, een fantasie.'

O, de Baathpartij had zeker goede kanten. De partij streefde naar de uitroeiing van het analfabetisme en bouwde scholen en reserveerde geld om afgestudeerden naar Amerika en Europa te sturen. Ze probeerden de economie te diversificeren en stichtten staatsproductiebedrijven om de afhankelijkheid van olie en landbouw te verminderen. En ze bevorderden de positie van vrouwen in de samenleving, buiten de geestelijkheid om...

Maar ze stonden niet toe dat andere ideeën opkwamen. Eén ideologie en één partij, en na Saddams machtsgreep van 1979 nog slechts één man. Hamdani was zoals veel gestudeerde Arabieren niet te spreken over de Arabische mentaliteit. 'Arabieren zijn niet dom, nee, maar in onze oosterse maatschappij worden ideeën opgelegd op tribaal of religieus niveau. De sjeik legt op of de imam legt op. Het is een samenleving die door een herder tot een kudde schapen wordt samengedreven. Anders dan in het Westen is onze eerste gedachte niet dat we moeten nadenken om ons een oordeel te vormen of om iets te waarderen, nee, onze eerste gedachte, dat is ons van jongs af aan bijgebracht, is om ons te conformeren aan wat "de religieuze leider of de clanleider ervan vindt". Ik heb aan mijn vader te danken dat ik anders denk, ik denk zelf na. Maar dit is wat de Baathpartij deed: in plaats van een clanoudste kreeg je een Baathleider. De politici kwamen en namen de rol van de clanoudste en de religieuze leider over. Saddam Hoessein was een heel slimme man. Maar hij gaf de mensen om zich heen geen enkele gelegenheid om na te denken. Hij vond dat hij voor iedereen moest denken.'

Misschien wilde Saddam in 1982 een einde aan de oorlog maken, maar Khomeini beet zich erin vast. Gedurende de volgende oorlogsjaren bestookte hij de Iraki's, trachtte de weg tussen Basra en Bagdad af te snijden, stootte door tot op het schiereiland Fao en ondersteunde de Koerdische peshmerga's bij hun strijd in de bergen van het noorden. De Iraki's hadden overwicht in de lucht en betere wapens, de Iraniërs meer mannen en godvruchtig vuur. De Iraniërs vielen aan, de Iraki's deden een tegenaanval – steeds vaker met gifgas als vermenigvuldigingsfactor van hun aanvalskracht. De gevechten flakkerden op en doofden uit langs een front van 1600 kilometer, van de woestijn tot in de bergen. De ene slag lokte de volgende uit, de campagnes buitelden over elkaar, jaar na jaar in ritmische, repeterende bewegingen, terrein gewonnen, terrein verloren, tel de doden, tel de gewonden, terugtrekken, oprukken, of – vaker – standhouden in een loopgraaf en je laten bombarderen.

Zo ging het maar door, honderdduizenden doden, honderdduizenden gevangenen, honderdduizenden gewonden (geen mens kent het juiste aantal), acht jaar lang. Hamdani zat 's nachts in zijn tank en las bij het licht van het kaartleeslampje. Zijn helden waren de Duitse tankstrategen van de Tweede Wereldoorlog: Guderian, Von Manstein en Rommel. 'Er zijn geen aanwijzingen voor dat een land baat heeft bij een lange oorlog.' Hamdani citeerde Sun Tzu's *De kunst van oorlogvoering.* 'De oorlog tussen Iran en Irak leek op de Eerste Wereldoorlog in Europa: loopgraven, langdurige schermutselingen, meer schermutselingen dan daadwerkelijke manoeuvres, we herhaalden de Somme, en omdat er veel schermutselingen waren, waren er veel overwinningen, en daarom ook veel mislukkingen en nederlagen.' Hamdani citeerde Churchill ('Een genie als het op wijsheid aankwam!'): 'Oorlog betekent veel slagen en manoeuvres, maar de generaal met meer manoeuvres dan slagen zal zegevieren.'

De eerste keer dat Hamdani Kamel Sachet tegen het lijf liep was in 1981 tijdens de slag van Seif Said.

Seif Said is een berg aan de grens, waar de taille van Irak op haar smalst is, ingesnoerd door Iraans gebied. Het is een strategische hoogvlakte en vanaf 2000 meter was het mogelijk om met een verrekijker de buitenwijken van Bagdad op 100 kilometer afstand te zien. In januari vielen de Iraniërs het op de top ingegraven Irakese garnizoen aan. Het regende en het was koud en de berg was een gekloofde massa onbegroeide brokkelige bruine steen. Het was een woestenij, geen dieren, zelfs geen vogels. Op lager gelegen hellingen voerden schaapherders hun kuddes langs de contouren, over de nauwe ingesleten paden om het spichtige voorjaarsgras te beweiden op weg naar hun slaapplaats in de grot die de Grot des Doods werd genoemd. 'Het was sinister en iedereen haatte die plek,' zei Hamdani, 'we hebben daar zoveel mannen verloren.'

Bij het begin van de slag leidde Hamdani, toen nog majoor, een gepantserde verkenningspatrouille, die de positie van de vijand en zijn verbindingslijnen in kaart moest brengen. Hij vond een oud pad naar een verlaten Ottomaans fort en nam waar dat de Iraniërs door een nauwe pas hun voorhoede versterkten. Daarna reed hij naar het dichtstbijzijnde dorp, Al Maalla, 20 kilometer daarvandaan, van waaruit het Irakese optreden werd gecoördineerd, om rapport uit te brengen.

Het was een natte, grauwe januaridag. Het regende hard en het stopte met regenen en dan regende het weer hard. Hamdani trok de kraag van zijn uniformtrui over het hoofd, de regen drong dwars door zijn winterjack. De hellingen lagen zwaar onder Iraans vuur, maar in de buitenwijk van Al Maalla vielen minder bommen. In het dorp heerste de gewone militaire chaos. Er was een selectiecentrum opgezet in een operatietent onder een aantal vlaggen met de rode halve maan. Duizend doden in deze eerste drie dagen, misschien drieduizend gewonden. Het was het eerste Iraanse offensief van de oorlog, met hevig artillerievuur en vette modder. Er was verbijstering dat het Irakese garnizoen was teruggedreven, en er waren zoveel gewonden die langs de grindwegen over gezwollen waterstroompjes naar beneden hobbelden in modderige en bebloede ambulanceauto's en in overbeladen, kreunende jeeps.

De generaal belast met de tegenaanval van het Tweede Legerkorps heette Latif, die door Hamdani (en anderen) beschreven werd als een moedige maar botte rouwdouwer, die dacht dat elke slag moest lijken op een frontale botsing. Hamdani kende hem van de oorlog van 1974 tegen de Koerden als een zware drinker, die bier uitdeelde aan zijn mannen ('Toentertijd was drinken toegestaan, behalve uiteraard in diensttijd'). Hamdani vond het hoofdkwartier in een politiebureau, van waaruit twee infanteriebrigades de berg op waren gecommandeerd om de Iraniërs rechtstreeks aan te vallen. Hamdani had de Iraanse versterkingen over de pas onder het Ottomaanse fort van Joboura zien trekken, en hij wilde in zijn mondelinge rapportage uiteenzetten dat de operaties erop moesten zijn gericht om die pas te versperren. Maar de sfeer in het hoofdkwartier was opgefokt en gespannen, 'heel erg slecht' volgens Hamdani. Hij schudde het hoofd. Een kolonel, een kapitein en zes soldaten waren beschuldigd van ongeautoriseerd terugtrekken en Latif had het bevel gegeven tot executie. De gevangenen werden geblinddoekt en geboeid naar de binnenplaats gebracht en een groep soldaten werd in een rij tegenover hen opgesteld. De soldaten aarzelden, ze hielden hun geweer dwars in hun armen. Ze waren ongelukkig en gespannen. Latif hield een geweer in zijn hand en stond te brullen tegen het executiepeloton. 'Als jullie niet schieten schiet ik eerst jullie neer en daarna executeer ik ze zelf.'

Hamdani kon het niet aanzien. Hij ging naar Latifs eerste man, een wijze en sympathieke officier, Barhawi genaamd, en zette zijn plan uiteen om de pas te blokkeren. Barhawi zag er geen gat in. Hij zei: 'Ja, je hebt gelijk, maar wat kan ik met die kerel beginnen? Het enige wat hij zal doen is recht op ze afstormen.'

Hamdani liet de plek achter zich en reed verder terug achter de linies, tot aan de stad Mendali, waar de generale staf zijn hoofdkwartier had ingericht, en hij bracht mondeling verslag uit aan zijn bevelvoerende officier over de pas van Joboura. Even later werd hem verzocht rechtstreeks rapport uit te brengen aan het hogere echelon en ze brachten hem in een ondergrondse bunker.

Hij daalde een paar betonnen treden af en binnengekomen in de vochtige betonnen kamer rook hij sigaren. Rond de tafel zaten Saddam Hoessein met een sigaar, Adnan Khairallah, Saddams neef en populaire minister van Defensie, het hoofd van de Istikhbarat, de militaire inlichtingendienst, en een toegevoegde bodyguard. Op het moment dat Hamdani binnenkwam was Saddam doende het hoofd van de Istikhbarat de mantel uit te vegen. 'Dit gebeurt allemaal omdat jij je werk niet goed doet. We hadden geen juiste informatie.' Het gezicht van het hoofd van de Istikhbarat was levenloos, het was onmogelijk te zeggen of hij boos of beschaamd was. Adnan Khairallah suste de boel door te zeggen dat 'je soms wint, soms verliest', en dat 'oorlog niet louter overwinningen telt'. Saddam reageerde traag en met venijnig sarcasme. Hij bleef het hoofd van de Istikhbarat intens verwijtend aankijken.

Hamdani ging pront in de houding staan en bracht voor het eerst rapport uit aan zijn president. Hij gaf de positie van zijn eenheid aan op de kaart die aan de wand van de bunker was ge-spijkerd, de aanvoerlijn van de vijand en de manier om de Jo-bourapas af te sluiten. Saddam knikte. Adnan Khairallah knik-te. En toen, net toen hij was uitgesproken, kwam generaal La-tif binnen met een militaire motorhelm op en een oud uniform met een gerafelde boord aan zoals Hamdani licht geschokt op-merkte. Hamdani reageerde razendsnel, hij salueerde en ver-trok. Hij kwam buiten in een andere loopgraaf terecht, waar een operatiekamer was uitgegraven, met gestapelde zandzak-ken langs de muren. Stafofficieren zaten in groepjes op de hoe-ken, met radio's, telefoons, kaarten en radar. Ze gaven hem een kop thee en wezen herkenningspunten op de kaart aan. Na tien minuten werd hij ontboden om te poseren voor de officiële fo-to. Saddam, Adnan Khairallah, de uitgekafferde chef van de Is-tikhbarat en Saddams lijfwacht dromden samen om het mo-ment vast te leggen. Saddam deed zijn best om wat aardiger te zijn tegen de man van de inlichtingendienst. Misschien had hij spijt van zijn eerdere uitval. Nu noemde hij hem 'oude kame-raad', maar de chef van de Istikhbarat was nog steeds overstuur en stilletjes. Saddam bleef maar praten en beval dat de aanval enkele dagen moest worden uitgesteld om meer versterkingen te kunnen aanvoeren. 'Laten we wachten, ons voorbereiden en dan het verloren terrein herwinnen.' Generaal Latif zwaaide onverantwoordelijk met zijn kalasjnikov in het rond, probeerde verschillende poses en speelde het klaar om op zeker ogenblik de loop op Saddam te richten. Hamdani was ontzet toen hij dat zag. De lijfwacht kwam ogenblikkelijk tussenbeide, greep het wapen bij de loop en richtte het naar beneden. Na het klikje van de sluiter en de gebruikelijke plichtplegingen vertrokken Sad-dam en zijn gevolg per helikopter.

De gevechten werden dus enkele dagen opgeschort en ver-sterkingen werden opgeroepen. In die eerste oorlogsmaanden had Irak een klein leger langs een lang front en de Iraniërs had-den offensieve Amerikaanse Cobrahelikopters, een restant van de wapenzendingen voor de sjah, die met hun granaten de Irakese tanks vernielden. De Iraniërs begonnen er lol in te krijgen en gebruikten de tijd om zwaar geschut op de top van Seif Said te slepen en een schijnaanval te beginnen in de Koerdische bergen in het noorden.

Toen de strijd werd hervat maakte majoor Kamel Sachets brigade Speciale Troepen, de helden van Mohamara, deel uit van de 10.000 manschappen die generaal Latif ten aanval stuurde. Zijn strijdplan was weer uiterst primitief: de helling op tegen de Iraanse machinegeweren in. De slag duurde een maand. Er vonden verscheidene offensieven plaats en schermutselingen, maar de Irakese strijdkracht was niet bij machte door te breken. Toen het duidelijk was dat de aanval was mislukt klaagde Latif Kamel Sachet en een aantal andere commandanten aan wegens nalatigheid en stuurde hen naar een militair tribunaal in Bagdad. Hamdani's versie van het verhaal was dat Saddam persoonlijk tussenbeide kwam in deze zaak en Kamel Sachets moedige optreden in Mohamara in herinnering riep. Hij was bovendien onder de indruk van de oprechtheid waarmee hij zich verdedigde voor zijn acties bij Seif Said en liet hem en verscheidene anderen vrij.

Of het precies zo of ongeveer zo is gebeurd is misschien minder belangrijk dan het idee dat deze episode een sjabloon is voor de oorlog zoals die zich naderhand ontrolde, en voor de plek die Kamel Sachet daarin bekleedde. Seif Said was het eerste Iraanse offensief, de eerste Iraakse nederlaag (de Iraniërs handhaafden een garnizoen op de berg tot aan het einde van de oorlog in 1988 en toen ze zich terugtrokken deden ze dat uit eigen beweging). Het was ook de eerste slag waarin falende commandanten werden doodgeschoten. De veldslagen daarna waren dikwijls onnodig bloedig. De orders konden niet worden aangevochten en het dodelijke schot kon van voren of van achteren zijn afgevuurd. Op Kamel Sachet en gelijkgezinde officieren had de dreiging van executie een ijselijke indruk gemaakt. Die dreiging had een sinister verband met de grootmoedigheid en de gratiebereidheid van Saddam. Na Seif Said geloofde Kamel Sachet in zijn president en vooralsnog zou dit geloof zijn carrière zeer ten goede komen.

In zijn kantoor in Amman sprak ik meerdere dagen met Hamdani. Hij deed iets in de consultancy voor een rijke Irakese balling. Met een blauwe ballpoint tekende hij kaarten voor me met pijltjes, loopgravenstelsels, aanvalslijnen, en beantwoordde telefoontjes van meerdere Iraki's en groepen daaromheen die actief waren in het circuit Bagdad-Amman-Damascus-Beirut-Washington. Ayad Allawi, de voormalige, door de Amerikanen benoemde president van Irak, die steun zocht om terug te komen, de commandant van de Amerikaanse mariniers in de provincie Anbar die advies vroeg, een neef van de Irakese minister van Buitenlandse Zaken die wilde praten over een nieuwe Koerdische politieke partij – zo draaide de emigrantencarrousel. Hamdani was altijd nauwgezet en verontschuldigde zich voor de onderbrekingen. Steeds nam hij prompt zijn pen weer op en schetste de opstelling van de troepen bij de derde slag van Shalamche of een diagram van de Iraanse versterkingen bij 'Fish Lake' en legde uit hoe de tankslag bij Fao het front doorbrak of waarom Penjawin van strategisch belang was...

De oorlog tussen Iran en Irak was een immer doordraaiende gehaktmolen. Voor de Iraki's was het ook, veel meer dan voor de Iraniërs, die driemaal zo talrijk waren, een totale oorlog. De gehele maatschappij was gemilitariseerd met het oog op de nationale krachtproef. Leerlingen en onderwijzers kleedden zich elke donderdag in verkennersuniform en brachten op het schoolplein een saluut aan de Irakese vlag. Er waren bataljons van veteranen en bataljons van schooljongens, zelfs vrouwenbataljons, en politiebataljons werden eens per jaar naar het front gestuurd zodat ze aan dezelfde risico's werden blootgesteld als de infanteristen. Een officier werd gezien als een dappere patriot en werd in winkels steeds als eerste bediend, republikeinse gardisten werden goed betaald en wanneer zij in konvooi door de straten gingen stonden daar rijen kinderen, die de groet brachten en hun snoepjes en water toewierpen. Zelfs baby's werden uitgedost met camouflagekleertjes en de distinctieven van hun vaders, en Saddam noemde hen 'de zonen van onze soldaten'. Een gewezen generaal vertelde me met een blos van nostalgische trots dat er 27 miljoen Iraki's waren en 27 miljoen soldaten.

En met de langdurige oorlog kwam een onderstroom van wanhoop vanwege de uitzichtloosheid van de strijd. Sommige soldaten sneden hun polsen door of schoten zich in de voet. Velen dommelden weg met valium (de Iraniërs hadden opium om de pijn te vergeten en hun zintuigen te verdoven tot ze alles durfden), officiers bezatten zich voor de slag zodat ze niet beefden of aan 'bruine broekvloed' leden. Weer anderen vonden toevlucht in hun godsdienst. Bijgeloof en rustgevende rituelen van de islam hielden de verschrikkingen op afstand, verleenden het lijden betekenis en beloofden eeuwig heil.

Hamdani nam niet zijn toevlucht tot zulke palliatieven. Hij scheen zijn onafhankelijk oordeelsvermogen te kunnen bewaren. Hij was aanwezig bij standrechtelijke executies aan het front en verklaarde dat het positieve aspect ervan was dat een soldaat liever door de vijand gedood werd dan als lafaard te boek te staan en zijn gezin een uitkering te onthouden. Dus *ja*, de stellingen werden met meer energie verdedigd, *maar* het negatieve aspect was dat er steevast meer doden waren dan nodig. 'Natuurlijk is het walgelijk om een soldaat dood te schieten, verschrikkelijk, elke officier met de juiste training zou zoiets weigeren.'

Ik vroeg hem naar zijn eigen ervaring, als commandant en als gecommandeerde. Hij zei dat het een delicaat onderwerp was en vertelde toen weer dat hij zich door zelfstudie het Britse idee van het gedrag van een officier had eigen gemaakt en dat hem dat voortdurend in problemen had gebracht. 'Ik voelde die druk, maar ik kon de Britse manier van doen niet afleren. Dus spaarde ik de kool en de geit. *Ja... maar.*' Hij trachtte zijn stopwoordjes met een glimlach uit te spreken en ging verder met

77

zijn analyse. Opgelegde bevelvoering betekende volgens hem dat de nieuwe generatie commandanten altijd eerst een schriftelijke opdracht wilde hebben voordat ze een manoeuvre uitvoerde. Deze besluiteloosheid werd een eigenschap van de Irakese bevelvoering, officieren waren bang om verantwoordelijkheid te nemen, ze wachtten orders af, ze stonden erop dat alle details uitentreuren werden doorgesproken, telefoneerden met het opperbevel – 'Dit was de doodsteek voor het Irakese leger,' gromde Hamdani. 'Velen,' zei hij, 'verkozen de heldendood boven de tactische terugtocht en het stempel van lafaard.' Kamel Sachet leed volgens hem aan dat dilemma. Hij was zonder twijfel een uitstekende en dappere soldaat, maar niet erg belezen, en niet geneigd tot discussie of bedachtzaamheid. Hamdani zag hoe hij zich professioneel ontwikkelde en hoorde de roddels van de stafofficieren en hij dacht dat voor Kamel Sachet het risico van verantwoordelijkheid en de vrees voor een nederlaag even verraderlijk diepe valkuilen waren.

Kamel Sachet stelde zijn vertrouwen in God, zijn president en zijn eigen bekwaamheid. Na zijn ontslag uit de gevangenis in 1983 werd hij naar Penjawin in de Koerdische bergen gestuurd, waar de Iraki's stellingen innamen boven op de hoge, gekartelde rotswanden. Hij was er kien op om zich te bewijzen, en hij stelde zijn collega-officieren op de proef wanneer ze te voet hooggelegen voorposten inspecteerden. Hoewel hij nog verzwakt was na zijn opsluiting kwam hij altijd als eerste aan.

Het jaar daarop vond de slag bij 'Fish Lake' (eerder een smerig kanaal) plaats, in de woestijn bij Basra. Kolonel Kamel Sachet reed in zijn jeep naar de voorste linie. De Iraniërs hadden zich honderd meter verderop ingegraven en in een regen van kogels zocht hij een zitplaats en verlangde dat er thee voor hem werd gezet. De slag duurde tot een week na Saddams verjaardag en kreeg de naam Verjaardagsslag. Het was een fortuinlijke overwinning. Nadat twee divisies zich op de Iraanse linies hadden gestort werd een tankdivisie ingezet en werden de Iraniërs eindelijk over het kanaal teruggedreven, waarbij duizenden onder vuur kwamen te liggen en verdronken.

Kamel Sachet werd ongehoord snel bevorderd. Hij galoppeerde door de hogere rangen en was gedurende de oorlog steeds commandant te velde. Van majoor tot kolonel tot generaal. In 1987 werd hij benoemd tot opperbevelhebber van de divisie Bagdad van de Republikeinse Garde en zijn troepen sloegen een onheilspellende Iraanse aanval richting Basra bij Shalamche af.

Na de slag was er een plechtige medaille-uitreiking in het Paleis der Republiek. De ceremonie werd gehouden in een grote statige ruimte met veel marmer en reusachtige kristallen kroonluchters en Saddam zat, zoals gebruikelijk gekleed in zijn groene legeruniform, op een vergulde troon aan de smalle zijde. Cameramannen verdrongen zich aan het andere eind en het wemelde van de partijbestuurders. Na een slag, gewonnen of verloren, werden hier altijd onderscheidingen uitgereikt. Aan het einde van zijn carrière had Hamdani vijftien medailles. Ali, de zoon van Kamel Sachet, liet me ooit zien dat deze achttien medailles voor dapperheid bezat, waaronder de Sash van Rafidain, de Sash voor de Moeder aller veldslagen en de onderscheiding 'Gebieder van de twee rivieren'. Bij medailles hoorden auto's, land en geld. Het model, de kwaliteit en de hoeveelheid varieerden met de rang en de heersende windrichting. In de loop van zijn carrière kreeg Kamel Sachet een boerderij bij Hilla met velden vol vruchtbomen, baar geld en een massa auto's. Hij verbleef graag in zijn boomgaarden, maar hij verkocht de auto's en besteedde de opbrengst aan goede doelen en de bouw van moskeeën.

Op de betreffende bijeenkomst sprak Hamdani niet met Kamel Sachet – ze kenden elkaar nauwelijks, hij kende alleen zijn reputatie, maar hij herinnerde zich Saddams uitbundige loftuitingen. 'Ziet generaal Sachet,' oreerde Saddam toen hij Kamel feliciteerde en hem de hand schudde. 'De Irakese soldaat moet in elk opzicht zijn zoals hij. Kijkt naar hem. Ziet hoe krachtig hij is. Ziet zijn moed. Ziet zijn goede manieren. Kamel Sachet is een aanvoerder die ik hoogacht.'

Kamel Sachets moed was van de harde, rechtstreekse en ondubbelzinnige soort. Hij was geen politicus en had niet de ambitie om de grenzen van het krijgsbedrijf te verkennen. Hij gebruikte zijn positie niet om zich te verrijken en hij was onomkoopbaar. Hij was geen artillerist, hij diende nooit bij de generale staf. Hij moet getuige geweest zijn van de gasaanvallen op Iraanse stellingen, moet de parate executies van krijgsgevangenen hebben gezien, moet gehoord hebben van de Anfalcampagne tegen Koerdische dorpen in het noorden, maar ik heb nooit een hard bewijs gevonden dat hij rechtstreeks bij die wreedheden betrokken was ondanks vlijtig speurwerk en een bezoek aan Koerdistan om daar met voormalige commandanten van de peshmerga's te praten.

Hamdani vertelde me echter een verhaal waaruit zou kunnen blijken dat Kamel Sachet er niet in was geslaagd om de oorlog tussen Iran en Irak door te komen zonder besmet te geraken door de schuivende militaire moraal. Wanneer de doodstraf banaal wordt, is het bevel om die te voltrekken misschien niets om je druk over te maken.

Zes jaar na de slag om Seif Said en nadat hij in 1987 van de halsmisdaad nalatigheid was beschuldigd, was Kamel Sachet commandant van de tweede divisie, met als hoofdkwartier Kirkuk. Er werd gevochten om de berg Shemiran. De Republikeinse Garde kon geen versterkingen vrijmaken van het slagveld bij het zuidelijk gelegen Fao en gedurende twee weken beval Kamel Sachet zijn mannen steeds weer bergop te vechten om de Iraniërs te verdrijven. Hun aanvallen werden afgeslagen. Er was geen uitzicht op versterking, ze leden grote verliezen, vanuit Iran werden ze door de artillerie over het gebergte heen onder vuur genomen. De Irakese voorhoede trok zich terug op een defensieve stelling, maar Kamel Sachet beval hun te blijven aanvallen en door te breken. Naar zeggen van Hamdani (maar ik heb zijn verhaal niet kunnen verifiëren) gaven Kamel Sachet en zijn superieur, Nizar Khazraji, toen het duidelijk was dat de aanval was mislukt, het bevel om de commandant van een brigade van de Speciale Eenheden, een zekere kolonel Jafar Sidiq, samen met verscheidene andere officieren te executeren. Kolonel Jafar Sidiq kreeg lucht van de ophanden zijnde arrestatie, vluchtte naar Bagdad en verkreeg een audiëntie bij Saddam Hoessein. De kolonel legde uit wat de moeilijkheden waren bij de gevechten, en dat ze heroïsche inspanningen hadden geleverd, hij vertelde dat het merendeel van zijn mannen de martelaarsdood was gestorven of gewond was geraakt en dat het niet juist was om de helden van het Irakese leger te executeren. Saddam verordonneerde dat Kamel Sachet en Khazraji de executies moesten stopzetten, maar zijn bevel kwam te laat, er waren er al zeven doodgeschoten.

Saddam was erin geslaagd om een keurig afgebakende cirkel van drogredeneringen rond zijn generaals op te trekken, waarbinnen de misleide de misleide misleidde, een cirkel met de vorm van een strop.

Enige maanden later, in maart 1988, vond niet ver van Shemiran het bloedbad van Halabja plaats. Halabja was een Koerdische stad in de luwte van het gebergte. De Iraniërs en de Koerden trokken samen op. De Koerden heroverden Halabja en de Iraniërs trokken op naar de dam van Darbandikhan. Vernietiging van dat kunstwerk kon de overstroming van Bagdad betekenen. Op 15 maart namen eenheden van de peshmerga's Halabja in, en de volgende dag verordonneerde het Irakese opperbevel de stad met gifgas te bombarderen. Ze waren gefrustreerd, bezeten van raciale haatgevoelens en ze wilden iets terugdoen. Gezinnen hokten samen in de kelders om zich tegen de bommen te beschermen of werden op boerenwagens geladen om op die manier weg te komen, of ze renden bij elkaar naar binnen. Ze stortten met schuim op de mond neer op de straten, met kokend hete verzopen longen, ze lagen links en rechts in deuropeningen met dode kinderen in hun armen. Langs de bergpaden wanordelijke rijen vluchtelingen. Niemand weet hoeveel doden (sommigen zeggen vijfduizend) daar lagen, stapels ineengevlochten lichamen met melkachtige gebroken ogen.

Jarenlang werd de gasaanval op Halabja geassocieerd met het gelijktijdige Iraanse offensief. De Irakese propagandamachine beschuldigde de Iraniërs ervan, of betoogde dat er Iraanse troepen in de stad waren. Maar er waren slechts enkele Iraanse officieren van de inlichtingendienst. Voor Hamdani en vele andere Irakese generaals bleef Halabja een blinde vlek. Hij noemde het een politieke vergissing en ontkende vervolgens dat het zo was gebeurd als de Koerden zeiden. 'Dat verhaal van Halabja was gelogen. Dat alle mensen daar zijn uitgeroeid is gelogen. Er waren een paar burgers in de stad achtergebleven, maar de Iraniërs hadden Halabja bezet.' Hij was geschokt door het doodvonnis dat pasgeleden was voltrokken aan sultan Hashem, de geliefde en gerespecteerde legeraanvoerder ten tijde van Halabja. Ik sprak in Sulaimaniyah een vroegere aanvoerder van de peshmerga's die onder Hashem had gediend als inlichtingenofficier in de vroege jaren tachtig. Zelfs hij mocht hem. Volgens Hamdani was er sprake van wraakgevoelens bij de Koerdische rechtspleging. Hij zei luid en duidelijk dat een leger niet verantwoordelijk is voor politieke fouten.

Hamdani's refutatie van Halabja deed me denken aan de glibberige uitvluchten van de naziverdachten in het Nürnbergproces... Excessen, fouten, *ja... maar*. Ik lees Albert Speers *Herinneringen*. Speer was Hitlers favoriete architect, een burger die later, in de oorlog, tot minister van bewapening opklom. Speer was jarenlang opgevoerd als de nazi die de collectieve verantwoordelijkheid voor de naziwreedheden aanvaardde, die zijn handen naar de hemel uitstrekte en weigerde excuses te zoeken voor de rol die hij had gespeeld. Maar hij ontkende categorisch en bij voortduring, tijdens zijn proces en tijdens zijn twintig jaren gevangenschap, en tot zijn dood aan toe, dat hij wist van de uitroeiing van de Joden en van de horden dwangarbeiders van wie zijn ministerie afhankelijk was voor de oorlogsproductie. Strikt genomen vond ik in zijn bijzonder boeiende, goed verkopende zeshonderd bladzijden over zijn dweperige verhouding tot Hitler slechts twee bladzijden die gewijd waren aan het onderwerp slavenarbeid in de wapenindustrie, die onder zijn verantwoordelijkheid viel.

Na Speer las ik Gitta Sereny's nauwkeurige biografie *Albert Speer: zijn worsteling met de waarheid*, waarin ze probeert de sluiers weg te nemen die zijn erudiete huichelarij omhullen. Ze schrijft: 'De waarheid is uiteraard dat leugens niet gemakkelijk te doorzien zijn', en ze trekt de conclusie dat Speer ondanks zijn ontkenningen geweten moet hebben van de Endlösung. Maar Speers dochter maakte een opmerking die me trof. 'Hoe kan hij nog meer toegeven,' vroeg ze Sereny, 'en daarna verder leven?' Wie ter wereld, dacht ik, houdt zich, in de grond der zaak, níét dankzij een goede dosis zelfbedrog op de been? Hoe zou je anders nog ooit in de spiegel kunnen kijken?

Ontkenning is een therapeutisch roesmiddel. De waarheid over jezelf, de kale onopgesmukte waarheid, is niet aan te zien en te pijnlijk om in volle omvang te bevatten. Opgesloten binnen onze eigen hersenpan kan geen van ons beweren dat hij de afstand kan nemen om zichzelf goed te beoordelen. Maar misschien bestaat ergens het idee waarheid, als een pit, onder een laag gedachten en redeneringen, buiten bereik van de ratio, van het geheugen, de opvoeding, de ervaringen en de samenleving... Misschien noemen we die kern weleens het geweten...

In de eerste maanden van 1944 was Speer enige maanden lang in het ziekenhuis opgenomen. Zijn ziekte, een soort neurologische uitputting, werd nooit bevredigend gediagnosticeerd, maar Sereny en Speer zelf (uiteraard minder expliciet) veronderstellen dat hij leed aan een vorm van onbewuste reactie op de stress die het besef van de omvang van de verschrikking die het Derde Rijk was geworden, veroorzaakte.

Ergens in 1987, toen hij commandant was van de tweede divisie in Kirkuk, na de slag om Shemiran en ten tijde van de eerste Anfalcampagnes, kwam Kamel Sachet naar dr. Hassans kliniek in Bagdad met klachten over pijn op de borst. Hij werd opgenomen in het ziekenhuis, maar uit het medische onderzoek bleken geen hartziektes. Dr. Hassan suggereerde dat de pijn een psychologische oorzaak had, een gevolg was van bezorgdheid. Kamel Sachet knikte en zei alleen maar dat 'er te veel problemen waren in het noorden'. Dr. Hassan wist dat hij een moeizame relatie had met Nizar Khazraji, de toenmalige opperbevelhebber, en dat de militaire situatie in het noorden kritiek was, maar hij zag dat zijn vriend het er niet verder over wilde hebben en hij drong niet aan.

Hamdani schudde het hoofd over het idiote proces in Bagdad en alle juridische uitglijers van de nieuwe (wan)orde in Irak. Ik hield me stil en verwonderde me over zijn slinkse praatjes. Ik mocht hem en waardeerde zijn intelligentie, maar Hamdani was een van de mannen die zonder kleerscheuren carrière hadden gemaakt tijdens de Iran-Irakoorlog en wiens ster bleef rijzen tijdens de jaren negentig, jaren van corruptie en wantrouwen, en die erin was geslaagd de Amerikanen te overtuigen van zijn goedmoedigheid en zijn wil tot samenwerking (zoals hij ook mij overtuigde, met zijn rondborstigheid en zijn bewondering voor de mores van het Westen), zodat hem niet het lot van sultan Hashem beschoren was, hoewel hij gedurende meerdere maanden verhoord was door militaire historici en CIA-ondervragers na de val van Bagdad.

Ik vroeg hem hoe hij het voor elkaar had gekregen om carrière te maken tijdens Saddams regime. Hij vertelde me een verhaal dat een verhelderend licht wierp op zijn gedragswijze. Hij zei dat zijn onbesmukte oprechtheid en zijn verknochtheid aan de Britse mores hem steeds weer in moeilijkheden brachten. Hij zou bijna het slachtoffer van zijn principes zijn geworden. Eind 1990 voerde hij het woord op een bijeenkomst van hoge officieren. Hij zei dat het geen zin had om te discussiëren

84

over de verdediging van Koeweit zolang het enige urgente discussiepunt de terugtrekking uit Koeweit was. Vanwege die ketterse uitspraak werd hij een Amerikaanse agent en een verrader genoemd. Hij mocht twee weken de kazerne niet verlaten en ze dreigden met een militair tribunaal. Zijn vrijlating had hij te danken aan Qusay, de tweede zoon van Saddam. Qusay had onder hem gediend in de oorlog tussen Iran en Irak. Qusay mocht hem en na de terugtocht uit Koeweit steunde hij hem en hij bood de protectie die het mogelijk maakte dat hij in hoog tempo promotie maakte. De jaren negentig waren het decennium van sancties en corruptie en Qusays ster deed die van zijn psychotische moordzuchtige broer Uday verbleken. Het was niet te ontkennen dat, omdat het Hamdani gelukt was zijn wel en wee te verbinden met dat van de favoriete zoon, het hem naar den vleze ging en hij geen gevaar te duchten had.

Als je zijn woorden moest geloven was Hamdani een voortreffelijk mens. Ik geloofde hem tot op grote hoogte. Maar bij alle interviews die ik met Iraki's had hield ik in mijn achterhoofd dat dubbelhartigheid even karakteristiek is voor een Iraki als overdreven trots, overdreven gastvrijheid en liefde voor kebab. Teneinde zich een weg te banen door de economische puinzooi, de machinaties van de activisten en de meedogenloze organisaties van de Baathstaat, ontwikkelden Iraki's de strategie van de meervoudige persoonlijkheid. Ze konden vechtlustig of onderdanig zijn, efficiënt of lui, vooraanstaand of armlastig, dronken of vroom, al naar gelang de eisen van de functionaris naar wiens grillen ze hun kompas moesten richten. Vleien en huichelen. Iraki's hadden geleerd om zich eerst slinks aan de situatie aan te passen en om daarna uit te plussen hoe ze uit deze nieuwe situatie de boter konden braden. Hun omgang met de Amerikanen was niet anders. Het ene verhaal was voor de Amerikaanse sergeant van de patrouille te voet die snoepjes uitdeelde aan de kinderen van de wijk. Het andere verhaal was voor de sjiafunctionaris zonder sjaal en met een stekelige baard die je de opdracht zou kunnen bezorgen om een deel van een nieuw ministerie te bouwen, een derde verhaal voor je buurman met een roodgeblokte das die dat gebouw wilde opblazen. Ik begon te begrijpen dat liegen het levenselixer van de Iraki's was, tenminste van hen die het hadden gered in wisselvallige tijden van revolutie, oorlog en bezetting, heen en weer geslingerd tussen moskee en legereenheid, tussen de leerstof op school en de regeringsverklaring, tussen bevordering en arrestatie.

Hamdani was met mij, een westerling, in gesprek, en hij wist dat hij westerse waarden moest loven. Misschien geloofde hij wat hij zei, misschien niet. Maar bij verscheidene gelegenheden getuigde hij van zijn geloof in de deugd van oprechtheid en klaagde hij dat die in de Arabische cultuur zo werd geringschat.

'Die openhartigheid heeft me dikwijls problemen met Saddam Hoessein gebracht! De waarheid is dat in onze cultuur openhartigheid gebrek aan respect is.' In 1995 had Hamdani een werkstuk gepresenteerd op een militair forum voorgezeten door Saddam Hoessein: 'Een kritische beschouwing van de strategie tijdens de Tweede Golfoorlog'. Voor hem zaten honderdtachtig hoge officieren. Terwijl hij het woord voerde verbreidde zich een ijselijke stilte, waarin de echo van zijn woorden steeds luider weergalmde. De discussieleider trachtte hem de microfoon te ontnemen. 'Er hing een stilte in de zaal alsof er een orkaan op komst was. Uiteraard was Saddam woedend.' Saddam stond op en sloeg met zijn vuist op tafel.

'Zie generaal Hamdani. Deze man is slachtoffer van de westerse ideologie omdat hij steeds maar zit te lezen en naar westerse media luistert! Als zijn stelling juist zou zijn dan zat er vandaag de dag geen levend mens hier in de zaal. Ik kan niet toestaan...' Op dat ogenblik wees hij ostentatief met gestrekte vinger naar Hamdani. Hamdani keek naar de gezichten van de mensen om zich heen en hij zag alleen neergeslagen blikken. Alsof niemand een dode man wilde aankijken.

'Die beslissing om alleen de zonnige kant van de zaken onder ogen te zien heeft de waarheid verdonkeremaand', en de waarheid lag ingebed in de leugens die de autoriteiten voorschreven. Dat was Hamdani's tweede verwijt. Een jaar tevoren had Saddam een herinvasie van Koeweit aan de orde gesteld. Hamdani had dit idee gekritiseerd en Saddam was woedend.

Saddam. Saddam was de spil waar alles om draaide.

'Soms voelde je je zo tot hem aangetrokken dat je je hart bij hem wilde uitstorten en op andere momenten voelde je je samen met een hongerige leeuw opgesloten in een kooi.' Hamdani had lang en intens over Saddam nagedacht, over de tegenstrijdigheden in zijn karakter en zijn hoogmoed, zijn intelligentie en zijn domheid. Voor Hamdani verdiende ook de dolle draak een *ja... maar.*

Saddam had een groot charisma. Je voelde dat hij in een tête-à-tête dwars door je heen keek en je geest en je gevoelens doorschouwde, dat hij alles van je wist. Hij was een goede lezer en dikwijls een goede luisteraar, en op andere ogenblikken het exacte tegendeel en dan duldde hij geen tegenspraak. En dan weer zat hij te bazelen over onbeduidendheden. Het ergste waren zijn toespraken. Ze waren heel lang en werkten niet naar een conclusie toe. Het waren absoluut niet de vruchten van een heldere, analytische geest. Iedereen wist bijvoorbeeld dat hij brieven van vijf zinnetjes kreeg van Bush senior, van John Major en van Arabische leiders en dat hij die beantwoordde met tien kantjes. Hij was in zekere zin een groots man en hij bouwde het land op. Daarna vernietigde hij het. Hij vernietigde zijn eigen ambities toen hij de streep overschreed die hij zelf had getrokken. In februari 1980 hield hij een fameuze toespraak, waarin hij betoogde dat geen Arabier tegen een Arabier zou moeten strijden, en toen werd hij de leider van de eerste Arabische natie (sic) die een andere Arabische natie binnenviel. Hij sprak van democratie maar hij was een dictator. Hem kwam eens ter ore dat een van zijn ministers een burger een klap had gegeven en hij ontbood de minister en de burgerman en hij beval de burger op zijn beurt de minister een klap te geven. Maar hij liet velen executeren, velen...

'Saddam had meer dan één persoonlijkheid. Als Freud, Adler en anderen hem zouden analyseren zouden ze volgens mij niet tot een eenduidige theorie kunnen komen. Hij was een denker, hij had grootse humanitaire ideeën, hij was vrijgevig en weekhartig. Maar daar was ook zijn zeer prominente, moordlustige persoonlijkheid – een meedogenloosheid die in het hele dierenrijk niet is te vinden. En hij was een eenvoudige ongeschoolde boer, die met handen en voeten gebonden was aan de gebruiken van het dorpsleven. De zwarigheden van zijn jeugdjaren en zijn ambities – die alles oversteegen. Op veertienjarige leeftijd droomde hij dat hij de Arabische volkeren zou aanvoeren als een tweede Saladin [die overigens geen Arabier maar een Koerd was, vert.] en dat hij een plek zou krijgen in de geschiedenis. Hij schreef geschiedenis, akkoord, maar er zal altijd onenigheid zijn.'

Hamdani had geprobeerd zijn zelfrespect intact te houden en zowel zijn meningen als zijn plicht recht te doen. Hij streefde ernaar om zo onpartijdig leiding te geven als hij kon en vraagtekens te zetten bij het beleid als dat kon. Toen vraagtekens niet meer werden getolereerd 'probeerde ik de indirecte weg zodat ik niet zou verliezen wat ik in mezelf had opgebouwd, want daar zou ik niet mee kunnen leven'.

Hamdani schudde het hoofd, misschien over zijn eigen falen, misschien over de gevolgen daarvan, misschien over de neergang van Irak, die dieper reikte en langer duurde dan een goede vaderlander kon aanzien. We kwamen terug op de Iran-Irakoorlog, op de ongepastheid van ronkende medaille-uitreikingen, en de veldslagen die het land het vlees op de botten kostten. 'Hoewel de oorlog militair gezien geslaagd was,' zei Hamdani, en hij stelde zoals hij gewoon was zijn finale vernietigende conclusie even uit, 'heeft de oorlog de Irakese economie en Irak vernietigd. De psychologische problemen die in de Irakese samenleving de kop hebben opgestoken en de golf van criminaliteit, die maar aanhoudt, zijn gevolgen van die oorlog.'

In 2003 commandeerde Hamdani het tweede legerkorps van de Republikeinse Garde met de opdracht om het strijdtoneel van het zuiden onder zijn hoede te nemen en de verdediging van Bagdad, de stad die de Amerikanen hun *shock and awe* in het vooruitzicht hadden gesteld. 'Natuurlijk,' zei Hamdani, 'wist ik vanaf het begin dat we zouden verliezen.' In zijn huis ging de telefoon over, hij nam op en hoorde een bandopname. 'Niemand kan de Verenigde Staten weerstaan.' 'Blijf in je huis, waar je veilig bent.' Hij legde de hoorn neer want de Mukhabarat luisterde natuurlijk mee en hoe dan ook was het een overduidelijk geval van psychologische provocatie.

Hij maakte plannen om de strijd zo lang mogelijk vol te houden. Hij dacht dat het op z'n langst twee of drie maanden kon duren.

De Amerikaanse F16's bombardeerden zijn divisie aan splinters. Al na een paar dagen waren zijn troepen vernietigd en had hij geen vervoer meer, geen jeep en zelfs geen gevorderde taxi, alles was vernield. Er waren dertig man die het toevallig hadden overleefd. Hij verdeelde hen in verschillende groepen en beval ze apart hun geluk te beproeven, te voet over de grindweggetjes door het akkerland ten zuiden van Bagdad. Hij vond toevlucht in het huis van een neef in Youssifiyah. Hij mocht die neef, die zijn ambtenarenbestaan als ingenieur had opgegeven, een tweede vrouw had genomen en op het land was gaan wonen. Hij leidde een vreemd soort leven voor een gestudeerd man, maar Hamdani waardeerde zijn verlangen naar onafhankelijkheid. Hij was welkom en zijn neef bracht hem onder in een herdershut aan de grens van zijn land. Dat was veiliger dan in het woonhuis, waar hij gezien kon worden.

Hamdani voelde zich dankbaar, leeg en uitgeput. Zijn gezicht en zijn armen waren geschaafd door bomexplosies, hij had een granaatscherf in zijn kuit, pijn in al zijn ledematen na die lange voettocht. Hij trok zijn uniform uit en vouwde het keurig op. Samen met zijn kalasjnikov stouwde hij het in een plunjezak, trok een geleende broek aan en een flanellen shirt. Een van de echtgenotes bracht hem eten, een van de zoontjes bracht pen en papier en hij begon zijn dagboek te reconstrueren, dat was verbrand toen zijn jeep geraakt werd. De zoontjes zagen hem schrijven en schudden hun hoofdjes. 'Moet hij leren voor een examen of zoiets?'

Bagdad viel op 9 april en de Amerikanen haalden Saddams standbeeld omver. Hamdani zat in de mooie kamer van zijn neef met een paar van diens vrienden toen hij het nieuws hoorde. Er was geen stroom en de benzinelampen verspreidden kleine kringen licht. Hamdani beschreef zijn stemming als 'bijna dood van verdriet'. Hij kreeg geen hap door zijn keel. Hij dacht na over zijn neefs levenswijze, hoe hij hem in de maling had genomen met zijn grote gezin en zijn twee vrouwen – heel ongewoon voor een gestudeerd persoon – en zijn teruggetrokken leventje op een afgelegen boerderij. Zijn neef had gelachen om zijn kritiek en had gezegd dat hij de gelukkigste van hen beiden was. 'Ik kan mijn eigen stam beginnen!' Hamdani had hem de mantel uitgeveegd omdat hij een van zijn zoons voortrok. 'Pas maar op dat ze geen Jakob en Esau worden!' Nu moest hij aan zijn eigen zoons denken, die beiden in de Republikeinse Garde hadden gevochten en die nu, evenals het grootste deel van het leger inclusief hijzelf, vermist waren.

Een van zijn neefs familieleden was blij dat Saddam verslagen was. 'Godzijdank zijn we van Saddam af en hebben we de Amerikanen hier. Zij zullen alles snel weer opbouwen.'

Hamdani zei hem dat dat volgens hem een naïef idee was. 'Wij zullen niet de macht en het gezag hebben om dit land te besturen en er zal een vacuüm ontstaan, heel gevaarlijk.'

'Als jij dat allemaal zo goed weet en als je zo pienter bent, waarom heb je dan geen coup tegen Saddam georganiseerd? Jij bent een hoge piet in het leger!'

'Dat is ook zo'n naïef idee,' antwoordde Hamdani kalm. 'Jullie snappen niet dat zoiets heel ingewikkeld is. Als er geen tegenmacht is die even groot is als de macht die net is afgezet is er geen autoriteit en dan kan er een burgeroorlog uitbreken.'

De gelukkige optimist zei dat hij zijn kaarten op de Amerikanen zette. 'We komen elkaar nog wel tegen en dan zul je zien dat ik gelijk had!'

De dag daarop verborg Hamdani zich achter een heg en zag hoe twee gepantserde Amerikaanse Bradlees zich op het kruispunt van het dorp posteerden. Hij had in twee oorlogen tegen de Amerikanen gevochten, maar dit was de eerste maal dat hij hun soldaten van dichtbij zag. Het viel hem op hoe jong ze waren en dat verbaasde hem om de een of andere reden. Hij werd ook getroffen door hun professionalisme, hun discipline, de manier waarop ze hun geweren steeds schietklaar hielden met de wijsvinger horizontaal vlak boven de veiligheidspal. Hij zag dat geen van hen zijn kogelvest of zijn helm weglegde, ondanks de hitte. Die dag kroop hij door irrigatiegoten om meer te zien. Bij een andere zijweg stootte hij op tanks. Hij zag dat op elke tank het prikkeldraad netjes was opgerold en aan een haak gehangen, de jerrycans in de daarvoor bestemde beugels stonden en dat alles goed was opgeborgen. Twee maanden eerder had hij twee officieren van de Republikeinse Garde aangehouden die hem op de straat tussen de barakken tegemoet reden. Beiden droegen geen hoofddeksel en hij had hen de huid vol gescholden omdat ze geen baret droegen. 'We hebben het er eerder over gehad en ik gaf jullie foto's van een Amerikaanse en een Irakese soldaat. De Amerikaan zag er keurig uit en schoon, en de Iraki was een sloddervos die zijn geweer niet goed vasthield en ik weet dat jullie erbij waren en ik heb jullie allemaal gevraagd welke soldaat de beste indruk maakte en de meesten zeiden de Amerikaan.'

Enkele dagen later bracht een gevolmachtigde van de staf hem het bericht dat zijn gezin veilig was ondergebracht in het huis van een familielid in Diala en dat zijn zoon Osama bij hen was, maar dat zijn andere zoon, Ahmed, vermist was en dat hij volgens geruchten gedood of gewond was in de slag om de weg naar het vliegveld. Hamdani trok een djellaba aan, leende het identiteitsbewijs van iemand die een beetje op hem leek en vertrok om poolshoogte te nemen in Bagdad.

Hij wist niet waar hij het eerst moest zoeken, alles lag in puin en er heerste chaos. Hij zocht in verschillende wijken. 'Waar moet je zoeken? Maar je bent vader, dus je moet zoeken.' Hij ging te voet over de weg naar het vliegveld, tussen verbrande tanks en Humvees door, en verwonderde zich erover dat de Amerikanen niet meer controleerden, en zelfs geen avondklok hadden ingesteld. Langs de wegen vanuit het zuiden zag hij ontelbare slordige graven, opgeworpen hoopjes aarde of witte doeken, elk gemarkeerd met een stok. Het was bloedheet en stoffig en grote massa's arme mensen liepen terug naar huis. Een lusteloze en door de hitte uitgeputte Amerikaanse infanterist hield een brancard vast waarop hij DEAD had geschreven zodat de langslopende mensen niet op de versgedolven graven zouden trappen. Hamdani zag in elke pathetische bult zijn eigen zoon. Het trof hem als een daad van surrealistische beleefdheid midden in alle chaos dat de Amerikaanse infanterist, overmand door de hitte en het stof, een aanwijzing gaf aan de mensen en hen maande om een stukje om te lopen.

Ten slotte kreeg Hamdani, na enkele dagen zoeken, en na eindelijk bericht te hebben ontvangen van zijn gezin in Diala, te horen dat een familielid in het opnameregister van een ziekenhuis in de wijk Adhamiya een aantekening had gezien: *Ahmed, 2de Lt. Rep. Gd.*

Ahmed had op de weg naar het vliegveld drie kogelwonden opgelopen, twee in zijn bovenbeen en een in zijn biceps. Hij lag in zijn eigen bloed en kon niet meer lopen. Naast hem een korporaal, die langzaam lag te sterven. Een Amerikaanse hospik kwam voorbij en knielde neer om hem te onderzoeken. De stervende korporaal richtte zich iets op en fluisterde dat hij hulp nodig had: 'Ik ben een christen, net als u!' en hij betastte het gouden kruisje aan een koordje om zijn hals. De hospik zei dat hij David heette en zei enkele gebeden terwijl de korporaal de geest gaf. Hij zei ook dat hij wilde proberen bij Ahmed te blijven 'omdat jij een bril draagt en ik er net zo een heb'. Maar kort daarop trok zijn eenheid verder en hij ging mee. Toen kwam een officier van de Republikeinse Garde uit een schuilplaats tevoorschijn en sleepte Ahmed mee, liftend van de ene auto in de andere, tot aan het ziekenhuis in Adhamiya. Daar ontsmette een dokter de wonden, maar ze hadden geen bed voor hem en dus nam de officier Ahmed mee naar zijn huis daar in de buurt. Een familielid wist hem te vinden en toen Hamdani eindelijk bij zijn gezin in Diala terug was, was Ahmed daar al, nu een breedgeschouderde man, maar bleek, met aan zijn bed een verpleegster uit de wijk omdat ze de ziekenhuiszorg niet vertrouwden. Hij moest aansterken met antibiotica en pap.

Na ongeveer een week ging Hamdani naar Bagdad om na te gaan of er iets over was van het opperbevel waaraan hij verslag moest doen. Hij stelde vast dat zijn vroegere vrienden en collega's bang waren om in hun eigen huis te slapen. De Amerikanen waren op zoek naar de azen in hun spel met voormalige leiders, de Chalabimilitie droeg Amerikaanse uniformen, Koerdische peshmerga's vorderden in hun slobberbroeken de huizen van ministers, de Badrbrigade bewaakte bruggen. Duizenden sjiieten waren te voet onderweg naar de heiligenschrijn in Kerbala ter gelegenheid van de sterfdag van de martelaar Hoessein. Jarenlang was hun verboden geweest om die pelgrimstocht te maken. Ze liepen langs uitgebrande regeringsgebouwen, die nog steeds door plunderaars werden doorzocht, en langs wrakstukken van zijn tankeenheden op de snelweg naar het zuiden. Hamdani zag dat zonder enige twijfel nu alles anders zou worden.

Hij logeerde enkele dagen bij zijn moeder en vond een legerarts die hij kende. Deze was bereid om naar Diala te gaan en Ahmed te onderzoeken. Ze waren bang dat hij wondkoorts zou oplopen. Hij dacht dat hij voorlopig beter niet naar zijn eigen huis kon gaan en sliep niet langer dan een paar nachten op hetzelfde adres uit vrees dat hij zou worden herkend. Maar na een paar weken werd hij moe van dat verstoppertje spelen en met de hulp van de buren lukte het hem om een familie die zijn huis had gekraakt eruit te zetten en hij betrok zijn eigen plek.

Op straat zag hij de gezichten van dieven en moordenaars en hij sloot zich op en viel ten prooi aan een depressie. Begin juni werd het net van de Amerikanen aangehaald. Hij stond op de zwarte lijst van de tweehonderd meest gezochte personen. Helikopters leken speciaal over zijn huis te vliegen en Humveekonvooien kwamen al vaker langsrijden. Zijn vrouw smeekte hem zichzelf aan te geven, maar hij was onwillig. Ten slotte kwam hij in contact met een uitgeweken Mukhabaratofficier, die naar zijn zeggen in 1983 samen met Qusay en Uday onder hem had gediend (Hamdani kon zich hem niet herinneren) en die nu voor de Amerikanen werkte en die het zo voor hem kon organiseren dat hij zich veilig kon overgeven.

Hij gaf zich dus over aan de Amerikanen en verklaarde zich bereid om samen te werken. Hij werd correct behandeld en mocht elke avond naar huis om in zijn eigen bed te slapen. Op een keer werd zijn huis 's nachts door Amerikaanse troepen bestormd, hij, zijn vrouw, en zijn dochters werden in de tuin samengedreven onder de zoeklichten van de helikopter die daarboven hing, en ze waren geboeid voordat hij kon uitleggen dat er blijkbaar een misverstand in het spel was en dat hij zich zelf al had aangegeven. Verscheidene maanden achtereen werd hij dagelijks gehoord. Hij zei hun dat hij elke vraag zou beantwoorden en wel naar waarheid. De ondervragingen werden geleid door verschillende officieren, geschiedkundigen, analisten en mensen van de geheime dienst. Sommigen waren vooral geïnteresseerd in bergplaatsen van massavernietigingswapens, anderen wilden uitleg over de structuur van het Irakese leger, weer anderen stelden vragen over strategische zaken en over de verhouding tussen Saddam Hoessein en de Republikeinse Garde en wilden weten hoe besluiten tot stand kwamen. Hij gaf te kennen dat de Amerikanen hem correct en hoffelijk tegemoet traden. De sfeer bij de ondervragingen werd steeds hartelijker. Hamdani kon het niet laten zichzelf een pluim op de hoed te steken. 'Toen ik hun gevangene was vertelde ik de Amerikanen al dat ze zouden verliezen. Eerst haatten ze me voor die woorden en nu komen de nieuwe heersers naar Amman om met me te praten.'

In vele opzichten volgde Hamdani dezelfde redeneringen als de meeste generaals en hoge commandanten die de afgelopen vijfentwintig jaar van hun actieve dienst becommentarieerden. Iran was een vijand die terecht was aangevallen. Gas was (helaas) toegepast omdat dat goed uitkwam, de Anfalcampagnes moesten eerder worden gezien als contraterreurmaatregelen dan als genocide, de invasie van Koeweit was een monumentale blunder, die te wijten was aan Saddams hybris, de daaropvolgende opstand was door Iran geregisseerd, de jaren negentig waren jaren van corruptie en stagnatie, en na dat alles waren ze Saddam gaan haten en bovendien had hij het leger vernietigd en ook het land, dat op weg was naar een mooie toekomst. Ja... maar.

Schuldbesef. Morele verantwoordelijkheid.

Nadat onze gesprekken enkele dagen hadden geduurd en nadat de hele geschiedenis ter tafel was gekomen en met blauwe ballpointlijnen en driftige gebaren was geïllustreerd vroeg ik Hamdani op de man af of hij zich schuldig voelde en of hij al of niet in het reine was met zichzelf. Hij moest tenslotte een zelfrechtvaardiging hebben voor het dienen van een terreurbewind.

Eerst kwam hij uitvoerig terug op de verschrikking die Saddam was geweest. 'Zeker,' stemde ik in, 'maar u was zijn generaal.' Toen begreep hij pas wat ik bedoelde en hij leunde over zijn schrijftafel om me indringend aan te kunnen kijken. Ik keek terug en we keken elkaar ongeveer een minuut lang in de ogen. Ik schouwde zo diep als mogelijk bij hem naar binnen, maar ik zag diepte noch schroom. Misschien was er ergens achteraf een geheime ingang – maar ik begon me onbehaaglijk te voelen en ik keek weg. Hij had dus de uithoudingsproef gewonnen en kon zijn definitieve conclusies in elkaar knutselen. Ik schreef ze op zoals hij ze zei en ik kan niet instaan voor hun oprechtheid of hun waarheidsgehalte.

'Het gaat je aan je hart. Het opperbevel was verdwenen, door onze eigen stommiteiten, gecombineerd met de stommiteiten van de Amerikanen. Het gaat je aan je hart dat Iran ervan zal profiteren, dat het land kapot is gemaakt en een burgeroorlog uitbreekt, ik vertelde mijn ondervragers dat ik hoopte dat niet nog mee te maken... Het idee van erbij te zijn – dat is veel groter dan wat jij kunt begrijpen. Ik studeerde af aan de militaire academie, een nieuw regime kreeg de macht... Het is niet zo eenvoudig. De fouten waren niet alleen Saddam Hoesseins fouten. Het was een fout van de hele samenleving, een berg van fouten op fouten. Hoeveel kon je eraan veranderen? Het was indertijd een heel slecht systeem, een slecht regime, maar er waren rode lijnen, als je binnen de rode lijnen bleef was je oké. Maar nu? Nu is er helemaal niets. Waarom ben ik nu buiten Irak? Ik had nooit buiten Irak willen zijn, maar het is erger geworden, ik moest wel... Het ene haalde het andere uit, er waren meer en meer beperkingen. Als goede commandant, als goed mens – wat kun je doen? Ik trachtte het kwaad van het regime te verzachten. Ik deed mijn best om naar eer en geweten goede, eerzame soldaten op te leiden, die hun land, niet het regime, konden dienen. Je voert orders uit, maar op een goede manier, om het kwaad erin uit te roeien. Ik was nooit een moordwerktuig. Ik heb nooit een andere Iraki gedood, ik heb nooit een Iraanse krijgsgevangene gedood, ik heb nooit een Koerdisch dorp aangevallen toen ik diende bij de noordelijke strijdkrachten. Dat was het maximum dat ik kon doen. Een menselijk wezen wordt verantwoordelijk gehouden voor zover hij handelingsvrijheid heeft. Wie zou zijn plannen durven bestrijden? Of zeggen dat hij deze oorlog ging verliezen? Ik heb 90 procent van de deserteurs in mijn eenheden vrijgelaten. Ik had zelfs geen arrestantenverblijf bij mijn divisie. Ik had geen bodyguards, ik was gewoon alleen met mijn chauffeur. Qusay en Saddam Hoessein hadden daar altijd commentaar op. En ik heb ze altijd geant-

woord door te vragen of er een probleem was met de gevechts-
kracht van mijn divisie, of met de training of de paraatheid. Ik
had geen arrestantenruimte maar mijn bataljons waren tech-
nisch en ook in de slag de beste.' Hier liep zijn trots uit de hand
en hij citeerde uit Von Mansteins *Lost victories*: ' "Het meeste
aanzien en de hoogste rang die je als militair kunt verwerven is
die van voortreffelijke soldaat." Ik wilde aan het eind van mijn
carrière een voortreffelijke soldaat zijn.'

'U hebt ervoor gekozen om met ze mee te doen,' zei ik hem,
'u had met pensioen kunnen gaan, u had op het land kunnen
gaan wonen zoals uw neef.'

'Een van mijn Amerikaanse *debriefers* stelde mij dezelfde
vraag. Hij vroeg me waarom ik doorging met de strijd tegen
de Amerikanen. Ik zei hem dat het niets met Saddam Hoessein te maken had. Het is voor u moeilijk te begrijpen, maar
het was een zaak van militaire eer, deel te zijn van een natie en
daarom loyaal aan het opperbevel. Ik vroeg de Amerikaanse de-
briefer waarom hij in mijn land was en me zulke vragen stelde.
Hij antwoordde: "Ik sta onder bevel." Ik zei dat ik ook onder
bevel stond. Ik vroeg hem: "Waardeert u president Bush?" Hij
gaf toe dat hij hem niet waardeerde. "Nu dan," vroeg ik hem,
"waarom voert u dan zijn bevelen uit?" '

De oorlog tegen Iran eindigde ten slotte na acht jaar in 1988.
Zaid, Kamel Sachets jongste zoon, zette een andere videoband
op.

*Generaal Kamel Sachet in zijn goed gestreken olijfgroene uniform
met de kastanjebruine baret van de Speciale Troepen staat voor een
stafkaart en wijst met de punt van een stok verschillende cirkels aan,
ovalen en routepijlen. Hij presenteert een lezing op televisie, een speciale uitzending, die de laatste slag van de oorlog beschrijft, Tawakalna Ala Allah IV (We stellen ons vertrouwen in God IV; ook te vertalen als 'God sta ons bij IV'), waarin hij de opperste bevelhebber te
velde was.*

De belichting is donkerbruin, het oog van de camera lijkt dat van een verveelde student, Kamel Sachets waardigheid en charisma en zijn stramme houding zien er in beeld stijf en weinig uitnodigend uit. De kaart achter hem is effen en zonder details, geen steden, rivieren of contourlijnen, alsof de troepen in een lege ruimte rondwaren. Elke paar minuten wordt zijn instructie onderbroken door een scène van het slagveld, een opmars van de infanterie in indrukwekkende linies door zand en bosjes in de richting van een rotsige bult. Het beeld is van slechte kwaliteit, het trilt, het landschap is vaal en je ziet de soldaten nauwelijks, die kleine figuurtjes, verloren in de achtergrond, vlekken bewegende camouflage.

Kamel Sachets stem is rustig en vlak, alsof hij niet uit vrije wil spreekt.

'Ingevolge de orders van onze president Saddam Hoessein om de landen die tot onze natie behoren te bevrijden en zo veel vijandelijke elementen te vernietigen als mogelijk is in de slag van Tawakalna Ala Allah is Saad veiliggesteld en hebben we Sanoba op de vijand veroverd. In de streek tussen de Vallei van Shoshren in het zuiden en Chihaman in het noorden...'

6 Zijn derde zoon, de meest gelovige

Ahmed, de middelste zoon van Kamel Sachet en Um Omar, was fijn gebouwd en had een mooi gezicht. Zijn vochtige ogen glansden van onpeilbaar diepe poëzie en zijn lange glinsterende wimpers knipperden als die van Bambi. Maar hij liet zich niet gaan; hij droeg een schone, goed gestreken djellaba, die hij bij de hals had dichtgeknoopt, of een nette spijkerbroek met daarboven een zwarte trui. Hij vermeed opgewonden en overdreven handgebaren en zijn fijne, rozerode lippen waren een beeld van rustige zekerheid.

Een explosie deed het vensterglas schudden. Ahmed glimlachte een rij perfect witte tanden bloot: 'Muziek voor onze oren.'

Ahmed was vijf toen de oorlog tegen Iran eindigde, het was een van zijn vroegste herinneringen. Zijn vader had hem in de auto meegenomen door de Abu Nawasstraat langs de oever van de rivier, langs het parkje en de visrestaurants in de openlucht. Hij herinnerde zich vuurwerkexplosies, grote uiteenspattende rode en groene sterren als sprookjesachtige vonkende bloemen. Winkeliers deelden snoepjes uit aan de voorbijgangers, rijke mensen huurden orkestjes om muziek te maken in hun voortuinen, er werd gefeest en overal in de stad smeten kinderen emmers vol water naar de passanten. Ze sleepten toeterende chauffeurs uit hun auto's om hen ook nat te gooien in het grote watergevecht van Bagdad. Dagenlang waren er feestelijke geweerschoten te horen – Saddam moest op de televisie de mensen vragen om hun opwinding in te tomen omdat verdwaalde kogels te veel gewonden veroorzaakten. Ahmed wist nog dat zijn vader, aangestoken door het heersende enthousiasme, met zijn revolver door het autoraampje in de lucht schoot. Zo verrukkelijk spontaan had hij hem later nooit meer meegemaakt. Acht jaren! Nu was de oorlog voorbij.

'Ladies and gentlemen: we got him.'

In december 2003 vonden de Amerikanen Saddam in een hol onder de grond. Met een woeste haardos, groezelig, bebaard. Zijn zoons waren gedood, zijn land bezet. De Iraki's zagen hoe een Amerikaanse dokter hem in de mond en in zijn oren keek en zijn hoofdhuid bestudeerde of hij hem op vlooien controleerde. Dat waren de enige vrijgegeven beelden. Ze veroorzaakten een vreemde mengeling van morbide fascinatie en ergernis. In zekere zin leek Saddams vernedering meegevoel te wekken in de harten van vele Iraki's. Zelfs uit de monden van zijn gemartelde slachtoffers vernam ik dat 'die manier van doen ongepast is, hij was tenslotte onze president'.

Het onvermijdelijke geweervuur barstte los, rattattataa, overal in de stad, een combinatie van verontwaardiging en feestvreugde. De familie Sachet was dolgelukkig en het huis gonsde van tevredenheid. Um Omar vertelde me breed lachend dat Ali, altijd even onverschrokken, het geweer had willen pakken om in de lucht te schieten, maar dat zij en zijn zusters hem ervan hadden weerhouden.

'Nee, niet doen! Niet schieten want dan arresteren de Amerikanen je!' Ali deed net alsof het hem koud liet maar iedereen barstte in lachen uit. Ik plaagde hen door te beweren dat in Irak geweerschoten goed zijn voor elke emotie, voor een bruiloftsfeest, voor een gewonnen voetbalmatch tegen Koeweit, fileleed, woede, als waarschuwing, en als vreugde over de geboorte van een zoon...

Beleefd veinsden ze dat ze met me meelachten en toen kwam Ahmed de kamer in. Hij bracht een hand naar zijn borst bij wijze van groet. Het was ramadan en ze vastten. Ahmed zag een beetje pips van alle godsdienstige verplichtingen. Jazeker, Saddams aanhouding was een feestelijke gebeurtenis maar hij kon de Amerikanen niet dankbaar zijn. De bezetting was een nationale vernedering.

'Als ik een Amerikaan zie wil ik hem eigenhandig doodmaken,' zei Um Omar met haar altijd even vriendelijk klinkende stem.

'Misschien gaan ze weg als we ze doodmaken,' hoopte Shadwan.

Voor Ahmed waren de Irakese politie en de Amerikanen één pot nat. De politie collaboreerde met de bezetters en verraadde de namen van leden van de moedjahedien. 'Die verdienen de dood nog meer dan de Amerikanen,' zei Ahmed. Verraad vond hij erger dan bezetting. 'Ze helpen de onderdrukker.'

Ahmed studeerde aan een koranschool en stond elke morgen vroeg op voor het ochtendgebed en om in de Koran te lezen. Hij zei me dat hij geen favoriete soera kon noemen omdat alle verzen perfect waren. De Koran bevatte alle denkbare kennis, rechtswetenschappen en profetieën, alles wat verleden was en alle toekomst, Gods vleesgeworden woord, integraal en volledig. Ahmeds mooie grote bruine ogen glansden. Elke dag leerde hij nieuwe verzen uit het grote boek uit zijn hoofd. 's Nachts droomde hij van zijn vader die hem, gekleed in zijn uniform, bemoedigde en hem krachtig aanspoorde de Koran van buiten te leren, wat hij altijd zelf had gewild. Want in de Koran is vrede. 'Het gaat erom dat we het gelijk van de Koran laten zien,' zei Ahmed, 'alles staat erin en het is onze taak om dat te ontdekken.'

Als jongen was Ahmed geen goede leerling geweest, hij had moeite met wiskunde. Hij herinnerde zich dat zijn vader hem zijn Arabische schoolboek overhoorde en woest werd wanneer hij een fout maakte. De herinnering aan zijn vaders autoriteit deed Ahmed huiveren. 'Ik doe het morgen,' had hij eens tegen zijn vader gezegd. Het strenge antwoord was dat hij altijd insjallah, zo het God behaagt, moest zeggen wanneer hij het over de toekomst had. Sindsdien was dit voorbehoud voor Ahmed even onaantastbaar als de autoriteit die hem daarop had gewezen.

'En wanneer hij zei dat je iets moest doen dan moest je het meteen doen, militaire discipline. Wanneer je alles goed deed was het prima maar als je iets fout deed, nou, als je iets fout had gedaan kon je beter niet naast hem zitten.'

Toen hij tien of elf was begon hij op de zomerschool van de moskee de Koran te leren. De moskee was een onbeschreven blad voor hem. Hij merkte dat het leren van de soera's hem goed af ging en het viel hem op dat zijn vader hem meer aandacht schonk wanneer het over de moskee ging. Als hij foutloos een soera opzegde bezorgde hem dat een goedkeurend knikje. Hij vroeg zijn vader of hij naar de middelbare koranschool mocht en deze stemde toe.

Toen Ahmed ouder werd wilde hij imam worden om de mensen raad te kunnen geven in religieuze kwesties en hun vragen te beantwoorden. Hij was niet geïnteresseerd in reizen, zei hij en schudde zijn hoofd.

'Naar Mekka misschien?'

Hij knikte plechtig. 'Insjallah.'

Tijdens de ramadan was Ahmed vaker thuis, en wanneer ik op bezoek was kwam hij meerdere malen bij me zitten en praatten we over de verschillen tussen godsdiensten. Over het Oosten en het Westen, geloof en ongeloof.

Ahmed glimlachte. 'Iedereen denkt er anders over en dat respecteren we. Maar iemand heeft ongelijk.' Hij sprak graag met me over zijn geloof en de navolging van Mohammed. Ik stelde hem de ene vraag na de andere. Over het hiernamaals, over varkensvlees, vrouwen en jihad. Hij had altijd zijn antwoord klaar. De islam was voor hem even kristalhelder als een bron in de Hof van Eden.

Een dag of twee na de gevangenneming van Saddam en nadat enkele pro-Saddamdemonstraties in Adhamiya door de Amerikanen uiteen waren geslagen vroeg ik hem wat ze hem op de koranschool hadden geleerd.

'Ze leerden ons dat we *salaam*, vrede, moeten zeggen, tegen iedereen, zonder uitzondering. Ze leerden ons dat we iemand moeten vergeven die ons kwaad heeft gedaan.'

'Maar dat is heel moeilijk.'

'Ja. Zelfs in de Koran staat dat niet iedereen zo gelijkmoedig is.'

'Haat je Saddam?'

'Ja. Ik haat hem nog steeds.'

'Moet je hem nog haten? Of moet je hem vergeven?'

'Vergeving betekent dat ik hem niet zou doodmaken als ik tegen hem op loop. Het kan me niet schelen wat er nu met hem gebeurt.'

'En de Amerikanen?'

'Maar dat is iets heel anders.' Ahmed zei dat wie gewapend binnenkomt met wapens wordt verwelkomd.

'Maar dat veroorzaakt alleen meer doden, alsof doden woede kan verzachten of onrecht ongedaan maken...'

'Je bedoelt wraak?' vroeg hij.

'Ja. Misschien wraak.'

'Het zit in de Arabische wortels, nog van voor de islam. Als jij mijn broer doodt moet ik jou doden. Zolang jij nog leeft laat mijn geweten me geen rust. Mohammed heeft die tradities met wetten ingeperkt. Volgens de islam kan ik je niet doden als jij mijn broer doodt. Dat moet de regering doen, die neemt mijn wraak over. Er zijn drie mogelijkheden. Ik kan de regering zeggen dat jij mijn broer hebt vermoord, ik kan met jou een bloedgeld overeenkomen of ik kan je vergeven.'

'Welke keus beveelt Mohammed aan?'

'Als het een ongeluk was kun je het beste vergeven. Maar in geval van moord met voorbedachten rade kun je moordenaars niet vergeven. Door hen te doden voorkom je in feite meer doden.'

'Maar wat is precies een ongeluk, wanneer mag je zelf ook doden? Waarom mag je wel het Rode Kruis opblazen?'

'Weet je, de jihad mag je alleen voeren tegen een gewapende tegenstander. Maar die bommen – het hangt ervan af wie zich in het gebouw bevinden.'

'Dikwijls zijn er zowel Iraki's als vreemdelingen.'

'Nou, als er een belangrijke Amerikaan in een hotel overnacht dan zijn daar misschien ook wel onschuldige mensen, maar dan nog is het in dit geval gerechtvaardigd om die ook te doden zodat je die Amerikaan niet mist. Je doodt misschien twintig onschuldigen maar als die belangrijke Amerikaan niet was gedood zou die later duizend onschuldige mensen doodmaken.'

'Staat het zo in de Koran?'

'In de Koran staat niet dat je onschuldigen mag doden om je doel te bereiken. Maar elke islamitische leider heeft zijn volgelingen en zijn eigen overtuigingen. Hij beroept zich op de Koran. Hij kan gelijk hebben, of niet.'

'Maar de Koran is heel uitgesproken over oorlog en hoe je die moet voeren. Hoe kunnen dan verschillende opvattingen zijn toegestaan?'

Ahmed kende geen twijfel. De helderheid van zijn roeping deed zijn ogen glanzen en hij fronste geen moment zijn sierlijke wenkbrauwen bij mijn tegenwerpingen. Hij drukte zachtjes zijn vingertoppen tegen elkaar en zo gaf hij subtiel blijk van ergernis of onderlijnde hij zijn betoog. Geen vraag was zonder antwoord en dat werd door God geopenbaard en Ahmed bleef me met veel geduld die vanzelfsprekende waarheid verkondigen.

'De Koran is heel precies over de jihad. Er zijn maar kleine verschillen tussen de interpretaties. Het komt er ten slotte op neer langs welke weg je je doel bereikt en daarbij laat de Koran ook iets aan je eigen oordeel over.'

'Maar met betrekking tot het doden van onschuldigen zijn er toch zeker concrete voorschriften? Israëli's in bussen zijn geen strijders.'

'Israël is anders. De Israëli's kwamen in ons land wonen en geen Israëli is onschuldig wanneer een Palestijnse zelfmoordenaar een bus opblaast.'

'Maar zelfmoord is haram!'

'Ja. Zelfmoord is een zonde. Maar de jihad heeft eigen regels. Die zelfmoordenaar vernietigt zichzelf maar hij begunstigt zijn godsdienst.'

'Denk je dat hij in de ogen van buitenstaanders zijn godsdienst vooruithelpt?'

'Laat de mensen maar denken! Hij gaat als uitverkoren martelaar naar de hemel.'

'En wat dacht je van 11 september?'

Hij moest even nadenken. 'De aanvallen op New York?'

'Ja. Toen die twee grote gebouwen zijn verwoest.'

'Ja. Dat was jihad.' Hij glimlachte. 'Ik was heel blij.'

'Maar waarom een jihad tegen Amerika?'

'Zolang als het een islamitisch land aanvalt mag er jihad worden gevoerd tegen Amerika.'

'Maar welk islamitisch land viel het dan aan in 2001?'

'Een heleboel verschillende landen.' Hij bleef bij zijn mening. 'Vooral in Bosnië-Herzegovina hebben ze de meeste moslims gedood.'

Geduldig legde ik uit dat Amerika geen Bosnische moslims had omgebracht maar integendeel Kosovaarse moslims tegen Serviërs had beschermd. Ik vroeg hem nog eens of Amerika in 2001 moslims aanviel.

Nu gaf hij een andere draai aan zijn antwoord. 'Amerika bestrijdt de islam niet zo rechtstreeks. Ik weet niet exact hoe maar het zet ons onder druk. Veel landen, ik weet niet precies welke.'

'Maar werden er dan in New York onschuldigen gedood?'

'Het is zeker waar dat als Al Qaida het gedaan heeft dat een zware slag is geweest voor de Amerikaanse economie.'

Ik vertelde hem met een suggestieve vleug superieure westerse feitenkennis dat het voor de economie nauwelijks of geen verschil had gemaakt.

Ahmed vond nog een ander argument. 'Ze zeggen dat het Al Qaida was maar ik persoonlijk denk dat het de Amerikanen zelf waren. Die twee vliegtuigen hebben een stroom propaganda tegen terroristen veroorzaakt. Daarna konden ze elk islamitisch land aanvallen onder de dekmantel van de bevrijding van een terroristisch land. Afghanistan, Irak.'

Eind 2002 werkte ik in Teheran, midden op de As van het Kwaad van Bush, en keek via mijn semi-legale satellietontvanger naar Fox News, dat propaganda voor oorlog in Irak door de ether tetterde. De surrealistische manier waarop ze de feiten rangschikten amuseerde me. Ik ging naar de arme buurt van Zuid-Teheran en praatte met Irakese bannelingen – bijna allen sjiieten – die de terreur van Saddam waren ontvlucht en ik ging de grens van Irakees Koerdistan over en hoorde de verhalen over de Anfal, de gifgasaanvallen, de verwoeste dorpen en de massagraven. Elk Irakees verhaal was een vreselijk griezelverhaal. Oude mannen trokken hun djellaba op om de littekens rond hun enkels te laten zien, die de boeien hadden achtergelaten, tandeloze vrouwen beschreven hoe hun zonen door de soldaten waren weggesleept en hun huizen in brand waren gestoken. De Koerden vertelden dat het gas rook naar appel en knoflook en dat hun longen verbrandden en de mensen stierven met hun kinderen in hun armen.

Ik was toen nog naïef. Saddam was een boosaardige heerser, die zijn eigen mensen onderdrukte en doodde, en ik vond dat, als hij alleen met geweld kon worden afgezet, onschuldige omstanders (zoals in het betoog van Ahmed) daarvoor de prijs moesten betalen. Ik hechtte geloof aan de beginselen en de aannames waarmee ik, half Brits, half Amerikaans, was opgegroeid. Een mengsel van decadentie, macht, gerechtigheid en democratie. Toen ik in maart 2003 in afwachting van de oorlog in Irakees Koerdistan was, zag ik Tony Blair in het parlement oreren, hartstochtelijk en moreel overtuigd van de juistheid van een invasie. Ik zag Colin Powell in de VN de inlichtingen over de massavernietigingswapens preciseren. Ik geloofde in mijn regeringen, niet letterlijk, maar ik geloofde dat zij aan de goede kant stonden.

Toen de oorlog begon ging ik naar Noord-Koerdistan, waar

het rustiger was. We keken naar het nieuws over de Amerikaan-se bombardementen van het Irakese front en we wachtten op de val van Bagdad. Toen het standbeeld van Saddam werd neer-gehaald was dat het teken voor Mosul en Kirkuk om het voor-beeld te volgen. We gingen samen met duizenden Koerden de provinciegrens over naar het noordelijk deel van Post-Saddam-Land. De mensen waren wild van enthousiasme dat ze hun ver-wanten weer zagen, ze plunderden wapendepots en sloegen alle symbolen van de Baath in elkaar: politiebureaus, kantoren en wat ze maar konden vinden.

Ik herinner me dat twee of drie dagen daarna het plunde-ren geleidelijk aan ophield en dat ik het Saddamziekenhuis be-zocht (inderhaast Azadi genoemd, hetgeen in het Koerdisch vrijheid betekent) en een jonge man in een bed aantrof. Hij had de pech dat hij in februari was geboren en op zijn acht-tiende verjaardag, vijf weken voor de Amerikaanse invasie, een uniform had gekregen, maar geen wapen, en naar een loop-graaf was gecommandeerd. Op zekere dag liet een B52 een bom vallen, die zijn rechterbeen en arm afrukte. Het was een kwieke, knappe jongeman, hij probeerde opgewekt te kijken, zei dat hij pijn had aan zijn amputatiewonden, maar hij kreeg wat medicijnen en hij kon muziek beluisteren met de band-recorder die zijn ouders van huis hadden meegebracht zodat hij zijn slapeloosheid beter kon verdragen. Van alle ruige staal-tjes geweld die ik had meegemaakt, uitgemergelde dode licha-men, de gewonde baby, doodsgerochel in een met bloed be-spatte eerstehulppost, schokte dit beeld me het meest. Ik weet niet waarom. Hij was soldaat geweest, een legitiem oorlogs-doel, maar hij was nu niet meer dan een gehandicapte knul zonder gezond lichaam of vooruitzichten. Hij had beslist een hoge prijs betaald. Zijn moeder maakte zich zorgen, hoe zou hij werk kunnen vinden? Wie zou met hem willen trouwen? Ik hield haar hand vast en zei dat alles goed zou komen, dat er hulp onderweg was, dat er over een paar maanden hulporgani-saties en medische diensten uit het Westen in heel Irak zouden zijn. Dat er nieuwe technieken en speciale kunstledematen van titanium bestonden die op elektrische impulsen werkten, wonderbaarlijke bionische apparaten, even goed als het leven zelf. Haar zoon had nog een toekomst. Ik geloof dat ik geloofde in wat ik toen zei.

De oorlog maakte geen einde aan de onderdrukking in Irak, maar ging door en werd erger. Elk jaar bracht meer rampspoed. De bezetters en de nu in Bagdad gevestigde exilorganisaties namen verkeerde en onduidelijke besluiten. Hun schandalige onwetendheid werd in de Green Zone op een hoop geharkt en met een mantel van grauw zeildoek afgedekt. Steeds wanneer ik naar Londen of New York terugging kon ik de betweterige, partijdige televisieblabla maar moeilijk verteren. Het was allemaal verwaande zelfgenoegzaamheid en leugenpraat. Anderhalf jaar na de ramp werd George W. Bush herkozen.

Ahmeds samenzweringstheorie was fout, maar misschien niet fouter dan de tegenwerping dat democratie met geweld kon worden opgelegd. Het was gewoon het tegendeel van een bepaalde reeks van waarden, een smalende reactie, zoals twee presidenten elkaar ook *evil* kunnen noemen. Wij zijn opgegroeid in een buurt, een gemeenschap, een land waarin we ons veilig en vertrouwd voelen. De boze geesten die andersoortig zijn bevinden zich elders, overzee. Ahmed had zich de mores en meningen van zijn gemeenschap eigen gemaakt. De eer van de familie, het gelijk van de islam en het idee dat de buitenwereld een samenzwering beraamde om moslims en Arabieren eronder te houden. Hij stond bloot aan partijdige informatie en slijmerige, besmettelijke propaganda, zoals wij allen. Hij had cynisch kunnen worden of gedeprimeerd als hij niet jong en stoer was geweest, en zodoende was hij zoals mijn vader dat placht te zeggen wanneer hij sprak over het jeugdige idealisme van de internationalisten in de Spaanse burgeroorlog, aangeraakt door een -isme, zoals Orwell, Koestler en Robert Jordan. Ahmed had aangeknoopt bij een ideologie – het salafisme, jihadisme, nationalisme –, die, zoals alle ideologieën, hem duidelijke en concrete antwoorden gaf als reactie op een onrechtvaardige en verwarrende wereld. Een eenzijdige visie, die de werkelijkheid vertekende. Ik discussieerde met Ahmed en deed een appèl op zijn redelijkheid. Ik kwam met tegenvoorbeelden en met logische verklaringen maar elk contrair argument ketste af op het pantser van zijn glimmende zekerheid.

Op een dag liet Ahmed me een video zien van de verzetsgroep Ansar al Sunna.

De eerste scènes tonen de bruutheid van de bezetting. Amerikanen die bij huiszoekingen tijdens een nachtelijke patrouille de poort intrappen, een groep Irakese gevangenen met geboeide handen en een kap over het hoofd opeengepakt achter in een vrachtwagen. Amerikaanse soldaten die een man zonder overhemd of schoenen over de straat slepen. Amerikaanse soldaten die hun geweren leegschieten op een menigte burgers. Een hese, schorre stem buiten beeld die vraagt hoe een mens zijn kalmte kan bewaren terwijl dit soort dingen gebeuren.

Overgang naar een plechtig gesproken preek. 'God houdt van hen die vechten ter wille van de religie. Weest geduldig, hebt vertrouwen en mijdt omgang met de vijand. De jihad is nu in Irak de plicht van iedere moslim en zij die strijden zijn het rechtgelovige moslimvolk. Eenieder in iedere woongemeenschap moet geroepen zijn tot de jihad... Om onze natie te behoeden. Deze vijanden zijn gekomen om de verbondenheid met God te beëindigen. We moeten de bezetters buitenzetten. De Amerikanen zijn hier gekomen uit eigenbelang en de Joden staan achter hen... Men moet al die zondaren bestrijden, als één man van noord tot zuid in opstand komen en gedisciplineerd ten strijde trekken zoals onze godsdienst leert.'

Volgen scènes over het verzet van de moedjahedien. Vrachtwagens in de nacht. Gezichten bedekt door afgerolde tulbanden. Zelfgemaakte granaten. Schokkerige beelden van Humvees die exploderen door op afstand tot ontploffing gebrachte bommen in de berm van de weg. Close-ups van paspoorten en documenten van vermoorde collaborateurs.

In de slotscène plaatst een groep moedjahedien 's nachts een mortier. Het tafereel wordt verlicht door iemand die een fakkel vasthoudt. Een beverige cirkel groen-wit licht in pikzwarte duisternis.

Ahmed voegde er een eigen commentaar aan toe. 'Daarmee hebben ze de hotels geraakt.'

'Dank je Ahmed. Ik woon in een hotel.'

Gedurende tien minuten of meer een opeenvolging van oplichtende handen die draden splitsen en mortierhulzen vervaardigen in een sfeer van geconcentreerde urgentie. Een van de moedjahedien tracht een mortier aan te steken met een lucifer. De lucifer flakkert en gaat uit door de wind. Hij steekt een andere aan. Een flakkerend vlammetje. Duisternis. Nog een. Dooft ook. Vijf of zes mislukte vuurtjes.

Fluisterend wordt de mortier anders neergezet. 'Nog een stukje, een klein stukje.' Ten slotte blijft het vlammetje branden. De hand ontsteekt de lont. De granaat suist door de nacht als bij een vuurwerkfeest. En raakt niets.

Einde 2004 werden in Falluja vier Amerikaanse contractwerkers uit hun suv gesleept, opgehangen, verbrand en aan stukken gesneden. De sluimerende opstand kwam tot uitbarsting, vlamde op en ging over in een onloochenbare oorlog. De straten waren leeg, dit weekeinde werd de bevrijding van Irak van precies een jaar geleden gevierd. Op zekere dag reed ik naar de westelijke voorsteden om een idee te krijgen van wat er gebeurde en ik zag een brandende tank op de autoweg en cirkelend boven mijn hoofd twee Black Hawkhelikopters als vliegen op zoek naar aas. Ahmed ging niet meer naar zijn islamitische universiteit. Ali's vrouw had colleges gevolgd aan de Ibn Haitham-universiteit, maar op de campus was een bom ontploft. Nu was iedereen thuis en ze wisselden nieuws en geruchten uit. Ze belden met hun mobieltjes naar vrienden en wachtten.

Ahmed had vrienden op de koranuniversiteit die voedsel uitdeelden aan het volk. Het was een beleg. Falluja was omsingeld door mariniers en de weg naar Jordanië was afgesloten. De mariniers bleven aanvallen, trokken met pantservoertuigen de stad binnen. Ze werden bestookt met granaten en trokken zich terug.

'Ze hebben huizen, moskeeën en ziekenhuizen geraakt.'

Ahmed had een vriend van zijn universiteit gesproken die in Falluja woonde en hem had verteld wat er was gebeurd toen die vier contractwerkers waren gedood. De moedjahedien verwondden hen en verdwenen weer. Het waren burgers van de stad die de lijken hadden opgehangen. Ahmed schudde zijn hoofd en ging over op onsmakelijke bijzonderheden. Er was een slager in de meute, die de lichamen uitbeende en het vlees uitdeelde.

Ali en Ahmed waren verrukt van het verzet. Hun ogen straalden van trots en enthousiasme. Ahmed zei me dat het geen terroristen waren maar verdedigers van het vaderland.

'Volgens de sharia,' legde hij uit, 'kunnen we geen vreemde strijdmacht toelaten om voor ons verkiezingen te organiseren. In de sharia is vastgelegd dat eenieder die tot de jihad wordt geroepen de plicht heeft te strijden.'

'Nu gaat het erom dat we die strijd voeren,' zei Ahmed vol overtuiging, 'vele onschuldigen zullen omkomen, maar ze zullen worden vervangen. De Amerikanen die sterven zullen niet worden vervangen. Zij die de dood vinden zullen een eeuwig leven krijgen en de gewonden kunnen God alles vragen wat ze begeren. Dat is goed voor het moreel. Maar welk voordeel heeft een ongelovige bij zijn dood? Als ik een geweer draag en gedood word heb ik dubbel voordeel. Ik heb er baat bij als ik sneuvel en als ik de strijd win ook. De tegenstander krijgt er niets voor terug. Geen hemelse beloning voor hen, zij zijn zondaren.'

Ik protesteerde. Nog meer doden? Ik zag er de noodzaak niet van in.

Ahmed legde het op zijn rustige manier nog eens uit. 'De

moedjahedien beschermen hun land, hun eer en hun godsdienst.'

'Maar ze vernietigen jullie land en de godsdienst wordt niet bedreigd.'

'In Irak hebben de Amerikanen alle namen genoteerd van diegenen die de *fajar* bidden omdat zij merendeels moedjahedien zijn.'

'Maar jullie kunnen in vrijheid je religie belijden! Niemand verhindert je de Koran te bestuderen of om naar de moskee te gaan!'

'Ik denk dat ze overal ter wereld de moslims onder druk zetten. Irak is een moslimland.'

'Maar de Amerikanen geloven helemaal niet dat ze de moslims bevechten omdat het moslims zijn.'

Ali bemoeide zich met ons gesprek. 'De soldaten gehoorzamen hun orders. De leiders weten heel goed wat ze doen.'

'Dus het is oorlog.'

'We hebben op deze dag gewacht', riposteerde Ali, die zijn nationalistische argument van stal haalde. 'De Amerikanen vielen ons in 1991 aan en vernietigden ons leger. In 1998 vielen ze ons weer aan. Vanuit de lucht, met bommen, we konden hun gezichten niet zien. Maar nu zien we ze naast ons op straat. De lui die ons hebben doodgemaakt zijn vlakbij.'

'Het ergste wat ze kunnen doen met al hun macht en hun vliegtuigen en tanks is jou doodmaken,' zei Ahmed, 'maar we zijn niet bang voor de dood. Voor een moslim is het een schande om bang te zijn voor de dood. God staat aan onze kant en Allah heeft ons de overwinning beloofd.'

Ik begreep dat voor Ali en Ahmed de dood iets goeds was: martelaarschap, paradijs, eer. Maar voor een atheïst zoals ik was het een zinloze amputatie van een toekomst die wellicht begrip, spijt, vergeving, medeleven en troost had gebracht.

Ahmed ging dieper in op mijn ongemak. 'Jij hebt alleen het leven dat je nu leidt en je ziet het als een probleem om dat te verliezen. Maar wij hebben iets achter de hand. Een leven na de dood. Dit leven stelt weinig voor insjallah. Ik gun mijn broers een dood op het slagveld, liever dan thuis in hun bed. Ze zouden eervol sterven. Wij geloven niet dat strijd de dood kan uitstellen of verhaasten. Het staat al geschreven. We noemen dat Gods wil en dat lost een hoop problemen op.'

'Ja,' antwoordde ik, 'islam, onderworpenheid.'

Ahmed viel hem bij. 'Als je de keus hebt gemaakt om moslim te zijn moet je gehoorzamen en niet tegenspreken.'

Enkele dagen daarna ging ik naar het zuidelijk gelegen Kufa om meer te zien van de opstand van de sjiieten onder leiding van de zogeheten dolle imam. Zijn naam was Moqtada al Sadr en bij mijn terugkomst vertelde ik Ahmed over de raketgranaten in de moskee en hoe ze een Amerikaanse Humveepatrouille uiteen hadden geschoten. Ik vroeg wat hij vond van de laatste gebeurtenissen.

'Aan de ene kant ben ik er blij mee want de intifada verbreidt zich. Aan de andere kant is het triest dat er zovele doden vallen.'

Ali kwam binnen en ging zitten. 'Maar nu nemen de soennieten het initiatief. Gisteravond is er gevochten in Adhamiya.'

'Dus het is nu zover.'

'Insjallah,' zei Ahmed.

'Wat ga je doen?'

'Ik zal doen wat ik kan.'

'Wil je meevechten?'

'Ik zal doen wat gedaan moet worden.'

'Heb je een geweer?'

'Ja. Nog van voor de val van Bagdad. En we hebben geleerd hoe we ermee om moeten gaan.'

'Dat weet ik. Jullie vader heeft het jullie allemaal geleerd.'

'We hadden luchtbuksen.' Ahmed glimlachte bij de gedachte aan lang geleden. 'Ik ging er weleens mee jagen, soms zonder dat mijn ouders het wisten. Ik heb mezelf een keer in de buik geschoten.'

Ik lachte. 'Hoe dan?'

'Ik richtte op mezelf.'
'Hoe oud was je?'
'Ongeveer negen.'
'Nou, die les heb je geleerd. Richt het vizier niet op jezelf.'

7 'Weet je zeker dat het niet Kut is?'

De zomer van 1990 was een oase van vrede. Dr. Hassan was na een sabattical in München (hij moest jarenlang smeken om een uitreisvisum) terug in Bagdad. Hij koesterde de hoop dat de zaken nu op orde zouden komen en de spanningen minder zouden worden. Hij was van plan zijn praktijk te hervatten. Kamel Sachet schreef aan zijn trainingsprogramma's voor de Speciale Troepen en won voortdurend schietwedstrijden tussen de verschillende legeronderdelen. Saddam Hoessein ontving de Amerikaanse ambassadeur, April Glaspie, die hem zou zeggen dat de Verenigde Staten niet speciaal geïnteresseerd waren in een grensconflict naar aanleiding van schuine grensoverschrijdende boorgaten en aflossing van de schulden tussen Irak en Koeweit. Sergeant Mohammed Jobouri van de paratroepen, een willekeurige soldaat in een leger tussen twee oorlogen in, werd ter dood veroordeeld en achter slot en grendel gezet.

Sergeant Jobouri was toen een jongeman van twintig, verliefd en onbezonnen. Hij was twee weken thuis geweest, glipte 's nachts naar buiten en naar de slaapkamer van zijn geliefde. Overdag lag hij te slapen. 'Ik ben op verlof,' zei hij tegen zijn vader, die zich groen en geel ergerde aan de jonge luiwammes. Maar waarom zou hij eerder opstaan? Gebrulde bevelen in de schroeiende hitte. Het eentonige leven in de kazerne. Zelfs toen hij tien jaar later het hele verhaal nog eens vertelde (hij had midden jaren negentig Irak verlaten om in Syrië exil te vinden) leek het of Mohammed Jobouri lak had aan de verplichtingen en de discipline die het regiment van hem eiste. Hij wijdde zich volledig aan zijn nachtelijke activiteiten, die hij volhield tot het licht begon te worden. Hij was overweldigd door de liefde en zijn neiging tot nietsverplichtende apathie. Totdat een militaire patrouille hem op straat aanhield en vaststelde dat hij zonder toestemming afwezig was. Ze brachten hem naar de militaire gevangenis no. 1, waar hij extra hard werd afgetuigd door de militaire politie, die zich met groot genoegen uitleefde op een parachutist van de Speciale Eenheden wiens distinctieven hem waren ontnomen.

Hij stak zijn wijsvinger uit en ik zag dat die nog trilde van de traumatische gebeurtenissen lang geleden. Hij wreef over zijn polsen toen hij weer dacht aan het ijzerdraad om zijn blootliggende pezen en hij tikte zijn kaak aan, die met geweerkolven was bewerkt. 'Als het koud is doet het zo'n pijn dat ik soms niet kan eten.'

Hij was veertien dagen absent geweest en hij rekende er vast op dat het op de doodstraf zou uitdraaien. Hij was maar een eenvoudige sergeant zonder *wasta*, invloed, kennissen die met geld of goede woorden konden interveniëren, en hij wist dat hem de strop wachtte. Op een dag werd hij met enkele andere gevangenen op transport gesteld. Ze zaten met acht of tien man achter in een vrachtwagen. Ze waren niet geboeid of geblinddoekt en er waren maar twee bewakers. De auto stopte voor een rood licht. De chauffeur was verdwaald in de straten in de buurt van Adhamiya en een van de bewakers sprong eruit om hem te helpen met de kaart. Mohammed dacht koortsachtig na, stompte de andere bewaker in het gezicht, greep het magazijn van de pistoolmitrailleur beet, smeet het ding tussen de auto's, sprong van de truck en schreeuwde naar de andere gevangenen dat ze allemaal een andere kant op moesten rennen. Maar de andere gevangenen waren met stomheid geslagen en als verlamd door het onderdrukkende systeem, dat hen ook zonder boeien of kluisters totaal in zijn greep hield, en niemand verroerde een vin.

Mohammed rende zo hard als hij kon tot zijn longen barstten, maar hij bevond zich in een villawijk met overal hoge muren en enkele straten verderop reed een politieauto hem klem en hij werd vastgegrepen en voor de goede orde wat geschopt en teruggebracht naar de militaire gevangenis no. 1.

'Waarom dacht jij zo anders?' vroeg ik hem toen hij tegenover me zat in zijn ongemeubileerde kantoortje in een achterafstraat in Sayeda Zeinab, de voorstad van Damascus waar vele Irakese emigranten en vluchtelingen waren neergestreken. 'De anderen bleven in de laadbak zitten. Ze konden misschien ook een doodvonnis verwachten en ze durfden niet weg te rennen. Maar jij wel.'

Mohammed Jobouri krabde zijn kruin en zei dat hij niet wilde dat het zou lijken of hij hen in de steek had gelaten. 'Ik wil niet de indruk wekken dat ik niets voor anderen overheb.'

'Maar dat bedoel ik niet,' zei ik geruststellend, 'ik bedoel dat jij zelfstandig nadacht.'

Hij knikte.

'Ik weet niet of je het opvat als een compliment of als een belediging,' zei ik, 'maar jij bent de eerste Iraakse soldaat die ik heb gesproken die toegeeft dat hij tegen de discipline heeft gezondigd.'

Hij moest er vaag om lachen.

'Hoe komt dat,' vroeg ik, 'kom je uit een gestudeerde familie?'

Zijn vader was monteur geweest, zijn grootvader een eenvoudige boer en zijn overgrootvader was tijdens de hadj op de boot overleden. Hij zag niets speciaals in zijn afkomst. Maar toen peurde hij wat dieper in zijn jeugd en herinnerde zich dat hij altijd tegen zijn grootvader had opgekeken en hem altijd had vereerd. Toen hij nog een kind was had deze hem vaak apart genomen en was met hem door zijn velden gewandeld en had hem getoond wat het boerenvak inhield. Er was iets in zijn rustige manier van doen, in de bezonnen werkwijze waarmee hij zijn gewassen en zijn vee verzorgde. Het was een man die liever luisterde dan het woord voerde, maar wanneer hij het woord nam klonk daarin oude wijsheid door. Het voorbeeld van zijn grootvader had in hem wortel geschoten. Gezond verstand, bedachtzaamheid – zijn grootvader was de grote probleemoplosser van de familie – en elegantie. Hij dacht dat hij daardoor misschien anders handelde dan de meeste andere soldaten.

Tegen de tijd dat hij in de petoet bij de barakken van het regiment in de Abu Ghraib bij het vliegveld was afgeleverd in afwachting van het proces (problemen met manschappen van de Speciale Troepen werden binnen hun eigen eenheden afgehandeld) was hij zo hardhandig aangepakt dat zijn hoofd wel een watermeloen leek, zijn ribben gebroken waren en hij nauwelijks kon lopen. Hij lag de hele dag op een paar planken in een hoopje stro en kreeg af en toe een handje rijst en zweefde tussen waken en weldadige comateuze vergetelheid. Toen hij op zekere morgen wakker werd en erin slaagde zich een stukje overeind te trekken vroeg hij de bewakers of ze hem naar de douche wilden brengen. Hij had met die mannen gediend en kende ze, maar ze durfden niet omdat hij als ontsnappingsrisico stond geregistreerd. Dus gooiden ze emmers vol water door het bovendeel van de deur terwijl hij tegen de tegenoverliggende muur zat en zich schoonboende.

's Nachts leed hij onder de herinnering aan de rampartijen, droomde losse brokken dierbaar verleden. Pijn. Weer wreef hij zijn polsen. 'Soms huilde ik. Ik bad God om hulp, niet om me te bevrijden, omdat ik deze toestand aan mezelf had te wijten, maar om me nog een laatste maal mijn familie te laten zien...'

Die laatste woorden wrong hij uit zijn samengeknepen keel en hij viste een zonnebril uit zijn broekzak, die hij opzette. Hij maakte een nogal lachwekkende indruk door zo overduidelijk het prangen van zijn tranen te verbergen – plotseling hield hij het echt niet meer en in grote verlegenheid rende hij de kamer uit.

Toen hij terugkwam zei ik hem dat hij niet per se...

'Nee,' zei hij, 'ik wil dat de mensen de rest ook horen.' Hij sprak hees met een dun haperend stemmetje, verstikt door tranen. Hij ging verder met het gebed dat hij in zijn cel had uitgesproken. Hij bad zachtjes en zonder vertrouwen en toen verscheen zijn broertje Raed, nog maar net zes jaar oud, naast hem. Hij was door zijn vrienden het kamp binnengesmokkeld en tussen de tralies voor het raam door geduwd. 'Als een engel.' Hij kroop naar Mohammed toe en vertelde uitgebreid over zijn avontuur, met wijd opengesperde ogen en dik tevreden met zichzelf, zonder een spoor van angst, verwijt of medelijden.

Ik liet dit wonderbaarlijke relaas even bezinken. 'Hoe ging het verder met de engel Raed?'

Mohammed sloeg zijn ogen neer en zuchtte. 'Raed is een andere kant op gegaan.'

Raed had zich aangesloten bij de fedajien van Saddam en kwam terecht in Udays psychotische hofhouding. Gevangen in het moorddadige centrum van de waanzin. 'Hij veranderde in een meedogenloze woestijnnomade zoals Saddam.' Mohammed was vol weerzin en diep ongelukkig. 'Hij wist alleen wat zij hem vertelden. Hij werd geïndoctrineerd.'

Op een avond na de val van Saddam, toen Mohammed een bezoek bracht aan Bagdad, zat hij met Raed een Amerikaanse film te bekijken. Raed geloofde niet dat de wolkenkrabbers echt bestonden. Hij was nooit buiten Irak geweest en voor hem waren het verzinsels van buitenlandse propaganda.

'Een onschuldig kind dat in een beest verandert. Ik neem hem niets kwalijk, het ligt aan de mensen om hem heen.'

Terwijl Mohammed wachtte op het proces en zijn doodvonnis, hielpen zijn vrienden hem de tijd door te komen met vruchten en flessen ijsgekoeld water. In zijn laatste dagen ervoer hij de vreugde van de liefde van zijn familie en hij las de Koran voor de eerste keer van voor tot achter en hij kreeg het idee dat God hem en hij God op de proef stelde. In de gevangenis leerde hij geduld betrachten, want wat kon je daar anders leren dan innerlijke kracht en litanieën over levens reddende wonderen?

Nog steeds tartte hij de orde. God was voor hem niet de laatste toevlucht. Dat was de vrije wil. Hij leende inkt van een soldaat die kalligraaf was en hij maakte een tekening van een paar ogen, die gericht waren op een gestalte die een kroon droeg, die aan het Vrijheidsbeeld deed denken, met in haar handen een weegschaal in balans. Naar aanleiding van dat sarcastische werkstuk stond hij de hele nacht buiten terwijl groepen soldaten voortdurend emmers vuil water over hem heen gooiden. Toen hij naar zijn cel was teruggebracht kraste hij met een spijker een beeld van de dienstdoende officier op de muur. De man was afgebeeld als een duivel, die door een engel met een zwaard wordt gespiest, zoals de draak door Sint-Joris. Daarvoor moest hij de hele nacht in de houding staan onder een felle lamp, die muggen aanlokte, die zich aan hem te goed deden.

Zolang hij nog aan de Koran bezig was hield hij het vol, maar toen hij het boek uit had was zijn geduld uitgeput en bad hij voor zijn eigen behoud. Als dit een gelijkenis was zou de dag daarop met een knetterende bliksemsinslag zijn redding zijn verkondigd. Maar niet God maar Saddam was oppermachtig en het was zijn wispelturigheid, niet die van God, die sergeant Jobouri het leven redde.

De volgende morgen werd hij gewekt door het trompetsignaal Hoogste Alarmfase en een koortsachtige bedrijvigheid toen iedereen zich naar de appèlplaats haastte.

Een vriend van hem rende naar zijn celdeur en schreeuwde zijn naam. 'Mohammed!' Het nieuws benam hem de adem. 'Ik heb aan je gedacht Mohammed!'

'Ik hoop dat je me gedenkt wanneer je goede werken verricht zodat God me kan redden!'

'We hoorden het gisteravond in de kantine, het was op de radio – er is een generaal pardon!'

De hele dag weerklonk in de barakken lawaai, geschreeuw en drukte. Een helikopter steeg op met aan boord de kolonel. Er was een bijeenkomst in het Paleis der Republiek, verloven werden ingetrokken en officieren teruggeroepen. Soldaten renden af en aan, hun benodigdheden werden gerangschikt, gecontroleerd en ingepakt. Oefeningen? Exercities? Niemand wist het, geruchten deden de ronde, maar de oproep aan de kolonel om naar het Paleis te komen en zijn nervositeit bij terugkomst veroorzaakten een grimmiger sfeer dan de opwinding die normalerwijze bij een mobilisatieoefening heerste.

Laat in de middag kwam een sergeant-majoor van het regiment, een gerespecteerd man, Mohammed tegen in de gevangenis. 'Bent u nu nog hier? U had al moeten zijn ontslagen.'

'Niemand durft de kolonel te vragen om de contrasignatuur.'

De sergeant-majoor, moediger dan twee luitenants en een regimentsschrijver, droeg er zorg voor dat de handtekening werd gezet en zei dat Mohammed wat spullen moest lenen, van alles twee, omdat ze die avond zouden afspringen.

Ze werden na middernacht gedropt, vijfenzeventig para's in de eerste lus en na de bocht nog eens vijfenzeventig. Mohammed voelde hoe hij uit de luide onbestemde ruis van het vliegtuig onverwacht in het pikdonker van de nacht viel. Hij had twee oefensprongen gemist en was even zenuwachtig als bij zijn eerste keer. De slingerende val met de dalende parachute zoog alle gevoel vanuit zijn tenen naar zijn tintelende haarwortels, de wind suisde in zijn oren en zijn ogen traanden want hij droeg geen vliegbril. Toen het doek zich met een ruk ontvouwde, in een honderdste seconde van angst voor verknoopte touwen en ander malheur sloeg zijn hart enkele slagen over, en toen kwam zijn gevoel in tegengestelde richting terug in zijn lichaam. Het was of hij zich had hervonden. Hoog in de lucht zocht hij een prettige houding en stak een sigaret op. Hij moest het vlammetje van de lucifer in de kraag van zijn shirt tegen de wind beschutten. Een vonkje scheen in de plooien van het gordijn van de nacht en alom was duisternis, zo dicht als water.

Hij liet zich nog even zweven, inhaleerde de rook en de stilte. Hij keek neer op zijn voeten – 's nachts was het altijd moeilijk om de afstand tot de grond te schatten, hun parachutes waren van oud Russisch ontwerp, zonder stuurkoorden en hoogtemeter –, de zwarte grond vloog hem ongezien tegemoet maar een oud instinct baande zich een weg toen hij de grond raakte en hij maakte een geslaagde rol en dankte in het voorbijgaan de hemel dat hij niets gebroken had.

Hij maakte de balans op. Hij was verzwakt en broodmager door zijn verwondingen en het gevangenisregime. Hij streek met zijn hand over zijn gezicht en voelde vreemde uitstekende jukbeenderen. Maar hij droeg nu weer zijn uniform en hij raakte even, voor alle zekerheid, het insigne van de Speciale Troepen aan, dat op zijn schouder was genaaid. Hij bevoelde het profiel van de parachute boven de ossenkop met de woorden 'Offer Martelaarschap Glorie' daaronder geborduurd. Zijn uitrusting was beperkt maar nochtans zwaar: helm, kalasjnikov, drie extra houders [clips] met munitie. Bovendien vijfenzeventig kogels en vier granaten aan zijn jasje vastgegespt. Daaronder droeg hij een heuptas volgestouwd met voedsel voor twee dagen: blikjes kaas en puree (die maakten ze open met de scherpe rand van een patroonhouder), theezakjes en suiker, scheermesje, schoensmeer, gasmasker, een verbandrolletje, schoon ondergoed en identiteitsplaatjes. Hij had geen persoonlijke bezittingen bij zich, ringen, juwelen en geld waren verboden, maar op de binnenkant van zijn onderarm had hij een tatoeage zodat zijn lichaam kon worden geïdentificeerd. Er stond 'Sabrina', de naam van zijn geliefde.

Zijn eenheid verzamelde zich in de woestijn. Hij zag de lichten van een stad een eind verderop, maar er was vrijwel geen verkeer op de weg dichterbij. De luitenant maakte de envelop open waarin de orders waren ingesloten. Het was een handgeschreven stuk papier zonder officiële stempel of handtekening (alles moest kunnen worden ontkend) en het bevel luidde dat de eenheid het gebied moest controleren en elke voorbijganger aanhouden, geen schot mocht lossen en na een uur de radio's moest aanzetten.

In de omgeving bevonden zich alleen een paar schaapherders, die zonder dralen werden ingerekend. Toen de luitenant ten slotte radiocontact maakte kregen ze het bevel verder zuidwaarts te gaan en de Republikeinse Garde te ondersteunen bij de inname van Koeweit Stad.

Saddams invasie van Koeweit was een klassieke woestijnraid in bedoeïenenstijl. Na de oorlog met Iran was Irak opgezadeld met een forse schuld, waarvan een groot deel, zo'n tien miljard dollar, met Koeweit moest worden afgerekend. Dat land had samen met Saoedi-Arabië en de Verenigde Staten Saddam grote sommen gelds opgedrongen zolang hij Khomeini's sjiitische revolutie bevocht. Saddam had gehoopt te kunnen verdienen aan een gedeeltelijke kwijtschelding en aan hogere prijzen voor olie, maar de emir van Koeweit verzette zich tegen onderhandelingen over die schuld, vergrootte Koeweits olieproductie waardoor de prijs zakte en negeerde de klacht van Irak over schuine, grensoverschrijdende boorgaten waarmee Iraks zuidelijke olievelden werden afgetapt. Aanvankelijk had Saddam gesproken over een beperkte invasie van Koeweit, maar de weinige generaals die hij bij zijn plannen betrok, durfden zijn ambitie en zijn overmoed niet in te tomen. Saddam was geprikkeld door Koeweits arrogantie en aangemoedigd door de klaarblijkelijke onverschilligheid van ambassadeur April Glaspie die nog eens werd bevestigd tijdens een meeting. De geschiedenis – en mensenlevens – als zo vaak teruggebracht tot de gril van een bullebak en een stompzinnig en kwaadaardig misverstand.

In de koele woestijnnacht hoorden de soldaten de bevelen en keken elkaar samenzweerderig en verbaasd aan.

'Weet u wel zeker,' vroeg Mohammed de luitenant, 'dat dit Koeweit is? Is het niet Kut?'

Een van de soldaten lachte. 'Het is een presentje van Saddam. Hij wil het goedmaken met ons. In de oorlog met Iran zijn we niet in het buitenland geweest. Hij gunt ons een reisje!'

Niemand maakte zich grote zorgen. De Koeweiti's zouden wegrennen want hun reputatie als vechtersbazen was beroerd, het waren tenslotte geen Iraniërs...

Het leger van Koeweit stelde hen niet teleur. Het bood nauwelijks verzet. Koeweit Stad werd bij verrassing ingenomen. Het paleis werd omsingeld, de emir vluchtte met zijn familie in een stoet suv's. Er waren schermutselingen met nachtwakers en gealarmeerde verkeersagenten. De minister van Sport kwam zwaaiend met een zwaard de straat op en werd doodgeschoten. Kazernes en arsenalen werden ingenomen en leeggehaald. Voor de ochtend was aangebroken bemande de voorhoede van de Irakese para's een aantal controleposten in samenwerking met de commando's en de pantsertroepen die vanuit Basra waren opgerukt. Sommigen droegen gestolen Koeweitse uniformen en arresteerden iedereen die in een auto met een ambtelijk nummerbord naar zijn werk ging.

De Iraki's keken vol minachting naar de rijke, volgevreten Koeweiti's met hun enorme Amerikaanse auto's en hun fancy nieuwste modellen autotelefoon, laserdisks en magnetrons, en hun supermarkten die waren afgeladen met diepvriespizza's, Argentijns rundvlees en mango's uit India. Ze vonden het maar niks. Die lui waren hun land niet waardig (dat trouwens historisch gezien een Iraakse provincie was) als ze het niet verdedigden. De Koeweiti's zagen de Iraki's als hun gewelddadige, angstaanjagende neven en bleven binnen. Er werd verordonneerd dat ambtenaren, politiemensen en arbeiders naar hun kantoren en fabrieken moesten gaan. Wie nu nog thuisbleef – dat gold speciaal voor politieagenten – werd als verzetsstrijder aangemerkt en opgepakt.

De hele wereld was geschokt door de onverwachte invasie. Met een mandaat van de Verenigde Naties organiseerden de Verenigde Staten een verbond van meer dan dertig landen om het emiraat te bevrijden. Vierentwintig uur per dag waren er beelden op het nieuws van doodsbange Amerikaanse en Europese gezinnen die in Irak in gijzeling werden gehouden, van aanvallen op Israël met scudraketten, precisiebommen op het kruisje in het vizier van de bommenrichter, en berichten over Irakese wreedheden – soms terecht, soms onversneden verzinsels uit Koeweits kokers zoals het beroemde verhaal over Irakese soldaten die baby's uit de couveuses smeten. Tot kortgeleden was Saddam een bondgenoot van de Verenigde Staten geweest, maar hij werd nu onder druk van de vigerende verontwaardiging afgeschilderd als een monster. Saddam had zijn hand overspeeld en kon geen kant meer op. Hij had al zijn manoeuvreerruimte verspeeld.

Saddam liet zich zien in martiale poses, oreerde en proclameerde en stelde een driemanschap aan, bestaande uit zijn halfbroer Sabawi, zijn neef Ali Hassan al Majid en Aziz Salih al Numan, dat Koeweit moest besturen als negentiende provincie van Irak. Tanks en infanterie kozen positie en maakten onderkomens en loopgraven in de woestijn. Saddam belastte Kamel Sachet met het bevel over de Speciale Eenheden die de veiligheid en de verdediging van Koeweit Stad moesten waarborgen. Kamels adjudant was generaal Barakh Haj Hunta, een goede vriend, en de man die alle Koerden zich herinneren vanwege de helikopter van waaruit hij de Anfaloperaties coördineerde en gevangen peshmerga's naar beneden liet gooien.

Sergeant Mohammed had geen hoge dunk van generaal Kamel Sachet. Hij zei me ooit dat 'hij niet anders was dan de anderen'. Een solide stut van het regime, in gelijke mate doodsbang en apetrots op zijn positie, en voortdurend op zijn hoede voor het systeem van denunciaties en fluistercampagnes in de kliek rond Saddam. Hij vond Kamel Sachet geen uitzonderlijk kwaadaardig mens – Barakh had een veel ongunstiger reputatie – maar hij beschouwde Kamel Sachet wel als een van hen. Er waren er heel wat in de hogere rangen die de Koeweiti's bespotten vanwege hun lijdelijkheid en de regeringspropaganda napraatten. Zij vonden dat Koeweit een vergeten stukje Irak was, dat voor het grijpen lag, maar er waren ook vele anderen die géén goed gevoel over de invasie hadden. Sergeant Mohammed kon bijvoorbeeld niet weten dat Kamel Sachet, toen hij, zoals iedereen, van de televisie had moeten vernemen dat Koeweit was bezet, zich tot zijn vrouw had gewend, en had gezegd dat het een waanzinnige onderneming was. 'Hij heeft een ramp ontketend.

Hij vernietigt ons. Allemaal.' Verontrusting is een gevoel dat in een gedisciplineerd leger niet aan de oppervlakte komt.

Ik was op zoek naar die verontrusting, die opflakkering van het geweten. Sergeant Mohammed was niet de eerste Irakese militair die ik door het oprakelen van zijn herinneringen aan het huilen had gebracht. Dit leger was een instrument van het regime en deed monsterlijke dingen, maar het bestond uit gewone mensen die voor mij niets monsterlijks hadden en zeker niet zoiets abstracts als die uitgemolken Hollywoodkreet, 'evil'.

Op zeker moment in mijn onderzoek las ik Philip Zimbardo en daarna Stanley Milgram. Ook Hannah Arendt, Albert Speer, Gitta Sereny, Primo Levi (voor de tweede keer). Dit zijn psychologen en schrijvers die hebben geprobeerd de oorsprongen van het kwaad te benoemen terwijl de ashopen nog smeulden na de gruwelijke definitieve Endlösung in de concentratiekampen van de nazi's tijdens de Tweede Wereldoorlog. Onmenselijkheid van mens tot mens. Waarom? Hoe vormen doodgewone kleine menselijke radertjes samen een martelwerktuig?

Philip Zimbardo was een jonge professor in de psychologie aan Stanford University. In 1971 ontwierp hij een experiment om de psychologische gevolgen van opsluiting te onderzoeken. Hij wilde begrijpen wat er met gevangenen gebeurde. Hij verwachtte allerminst dat de belangwekkendste conclusies betrekking hadden op de gevolgen voor de *bewakers*.

Hij bouwde in een vleugel van Stanford een gevangenisdecor met gangen, cellen, douchehokken en een strafcel. Hij adverteerde om vrijwilligers voor een sociaal experiment te krijgen. Hij elimineerde de aspiranten die naar zijn mening onstabiel waren of te veel marihuana rookten (we spreken van Californië in de hippietijd) en verdeelde de achttien jonge mannen door loting in gevangenen en bewakers. Hij merkte geamuseerd op dat de jongelui, met hun antiautoritaire elan, geen van allen graag voor bewaker wilden spelen.

Hij gaf de gevangenen een nummer en kleedde ze in een

soort korte tuniek. Ondergoed was niet toegestaan. De bewakers werden uitgedost met messcherp gesneden semi-militaire uniformen, handboeien, fluitjes, gummiknuppel en spiegelende zonnebrillen. Hij verdeelde de bewakers in drie ploegen met acht diensturen, en vertelde ze dat ze verantwoordelijk waren voor het psychologische klimaat, dat iets van de karakteristieke kenmerken van een gevangenis moest hebben. Hoewel ze geen fysiek geweld ten opzichte van de gevangenen mochten toepassen.

Zimbardo had een experiment van twee weken gepland. Maar hij was genoopt om het na zes dagen te beëindigen omdat de bewakers waren overgegaan tot fysiek, verbaal en seksueel geweld. Twee gevangenen waren al ingestort en hadden moeten worden teruggetrokken na vernederingen. Zimbardo's toenmalige verloofde (zijn latere vrouw), studente in de humaniora, die niets met het experiment te maken had, kwam op een avond binnenlopen en zag een rij gevangenen met handboeien en hoofdkappen, die op weg naar de wc langs de deuren werden gedreven. Ze huiverde en werd ziek en misselijk van dat tafereel en ze uitte haar ongenoegen tegenover Zimbardo. Hij zei dat ze met haar emoties het onderzoek in de war stuurde, maar ze gaf geen krimp. Ten slotte stemde hij erin toe om een dag daarna het experiment op te schorten. Ze had hem doen inzien dat hij die jongens iets vreselijks aandeed, wat hij daarvoor totaal niet had gemerkt. Hij was helemaal opgegaan in het verloop van het drama en in de details van de organisatie.

De 'bewakers' sloegen de 'gevangenen' nooit, maar ze pasten elke truc die ze konden bedenken toe om ze te intimideren, op de slechtste momenten werden ze karikaturen van die ellendige commandant van de krijgsgevangenenbewakers, de sadistische zuidelijke opzichter van een mensonterend, autoritair stelsel. Ze lieten de gevangenen op appèl hun nummer zingen, en als ze vals zongen moesten ze zich opdrukken, tien-, twintigmaal, of net zo lang als de bewakers beliefden. Ze verzonnen onzinnige corvees zoals het plukken van klissen uit de dekens, laarzen poetsen, of het nog eens opmaken van al hotelmatig glad-gestreken bedden. Ze blaften bevelen, zwaaiden met hun gum-miknuppels, haalden gevangenen naar voren om ze belachelijk te maken, kleedden ze uit en sloten ze steeds langduriger op in het strafhok, of ze lieten ze de hele nacht naakt staan of vastge-ketend aan een bed. De laatste avond werden ze op een rij gezet voor appèl en werd hun bevolen 'kameeltje te rijden', een gesi-muleerd potje sodomie met een voorovergebogen medegevan-gene.

De schokkende uitkomst van het experiment toonde aan hoe snel en radicaal de willekeurig aangewezen vrijwilligers wa-ren veranderd in bazige boemannen en onderdanige gevange-nen. Zimbardo had waargenomen dat natuurlijk niet alle be-wakers even agressief waren en niet alle gevangenen even pas-sief. Er waren graduele verschillen en vele incidenten, machts-spelletjes, reacties, tegenmaatregelen, maar als puntje bij paal-tje kwam was er geen sprake van een opstand tegen het systeem. Noch de bewakers, van wie sommigen achteraf toegaven dat ze met tegenzin vernederende straffen oplegden, noch de gevan-genen, die zich daaraan onderwierpen, vroegen ooit of ze naar huis konden gaan.

Zimbardo merkte op dat er grofweg drie soorten bewakers waren. Je had de leiders, die de gang van zaken bepaalden en de straffen verzonnen. Zij groeiden in hun rol en bedachten steeds geraffineerdere manieren om de gevangenen te ontmoe-digen. Je had de volgers, die naar die leiders leken op te kijken, hun acties imiteerden en overdreven en bij ze in de gunst wil-den komen. Je had ook bewakers die liever niet meewerkten aan excessen. Deze laatste verhieven nooit hun stem en stapten niet naar voren om hun autoritaire collega's terecht te wijzen. In plaats daarvan drukten ze zich en vonden wat anders te doen. In hun omgang met de gevangenen waren ze correct en rede-lijk en soms, wanneer de andere bewakers niet keken, vriende-lijk en hulpvaardig. Ze lieten hen een sigaretje roken of gunden iemand een paar extra minuutjes onder de douche.

Sergeant Mohammed werd in Koeweit Stad ingezet bij een mobiele eenheid die strategische punten controleerde. Hij zag de horden Baathleden machines uit de fabrieken meenemen, boeken uit de boekwinkels, computers uit de ministeries. Koeweiti's werden met het pistool op de borst of door kidnapping gedwongen om hun huis te verkopen, of anders de inhoud van hun magazijnen, of hun auto's. 'Vanzelfsprekend hadden we bevel om op plunderaars te schieten,' zei hij met een verstolen glimlach, 'maar de dieven droegen vaak vrijwaringsbewijzen bij zich getekend door Uday, en je kon niets doen om hen tegen te houden.' Terwijl de Verenigde Staten en hun geallieerden in Saoedi-Arabië hun troepen samenvoegden, namen de schandalige plunderingen ongebreideld toe, en de morele en fysieke onzekerheid van de gewone Irakese soldaat groeide navenant. 'Het menselijke aspect was het pijnlijkst,' herinnerde sergeant Mohammed zich, 'de vijandigheid van de Koeweiti's, de vernietigende blikken. Als je een broodje ging eten meden de mensen je.' Hij zei dat Saddam volgens hem Kamel Sachet en Barakh, bekende ijzervreters, had benoemd om het moreel op te vijzelen.

Het hoorde bij sergeant Mohammeds werk om de Istikhbarateenheden, die verzetsgroepen najoegen, te ondersteunen. Informanten, huiszoekingen om drie uur 's nachts, radioverbindingen en een netwerk van plaatselijke politiemensen. Op een nacht hield zijn eenheid twee Koeweiti's aan die na spertijd nog rondreden. De Koeweiti's waren in de war en zeiden dat soldaten hun huis hadden overvallen en alles in puin hadden geslagen en hun Filippijnse huishoudster hadden verkracht. Sergeant Mohammed begaf zich naar de locus delicti en constateerde de vernieling van de kasten, maakte de sergeant van de nabijgelegen controlepost wakker en stelde hem verantwoordelijk voor de acties van zijn soldaten, ging de andere posten in de omgeving af en informeerde of er was gepatrouilleerd. De Istikhbarat ondervroeg de Filippijnse huishoudster, maar toen ze was opgebracht voor een identificatie ten overstaan van de soldaten die die nacht in die buurt dienst hadden gedaan, werd ze bang en weigerde ze iemand aan te wijzen. Maar desondanks werden meerdere Irakese sergeants twee dagen opgesloten wegens plichtsverzuim en hun soldaten werden gegeseld.

Op zekere avond begeleidde sergeant Mohammed een luitenant, een correcte officier, die hij hoogachtte, bij het transport van een militaire chauffeur die had geprobeerd te deserteren, naar het hoofdkwartier van de Istikhbarat, dat in orwelliaanse nieuwspraak het departement van Onderzoekingen en Gevolgtrekkingen werd genoemd. Toen ze arriveerden brachten de luitenant en sergeant Mohammed de chauffeur naar een ondervragingsruimte. Sergeant Mohammed had begrepen dat de luitenant de deserteur vrees wilde inboezemen om hem tot een bekentenis te brengen. In de kamer was een beruchte kapitein van de Istikhbarat aan het werk. Een Koeweiti lag naakt en geblinddoekt op de vloer. Een van zijn benen was gebroken en in het gips gezet. De beulen van de kapitein, zoals sergeant Mohammed die assistenten noemde, stonden met stokken op zijn andere been te rammen. Dit was veel erger dan wat sergeant Mohammed ooit eerder had gezien, van een hogere orde op de schaal van wreedheid, weloverwogen en zonder beperkingen. De gemartelde Koeweiti gilde. 'Laat me met rust, in naam van Saddam!' De kapitein liet een soldaat komen die Saddam heette en hoonde: 'Je vroeg om een zekere Saddam. Hier is Saddam. Nu kan je spreken. God in de hemel komt je niet helpen!'

'In naam van Mohammed!'

De kapitein riep een soldaat die Mohammed heette. 'Je wilde Mohammed zien? Hier is Mohammed. Beken, nu. Spreek! Beken het nu! Spreek!' Hij richtte een geweer op zijn hoofd, vlak bij zijn oor zodat de klik van de vergrendeling extra luid klonk. Hij drukte hem een lege fles in zijn handen, die hij moest vasthouden. Toen schreeuwde hij dat hij hem die fles in zijn hol zou drukken.

'Het was een griezelfilm, het waren mensenslagers, zombies. De kapitein had dode, onmenselijke ogen. Het leken wilde dieren die zich massaal op hun prooi stortten.'

De correcte luitenant tikte sergeant Mohammed op de schouder en zei zachtjes dat ze beter konden gaan.

Maar de kapitein had hun komst opgemerkt en nam met een schok hun bevende deserteur in ogenschouw. 'Breng hem hier,' beval hij. De chauffeur viel op slag flauw. De luitenant stapte over hem heen en positioneerde zich tussen de gevangene en de kapitein. 'Ik zal het je uitleggen,' zei de kapitein.

'Ik heb hem meegenomen zodat hij het vast kon zien – hij is nog niet formeel beschuldigd...'

Terwijl de luitenant zijn beklag deed bij de kapitein werden sergeant Mohammed en de chauffeur door een van de 'beulen' weggeleid naar een achter liggende hal. Daar bevonden zich vele gevangenen, gekneveld en vastgeketend. Sommigen met handboeien aan ijzeren haken in de muur, anderen, zoals sergeant Mohammed met samengeknepen maag vaststelde, met hun oren aan planken vastgespijkerd.

Op een andere avond was sergeant Mohammed toegevoegd aan een eenheid van de Istikhbarat, toen ze in een huis verscheidene leden van één familie oppakten, allemaal betrokken bij het verzet. De jongste zoon was niet ouder dan achttien en volgde sinds twee weken een politieopleiding. Hij was nog niet officieel ingeschreven en had als bewijs alleen een gloednieuwe identiteitskaart. Het was een slap en spichtig joch, dat Abdullah heette en bij zijn arrestatie hakkelde en hysterisch werd. De Istikhbaratofficier die hem in de kraag had gegrepen sloeg hem in het gezicht en sleepte hem voor zijn tantes langs, die aanvoerden dat hij nog te jong was. Een Istikhbaratkorporaal hief zijn hand op alsof hij de jammerende vrouwen wilde slaan terwijl zij Abdullah een koran toewierpen om zijn hysterie te doen bedaren. Onverwacht greep de korporaal een tante bij de onderarm, schokte met zijn lijf en wreef zich tegen haar lichaam op. Sergeant Mohammed kon niets doen behalve een paar schoenen meenemen, dat een van de vrouwen hem voor Abdullah aanreikte toen hij geboeid en wel in de auto werd geduwd en ze zijn hoofd tussen zijn knieën drukten.

Ze namen Abdullah en zijn familieleden mee naar de gevangenis op de basis. Het was een modern ontwerp, voorzien van elektrische schuifdeuren, dat door de Amerikanen was gebouwd. Het hoofd van de wacht registreerde de nieuwe gevangenen en zei dat ze konden kiezen tussen een matras, een deken en een kussen. Sergeant Mohammed had medelijden gekregen met Abdullah, die nog stond te trillen, maar niet meer op blote voeten liep, en kreeg voor elkaar dat hij alle drie kreeg. Hij bracht hem bovendien een kom yoghurt en wat thee, gaf hem een paar sigaretten en een doosje – verboden – lucifers. Later drong hij er bij zijn correcte luitenant op aan dat deze zelf Abdullah zou ondervragen zodat hij geen klappen zou krijgen omdat hij hakkelde.

Sergeant Mohammed paste in Zimbardo's derde categorie bewakers. 'Wanneer ik kon was ik behulpzaam, als er geen problemen van kwamen.'

Weer een andere avond was hij alléén op straat, op weg terug naar de kazerne om zijn vriend de kwartiermeester een extra blik kogels af te troggelen. Het was december of januari en de Amerikanen waren aan het bombarderen. Enkele soldaten van zijn peloton hadden tijdens het geknal geschoten om de lopen te testen. Het was verboden om zonder voorafgaand bevel te vuren en hij was teruggegaan voor een nieuw blik om de verbruikte kogels te vervangen. Op de terugweg, niet ver van de straat naar het kantoor van de Istikhbarat, zag hij een Koeweiti in een auto zitten. Hij zat maar in die auto, alleen, loerend in het spiegeltje alsof hij een oogje hield op de ingang van het kantoor. Mohammed naderde onopgemerkt van de andere kant, opende het portier en richtte zijn geweer op hem.

De Koeweiti stak zijn handen in de lucht. 'Ik wacht op mijn vrouw,' probeerde hij zijn gedrag te verklaren.

'In welk huis is ze?'

De man wees, maar in dat huis brandde geen licht, het leek afgesloten en verlaten. Mohammed schudde zijn hoofd. 'Ik moet u meenemen voor ondervraging.'

De Koeweiti was van zijn stuk gebracht en begon te smeken om hem niet te hard aan te pakken. Mohammed keek rond om te zien of er iemand in de buurt was, en toen hij zich daarvan had vergewist sloot hij het portier en gebaarde dat de man moest wegrijden.

'Jazeker, hij was vast een spion,' zei Mohammed me.

'Waarom heb je hem laten lopen?' Nu was ik Zimbardo.

'Het verzet van de Koeweiti's was te zwak en vormde geen serieuze bedreiging. Ik wilde de man geen kwaad doen.'

'Maar hij was een vijand.'

Mohammed haalde zijn schouders op. 'Hij had het volste recht om zijn land te verdedigen.'

'Maar je liet hem lopen. Dat was tegen de bevelen en tegen jouw plicht...'

'Nadat ik had gezien hoe het toeging op het departement van Onderzoekingen had ik absoluut geen vertrouwen meer in de legitimiteit van de bezetting. Toen ik eenmaal had gezien hoe ze in Koeweit families overvielen en mensen opsloten... Ik wist in Irak al wat willekeurige arrestaties zijn, misschien wilde ik wel de verspreiding van dat kwaad tegenhouden.'

'Gaf het achteraf een goed gevoel dat je hem had laten lopen?'

'Ik was opgelucht. Het voelde of ik mijn ziel had gered en iets gedaan had waar mijn familie trots op kon zijn.'

Maar hij vertelde nooit ofte nimmer dat hij een spion had laten lopen, zelfs niet aan zijn familie.

Cynisch als we waren merkten we in 2004 in Bagdad op dat Amerikaanse helmen van hetzelfde model waren als die van de Wehrmacht. Het was een nogal zouteloze aanname dat alle bezettingslegers zich ten slotte op dezelfde manier gedragen: agressief en onbehoorlijk. Dit is de essentiële empirische conclusie van Zimbardo's experiment: elke omgeving roept een vaste respons op. Maar Zimbardo schreef ook dat hij nooit had kunnen voorspellen welke proefpersoon misbruik zou gaan maken van zijn machtspositie en wie een verstolen neiging tot medeleven zou vertonen. Dat leek niets te maken te hebben met zoiets voor de hand liggends als persoonlijkheid, zelfvertrouwen of status. Ik weet niet of we de 'leiders' of de 'volgzamen' moeten vergeven, de bazen of de beulen, of de demonische engel Raed, maar onder die lagen van anekdoten, toevalligheden en incidenten, gedrapeerd als de schillen van een ui, ontvouwde zich voor mij het begin van een beter begrip.

Kamel Sachet had geen rechtsmacht over de Istikhbarat met hun strapatsen, maar hij gaf de soldaten onder zijn commando duidelijk te verstaan dat hij plundering of geweld tegen burgers niet tolereerde en dat overtreders van dit verbod zouden worden doodgeschoten. Er was een geval van een Libanese vrouw, getrouwd met een Koeweiti, die beweerde dat ze door een officier van de Speciale Troepen was verkracht. Het onderzoek werd door het regiment zelf gedaan, dit legeronderdeel regelde zelf zijn procesgang. Er waren ingewikkelde verzachtende omstandigheden. De feiten leken erop te wijzen dat de luitenant een verhouding had gehad met de Libanese vrouw en dat haar man daarvan gebruik had gemaakt om gestolen auto's door de controleposten te sluizen. Kamel Sachet wilde niets weten van de omstandigheden. Hij zei de in ongenade gevallen luitenant dat de Irakese positie en reputatie onder een vergrootglas lagen en dat zijn daad een crisis teweeg kon brengen. 'We kunnen plunderen en verkrachten niet tolereren en iedereen die daarbij betrokken is, is een verrader en moet worden geëxecuteerd.'

Sergeant Mohammed was toevallig op de basis toen de luitenant werd geëxecuteerd. Twee rijen van tien man werden op het exercitieterrein opgesteld. Een daarvan was het vuurpeloton, de anderen waren getuigen. Elke man behoorde tot een andere eenheid van de Speciale Troepen. Generaal Kamel Sachet en generaal Barakh stonden op een klein betonnen platform het tafereel te overzien. Ze droegen camouflage-uniformen, een rode baret, en een pistool op de heup. De luitenant werd aan de bak van een brandweerladder gebonden en die werd tot hoog in de lucht uitgeschoven. Kamel Sachet herhaalde woordelijk de formulering van het gerechtelijk vonnis en vroeg de Libanese vrouw of ze haar getuigenis wilde herroepen. Sergeant Mohammed merkte op dat ze een blouse met diep decolleté droeg en dat ze zwaar was opgemaakt. Haar haren waren rood van de henna en ze droeg geen hoed. Ze schudde haar hoofd. Daarop schouderde het executiepeloton het geweer, richtte de lopen omhoog en schoot de boven hen vastgebonden luitenant dood.

Toen de schoten weerklonken begon de Libanese vrouw te schreeuwen. Kamel Sachet stapte van het platform, ging naar haar toe en sloeg haar hard in het gezicht. Hij was witheet. 'Denkt u dat we zulke dingen lichtvaardig doen?' vroeg hij haar. 'Waarom schreeuwt u nu?' De Libanese vrouw zakte snikkend ineen, het lichaam van de luitenant werd neergetakeld en hij kreeg een genadeschot in zijn voorhoofd hoewel hij overduidelijk al dood was. De Libanese vrouw zei dat ze niet had gedacht dat ze hem zo zouden doodschieten... Kamel Sachet walgde van haar en sloeg nog eens. 'We wisten dat hij onschuldig was, maar uw aantijging werd algemeen bekend – u hebt dit gedaan!'

Er werden ook anderen op hijskranen gehesen en doodgeschoten. Een kolonel die een kist met goud uit Koeweit smokkelde werd geëxecuteerd en ze lieten zijn lichaam een week lang bungelen.

Saddam had geen oren naar terugtrekken of onderhandelen. Kamel Sachet organiseerde de verdediging van Koeweit Stad zoals bevolen was. Maar de werkelijkheid stemde niet overeen met de retoriek. Twee weken voordat de Amerikanen en hun verbondenen de aanval over land inzetten werd een bataljon van Kamel Sachet teruggetrokken naar het westelijk woestijngebied van Irak om een flankaanval van de verbonden troepen op Irak af te weren. Met minder dan achtduizend man om de stad te verdedigen posteerde hij zijn krijgsmacht in groepjes van acht in de woonwijken, waar ze veiliger waren voor de bommen. Sergeant Mohammed was een paar weken bezig om de hoek van een woonblok om te bouwen tot een bunker. Ze metselden de raamopeningen dicht tot schietgaten, die ze met exterieurverf camoufleerden, en legden een voorraad voedsel en munitie voor zes maanden aan. Vanaf de uitkijkpost op het dak observeerde hij met zijn verrekijker de landing van de Amerikaanse mariniers met hun helikopters op het vliegveld. De soldaten van zijn groep zagen het ook – toen hij van het dak af klom constateerde hij dat ze al de benen hadden genomen.

Sergeant Mohammed, die er nu alleen voor stond, belde zijn commandopost. Kamel Sachet nam zelf de telefoon op. Sergeant Mohammed rapporteerde dat Amerikaanse mariniers waren geland en dat zijn onderdeel zich naar het hoofdkwartier had begeven en niet was teruggekeerd, en dat hij in afwachting was van nadere orders. Kamel Sachet vroeg hem hoe ver weg de Amerikanen nog waren. Sergeant Mohammed antwoordde dat ze te voet waren en hij schatte dat ze over vijftien minuten in zijn straat zouden zijn. Kamel Sachet vroeg hem of hij een vervoermiddel had. Sergeant Mohammed antwoordde dat hij er geen had. Kamel Sachet beval hem om zich hoe dan ook terug te trekken in het hoofdkwartier.

Sergeant Mohammed vond op straat een fiets, maar toen hij op het hoofdkwartier van het vijfenzestigste arriveerde was Kamel Sachet al vertrokken voor een tour langs de hoofdkwartieren van de andere bataljons om de toestand te verifiëren en zo mogelijk orde te scheppen. In plaats van Sachet trof sergeant Mohammed generaal Barakh, in gesprek met enkele andere officieren. Hij rapporteerde de aanwezigheid van Amerikaanse mariniers op het vliegveld. De commandant van het vijfenzestigste suggereerde de soldaten, die in groepjes van acht waren uitgezwermd, te hergroeperen tot een aanvalsmacht en de invasiemacht terug te drijven. Barakh vroeg hoe lang dat zou duren en het antwoord was 'Ongeveer een uur'.

'Een uur?' Barakh sprong uit zijn vel. 'In een uur kunnen we Koeweit kwijtraken. Een uur is te lang!'

Barakh droeg een karwats onder zijn arm, een ijdelheid die stamde uit zijn tijd op Sandhurst, en gefrustreerd zwiepte hij ermee langs de muren, toen er een ongeregeld groepje soldaten kwam binnenrennen. 'We hadden met niemand meer contact, de Amerikanen komen en ze zijn onmogelijk tegen te houden.'

Barakh liet ze inrukken en ging uitzinnig tekeer. Hij vervloekte Saddam uit het diepst van zijn hart. 'Jouw plannen zijn de oorzaak van onze ondergang!' Hij stootte met zijn elleboog een venster aan diggelen. '*Ila an ili khala Saddam!*' en smeet vol weerzin zijn karwats in een hoek. Hij rende de kamer rond en gaf orders om de administratie te verbranden en de munitie te vernietigen. 'Verbrand de hele boel en maak dat je wegkomt.'

Saddam had te lang gewacht met het bevel tot de aftocht uit Koeweit Stad, er was al paniek uitgebroken en de straten waren gevuld met onoverzichtelijke massa's vluchtelingen. Iedereen worstelde om weg te komen, over de grens, naar Basra. Sergeant Mohammed kreeg een schoolbus aan de praat, die hij langs de weg had gevonden, en vertrok in een ongeregeld konvooi van gestolen auto's. Ze namen de kustweg omdat de rechtstreekse snelweg tot avenue des doods was gebombardeerd en onberijdbaar was door bomkraters en verkoolde karkassen van mensen en vervoermiddelen. Op de kustweg werden ze ook gebombardeerd, het regende clusterbommen, die opstuiterden als tennisballen en ontploften als granaten. De bus was duidelijk geen terreinwagen; op zeker moment lieten ze hem staan en gingen te voet verder door het donker.

8 Eufemismen

Na de voorjaarsrellen van 2004 gingen de mensen in Bagdad meer tijd binnen dan buiten doorbrengen. Binnen voelde geborgener, hoewel de vensters klapperden bij elke explosie en er voortdurend salvo's klonken. Buiten waren bommen en zuilen van zwarte rook, plotseling het lage, ploffende geluid van zwenkende helikopters en gepantserde tanks die op straat patrouilleerden. Dr. Laith, vriend en collega van dr. Hassan, de man die het daadwerkelijk voor hem had opgenomen toen deze in 1983 was gearresteerd, en die nu actief was in een van de nieuwe seculiere partijen, werd beschoten op de verkeersbrug vlak bij zijn huis. Hij liet de auto staan en ontsnapte door een zijstraat in te rennen. Toen hij terugging telde hij zeven kogels in de carrosserie, maar hij kon niet met zekerheid zeggen of hij het doelwit was geweest of dat hij in een kruisvuur was terechtgekomen.

Achter de muur lag zijn ruime en mooi ingerichte huis ('Bel me met je mobieltje op het moment dat je de hoek van mijn straat omgaat, dan kom ik naar buiten en doe ik het hek open. De bel is niet aangesloten op de generator en ik wil niet dat je hier uit de auto stapt en aanklopt. We zijn hier vlak bij Adhamiya en sommige buren, ik weet niet welke, zouden jouw komst kunnen opmerken.'). De zitkamer was zeventig vierkante meter groot, met veel loopruimte, sofa's en bijzettafeltjes. De kleuren waren zachtgrijs en goud. Er stonden foto's van zijn kinderen, die al groot, en hoog en droog in het Westen waren, in zilverkleurige lijsten, op een glimmend geboende koffietafel. Zijn vrouw Bushra droeg een chique lange huisjas en een bijpassende hoofddoek. Ze bracht me uit de keuken een glas sinaasappelsap. Ik was moe en gammel en ze voelde met me mee. Ze knikte, iedereen was deze dagen ziek en gammel. Ze ging tegenover ons zitten in de leunstoel en praatte mee. Dr. Laith en Bushra's broer, die generaal was geweest, keken een pak familiefoto's door. Ik had vragen gesteld over hun verleden en ze haalden herinneringen op.

Een foto: *een oude tijdloze Arabische nomade in zwart-wit, zittend op een ezel, met een geruite doek om zijn doorgroefde gezicht gewikkeld, bij zijn kleine kudde schapen.*

Dr. Laith had dezelfde armelijke zuidelijke achtergrond als dr. Hassan. Zijn vader was een analfabete boer. Hij werd in 1961, toen hij nog op school zat, lid van de Baathpartij. Hun socialisme leek het onrecht van zijn armoede te willen verzachten en hun pan-Arabische nationalisme voedde zijn trots. In 1963 kwam er elektriciteit in zijn dorp. De familie had een grammofoon maar die bleek kapot te zijn. Dr. Laith en dr. Hassan namen dienst in het leger om hun studie medicijnen te kunnen betalen.

Een foto: *drie jonge Iraki's in strakke, donkere kleding, met die smalle dassen van de jaren zestig. Ze zitten met drie flesjes bier voor zich aan een tafel te lachen met hun dunne snorretjes.*

'Ik denk dat ik nadat ik mijn militaire opleiding had afgemaakt de eerste radio voor de familie heb gekocht. En hun eerste televisietoestel in het begin van de jaren zeventig.'

Een foto: *officieren bij het afstuderen aan de school voor militaire inlichtingendiensten. Een van hen dr. Laith. De jonge mannen zitten in burgerkleding naast elkaar. Sportjacks en geruite overhemden. Boven hen een banier: '1977. De Fiere Soldaten zijn Zonen van de Revolutie en haar Partij.'*

Dr. Laith specialiseerde zich in psychologie. Tijdens de oorlog tussen Iran en Irak werkten hij en dr. Hassan samen aan psychologische oorlogvoering, aan beïnvloeding van het moreel, toespraken, strijdkreten en liederen. Ze stelden samen vlugschriften op, die boven de Iraanse stellingen werden afgeworpen.

'O, die dingen van vroeger, o, die oude herinneringen!' zei de generaal. Hij droeg een donker pak, had grijs haar en een arendsneus. Hij gedroeg zich als een aartsvader, afstandelijk, vriendelijk en droefgeestig. Hij zei me ooit dat hij tijdens de Anfalcampagne tegen de Koerden een eenheid had aangevoerd en het bevel had gekregen om met artillerie en alle beschikbare handwapens dorpen te ontvolken. Hij droeg het beeld met zich mee van een vrouw die bij zo'n actie haar baby had verloren en gillend in cirkels rondrende. Hij moest bekennen dat haar ontzetting hem nog lang had achtervolgd.

Een foto: *een picknick met de familie in zonnig technicolor. Kinderen in badpak, rieten stoelen, tupperwarebakjes met salades, kartonnen borden. Bushra draagt een zomerse jurk en haar wuivende blonde haar reikt tot op haar blote schouders. Ze strekt haar arm uit naar haar dochtertje, dat onvast op het gras drentelt.*

Dr. Laith bladerde bedaard door zijn verleden. De generaal stak een sigaret op en wreef zijn ogen droog. 'De jaren zeventig. De Gouden Jaren. Ik zou nu een fles whisky moeten hebben en een traantje moeten plengen.'

'We begonnen nattigheid te voelen.' Dr. Laith nam als eerste het woord toen we in de jaren tachtig belandden en de neergang begon. 'Er heerste een vorm van chaos. Ik voelde dat er iets niet klopte, maar ik kon er niets van zeggen. Ze hadden mijn kop eraf gehakt. Als je geëxecuteerd werd ging de staat van ongenade over op je familie, je zonen konden worden gedood en je bezit verbeurd verklaard. Het was alsof ik twee gescheiden persoonlijkheden bezat. Ik deed mijn best een goede officier te zijn en mijn plicht te doen en als ik daarna thuiskwam kritiseerde ik het regime. Elke Iraki heeft twee of meer persoonlijkheden. Dat is de enige manier om zo'n lange tijd die druk te verdragen.'

Ik knikte toen hij dat gezegd had, maar ik bleef hem vragen om uit te leggen hoe het zat met zijn betrokkenheid. Ik weet nog dat ik die dag ziek was, uitgeput eigenlijk na zes maanden Bagdad, elke week was erger dan de vorige, meer bommen, moordaanslagen en schietpartijen. Het geweld nam toe met de dag, zo geleidelijk dat ik me er niet bewust van was dat ik bang was, en die angst uitte zich in katers, koorts, vastzittende schouders en een dof gevoel in mijn hoofd, dat ik in mijn suffigheid niet eens opmerkte. Gedurende twee maanden had ik geen boek kunnen lezen. Ik was moe en probeerde door de mist heen een beeld in zwart-wit te ontdekken. 'Waarom,' vroeg ik botweg, 'waarom ging u erin mee?' Een stomme vraag.

'U praat als een westerling,' zei dr. Laith en hij ontvouwde een beroepsmatige redenering zoals een musicus een partituur langsloopt. 'U hebt niet meegemaakt hoe het ons Iraki's is vergaan. Iraki's voeren excuses aan bij wijze van zelfbescherming. Stel dat ik een generaal ben en ze zeggen dat ik dat dorp moet binnenvallen, dan val ik dat dorp binnen en dood ik iedereen die ik tegenkom. Daarna ga ik naar huis en zeg ik mijn gebeden. Eer heeft er niets mee te maken. Angst wel. Er waren twee soorten Irakese officieren. Zij die orders uitvoerden en zich wijsmaakten dat ze geen macht hadden – "Dat ligt niet binnen mijn bevoegdheden" – en naar huis gingen om te bidden. Anderzijds degenen die de bevelen gehoorzaamden en naar huis gingen en zich wijsmaakten dat ze geen macht hadden – "Dat ligt niet binnen mijn bevoegdheden" – en een halve fles whisky soldaat maakten. Beiden slapen een gezonde slaap.'

Toen dr. Laith rapporteerde aangaande de mentale omstandigheden van de soldaten in de voorste linies was zijn eerste en belangrijkste streven om zich in te dekken.

'We namen een loopje met de waarheid. We waren bang om iets wezenlijks te zeggen.' Hij ging elk zinnetje na, woog de nuances, herschreef, overwoog nog eens en vleide zijn meerderen. Elke zin moest een delicate balans van feitelijkheid en analyse ademen, die aanvaardbaar klonk maar in essentie nietszeggend was. 'Hoe hadden we hun slecht nieuws kunnen sturen?'

In januari 1991 werd dr. Laith ontheven van zijn onderzoek naar een cognitieve therapie voor fobieën voor zijn proefschrift en naar het front in Koeweit gestuurd om te rapporteren over het moreel van de strijdkrachten.

Hij herinnerde zich een gesprek met een vriend die een eenheid aanvoerde en zich in de woestijn had ingegraven in afwachting van de Amerikanen. De officier sprak met doffe stem. 'Ik denk dat we morgen worden aangevallen. Hoe kan ik in deze uitgestrekte woestijn met tegenover mij een superieure legermacht versterking inroepen? Ik weet zeker dat alle verbindingen zullen uitvallen. Ik heb maar voor een korte tijd provisies. Ik ben verantwoordelijk voor mijn mannen. Hoe moet ik voorkomen dat ze de pijp uit gaan? In mijn gedachten ben ik allang verslagen en de meeste officieren zijn er ook zo aan toe. We denken er alleen nog aan hoe we in leven kunnen blijven.'

Dr. Laith schreef in zijn rapport: 'Het moreel van de soldaten is niet geheel naar wens.'

De gesprekken 's avonds in de officiersclub ademden een toon die tegen die onderstroom in ging. De hele wereld keek toe. De leiders van de Arabische Liga manoeuvreerden tussen realistische politieke diplomatie en toegevingen aan de antiwesterse woede-uitbarstingen van hun onderdrukte burgers. Kolonel Kaddafi proclameerde luidkeels vanuit Libië, in bloemrijke bewoordingen, dat de Amerikaanse imperialistische agressor in de pan gehakt moest worden. Dr. Laith beperkte zijn bijdrage aan de gemeenschappelijke conversatie met zijn medeofficieren tot de constatering dat Kaddafi's verklaring kluchtige en gratuite retorische kletspraat was op duizenden kilometers van het slagveld, en hij voegde er een sarcastische noot aan toe: 'Alsof hij zichzelf zou verneuken door de Amerikanen te willen bevechten zoals onze eigen leider heeft gedaan!'

Hij had het nog niet gezegd of hij had er al spijt van. Zijn commentaar werd als het ware geïsoleerd in een bel van stilte. Hij durfde niet op te kijken om te zien of brigadier Bari had meegeluisterd. Ze hadden al eerder een meningsverschil gehad. Enkele maanden geleden, toen de Amerikanen voor het eerst met oorlog dreigden en toen de benzinestations in Bagdad werden gesloten en de olietoevoer was stopgezet, had dr. Laith geregeld dat er twintig liter door de een of andere officiële instantie bij hem thuis werd afgeleverd, maar de brigadegeneraal had de zending onderschept voor eigen gebruik.

Het gemeenschappelijke gesprek werd hervat, maar dr. Laith nam er geen deel aan. Toen het gezelschap uiteenging trachtte hij bij brigadier Bari verhaal te halen, maar het was onbegonnen werk. Dr. Laith wist dat er rapport zou worden opgemaakt, dat was onvermijdelijk, maar hij hoopte dat het verslag door een gelukkig toeval zou ondersneeuwen in de papiermassa's. Het was maar een klein incident en het was oorlog en er was zo veel aan de hand...

Dr. Laith keek naar de soldaten, restanten van een leger van bijna 800.000 man, die opdoken uit de moordende woestijn van Koeweit, uitgehongerd, gewond, in wanorde en de weg kwijt. De terugtrekking ging gepaard met geruchten, die zich als een lopend vuur verspreidden, gedeserteerde koeriers, slordig neergekrabbelde wanhoopsberichten en gestoorde radioverbindingen. Gedurende een aantal dagen golfde het Irakese leger voorbij, langzaam sjokkend, verbijsterd, droef en boos. Voor duizenden soldaten was er geen transport en ze hadden gezwollen voeten van het vele lopen en ze trokken hun laarzen uit. Officieren rukten hun distinctieven af, ze waren hun soldaten kwijtgeraakt en hadden geen idee waar hun eenheden waren. Het mortuarium in Basra was vol, doden lagen buiten op de trottoirs en opgestapeld voor het hek, op de wegen lagen achtergelaten lijken. Soldaten zaten in winkels en cafés, lagen in parken en zaten in elkaar gezakt op de trottoirs. Het regende, het was koud en de ellende stond te lezen in hun ogen. De bruggen over de Tigris waren gebombardeerd, de rivier was alleen maar over te steken via een smalle eenbaanspontonbrug waarop het verkeer vastliep. Elke controle was zoek. Soldaten vervloekten Saddam openlijk.

In deze moedeloos makende wanorde zag dr. Laith generaal Kamel Sachet van de Speciale Troepen met een hooggeplaatste collega op het lege basketbalveld van de officiersclub heen en weer lopen. Kamel Sachet had zesendertig uur eerder Koeweit Stad verlaten. Aan het hoofd van een konvooi jeeps en vrachtwagens had hij zelf zijn witte Mercedes over de snelweg des doods gereden met als enig communicatiemiddel het korte, sissende bereik van walkietalkies. Ze hadden zich tussen bommen, zwarte rook en wrakstukken door geslingerd, toen er in de vroege ochtend F-16-gevechtsvliegtuigen zilver flonkerend hoog aan de hemel waren verschenen. Toen ze de Irakese grens hadden bereikt had Kamel Sachet, die onder het stof zat en al zijn adrenaline had verbruikt, zijn uniform zorgvuldig afgeborsteld en zijn chauffeur (die voor deze gelegenheid op de achterbank meereisde) opgedragen de auto te wassen. Hij zei dat zijn eer hem oplegde dat hij Koeweit zelfs niet van een enkel korreltje zand zou beroven.

Hij beende over het basketbalveld van de officiersclub en snauwde. Hij was razend en in zijn razernij kende hij geen angst. 'Door hen is alles verloren! Er was me verteld dat er geen sprake zou zijn van terugtrekking en opeens geven ze me het bevel terug te trekken!' Hij praatte hardop, woedend, buiten zichzelf, haperend. Dr. Laith hield zijn mond en luisterde. Generaal Sachet ging tekeer tegen Ali Hassan al Majid, Saddams onderkoning van Koeweit. Diens bevelen waren absurd geweest! De ene dag kregen ze de opdracht iedereen met een baard te arresteren, de andere dag iedereen die in een bepaalde auto reed, weer een andere dag mannen die rood-witte sjaals om hun hoofd hadden gewikkeld. De idiotie, de buitensporigheid, de grofheid...

Ziedend ging generaal Sachet door, de ontsteltenis over de nederlaag rolde uit zijn mond als zwarte rook, die hij door de bombardementen tijdens de terugtocht in zijn longen had opgeslagen. Doorgaans was hij een zwijgzame man maar nu ontploften zijn gevoelens van schaamte en wat hij te zeggen had scheurde de lucht in stukken als granaatscherven. 'Ze vermoordden hen alsof het dieren waren!'

Dr. Laith ondervroeg soldaten in de stad. Velen gaven openlijk Saddam de schuld. Op de avond van 1 maart 1991, de dag voordat in Basra de intifada uitbrak, bracht dr. Laith mondeling rapport uit over de morele toestand van het leger aan de minister van Defensie, Saad al Jobouri, en zijn plaatsvervanger, sultan Hashem.

Zorgvuldig koos hij zijn woorden. Hij vertelde hun dat de soldaten tekenen vertoonden van klinische hysterie en dat ze grove taal uitsloegen. Hij vertelde hun niet dat de soldaten Saddam begonnen te kritiseren, omdat het verwensen van de leider een doodzonde was en dat je daaraan medeplichtig was als je de belediging van de leider wel had gehoord maar niet had gemeld aan de staatsveiligheidsdienst Amn.

Slechts een paar uur voordat de intifada uitbrak verliet dr. Laith de stad. Hij keerde terug naar zijn huis in Bagdad, hield zich gedeisd en nam zijn onderzoek weer op. Na een paar maanden haalden de gebeurtenissen in Basra hem in. Op 26 oktober 1991 belden twee mannen van de militaire inlichtingendienst om vier uur 's middags bij hem thuis aan. Ze vertelden hem dat generaal Khazem hem wilde zien. Generaal Khazem was een vriend van hem en hij dacht dat het om een routinebezoek ging. Hij trok zijn legeruniform aan en stapte in de wachtende auto. De ramen van de auto waren ondoorzichtig en dat was niet gebruikelijk. In de auto zaten een chauffeur, een officier en een lijfwacht en dat was niet gebruikelijk. Toch wilde dr.

Laith niet toegeven aan zijn ongerustheid. Ze kwamen aan bij het bureau van generaal Khazem, dat hij goed kende, en ze lieten hem achter bij de receptie om te telefoneren. Pas toen voelde dr. Laith dat er iets niet in orde was en een paar minuten later was hij geblinddoekt met een stuk rubber en werd hij naar het kantoor van de militaire geheime dienst Istikhbarat in Kadhamiya gebracht en in een isolatiecel gegooid. Daar verbleef hij een maand.

Dr. Laith onderbrak zijn verhaal. Hij keek op en zei tegen me dat hij dacht een paar dagen geleden de voormalige brigadier Bari op straat te hebben gezien.

'Zag hij u?'

'Ja, ik denk het wel. Ik wilde hem aanspreken, ik wilde dat hij toegaf dat hij een fout had begaan. Sommige mensen die gevangen hebben gezeten vragen nu schadevergoeding van hun vervolgers – maar ik denk dat Irak een protocol voor vergiffenis nodig heeft en dat vergeving zou moeten beginnen met het erkennen van fouten door degenen die fouten hebben gemaakt.'

Hij zat een maand in eenzame opsluiting voordat zijn zaak voor een rechter werd gebracht. De rechter was toevallig een vriend van hem en wilde niet in de positie worden gebracht dat hij over hem moest oordelen en dus verwees hij de zaak naar een revolutionair tribunaal vanwege de politieke inhoud en de beperkte jurisdictie die zijn rechtbank over dat soort zaken had. Dr. Laith werd naar een gevangenis in een oude kazerne bij Ramadi gebracht, waar eerder Iraanse krijgsgevangenen waren vastgehouden. De commandant van de gevangenis was ook een vriend van hem en hij kreeg een airconditioner in zijn cel, mocht boeken lezen en op vrijdag bezoek ontvangen. Na drie, vier maanden van juridische verwarring werd zijn dossier terugverwezen naar de eerste rechter, die constateerde dat geen van de machthebbers een direct belang had in deze zaak. Hij dacht geen politiek risico te lopen door dr. Laith te veroordelen tot een celstraf gelijk aan de duur van het voorarrest. Daarna probeerde de rechter zich te verontschuldigen om zo dr. Laith dankbaar te stemmen voor zijn clementie jegens een vriend. Maar door zijn gevangenschap was dr. Laith veranderd. Hij weigerde het spelletje mee te spelen. Hij herinnerde de rechter eraan dat een revolutionair tribunaal hem ter dood zou hebben kunnen veroordelen als het zijn dossier als een politieke strafzaak zou hebben behandeld.

Hij ging naar huis, overzag zijn situatie met heldere blik en dacht na. Na een paar weken kwamen oude vrienden en collega's naar hem toe met aanbiedingen voor banen, promoties en extra salaris – het hoofd van de Amn van Bagdad kwam persoonlijk bij hem langs – maar hij wees alles van de hand. Hij was uit de gesloten cirkel gestapt, geïsoleerd, bang, en kon niet meer slapen. Maar hij bleef zich verzetten. Hij zag in dat iedereen die zijn rang en zijn reputatie terugkrijgt nadat hij gearresteerd is geweest, voor immer geïntimideerd en kwetsbaar is.

'Het vereist een zeer ingewikkelde psychologische verklaring.' Dr. Laith had verscheidene jaren van zijn leven onder de loep genomen. Waarom had hij zich verzet tegen de verlokkingen van zijn vroegere leven binnen de Baath? 'Ik moest antwoord geven op de volgende vragen: waarom was ik met die mensen opgetrokken? Wat had ik bewerkstelligd?

Ik keer terug naar dat wereldje. Van meet af aan, vanaf 1979, toen Saddam Hoessein aan het bewind kwam, werd de cirkel van de macht gesloten, en werd ik beperkt in mijn denken. Het werd een kwestie van angst. Het was onmogelijk om uit die kring te stappen omdat je dan als vijand werd beschouwd en je je leven niet zeker was. Degenen die buiten de cirkel terechtkwamen, tenminste de meesten van ons, waren er met harde hand uit gewerkt. Dat was de politieke filosofie van Saddam Hoessein. Je werd uitgestoten uit de cirkel en dan haalde hij je weer terug en dat maakte alles erger omdat de angst groter was dan daarvoor. Als je terugkeerde in het gareel zou je in angst leven en een perfecte uitvoerder van bevelen zijn geworden.'

Zijn onwil om terug te keren in de kudde verlichtte zijn gemoed enigszins. 'Alleen op dat moment gedroeg ik me een beetje dapper.' Hij deed geen oog meer dicht; hij verwachtte te worden gearresteerd, maar zijn koppige tegendraadsheid redde hem. Hij slaagde erin om in 1996 Irak te verlaten. Zijn ballingschap in Libië, Syrië, en ten slotte in Londen, was vernederend en moeilijk, hij was zijn maatschappelijke positie kwijt en zijn geld. Bushra moest gescheiden van hem in Damascus leven. Op zeker moment begon ze een sluier te dragen.

'Ik voelde me verloren,' verklaarde ze, 'ik voelde me verloren en ik greep naar de Koran.'

Een foto: *Laith en Bushra op een feest in de jaren zeventig. Laith draagt een kostuum met brede, gestreepte revers en een grote, opzichtige stropdas, Bushra een luchtige satijnen avondjurk met schouderbandjes. Ze hebben feestelijke hoeden op en glimlachen. Op tafel staat een fles champagne.*

'Van binnen ben ik niet veranderd,' ging Bushra verder, 'ik praat met mensen, lach met ze, ik ga naar feestjes en ik dans. Dat soort dingen is niet verboden. Maar mijn uiterlijk is veranderd.'

'Ik ben tegen hoofddoeken,' zei haar echtgenoot meesmuilend.

'Ik houd er ook niet van' was Bushra het schouderophalend met hem eens, 'maar God heeft het ons opgelegd.'

'Het is een islamitische gewoonte,' probeerde dr. Laith te verduidelijken. 'Mijn vrouw draagt nu de hijab, ze ziet er iets religieus in. Ook al was haar vader een godsdienstige man, hij verplichtte haar als meisje nooit die te dragen, hij ging daarentegen juist steeds modieuze kleren voor haar kopen. In de jaren zestig en zeventig kwamen we, als we door Bagdad wandelden, misschien één keer per dag een vrouw tegen met een zwarte hijab en we beschouwden haar als achterlijk. Maar de Arabische volksgemeenschap en het idee van de islamitische natie stonden voortdurend onder druk en ze begonnen in te zien dat wereldse ideologieën, communisme of baathisme, geen oplossingen boden voor hun problemen. Ze zochten vertroosting en ze grepen op zoek naar een mentaal toevluchtsoord terug op de godsdienst. Ze zochten naar een oplossing.'

'Een oplossing waarvoor?'

'Vanaf de jaren vijftig, zestig, is deze regio in een impasse terechtgekomen, onze economische importantie is gaandeweg verslechterd. In de hele regio is veiligheid ver te zoeken. Er zijn geen oplossingen voor kwesties als Palestina, veiligheidsvraagstukken in het algemeen, bestuurlijke kwesties...'

Een foto: *Laith in een schone, witte djellaba in Mekka tijdens de hadj, in 1973.*

'Ik geloof dat onze oosterse samenleving op de een of andere manier is ingezakt en dat de mensen nu terugvallen op hun religie.'

'Een vertrouwenscrisis? Een morele borstwering?'

'Beslist.'

Dr. Laith leunde achterover in zijn stoel en liet me foto's zien van zijn kinderen, die het in Duitsland en Amerika goed deden en diploma's haalden, heel ver weg.

'Maar ik houd me vast' – hij vertelde het alsof hij zichzelf aan iets wilde herinneren, en later herinnerde ik me sergeant Mohammed en andere officieren die erin waren geslaagd Irak te verlaten en opnieuw geleerd hadden enig perspectief in hun leven te zien – 'aan dat ene goede besluit, aan het moment,' vervolgde dr. Laith, 'dat ik nee heb gezegd.'

9 De opstand

Saddam had al zijn macht en opgeblazen trots samengebald in een enorme golf, die over de kop sloeg, en al het pathetische gebral spatte uiteen in windvlagen en wolken van betekenisloze herrie, gesis en verwarring.

Kamel Sachet was in Basra. Vermoeide soldaten drentelden wat rond, bevelvoerende officieren wisten niet wat te doen, het volk was ziedend en reageerde zich af. Op 1 maart 1991, de dag nadat president Bush een staking van de vijandelijkheden had afgekondigd, schoot de boordschutter van een Irakese tank een kogel door een portret van Saddam, een gapend gat in de muur van angst. Kamel Sachet zat in zijn witte Mercedes met een officieel regeringsnummerbord. Zijn vertrouwde chauffeur, zijn neef Abdul Qadir, reed. Voorin zat een getrouwe luitenant. Ze waren dicht bij de oever van de Shatt al Arab, toen ze plotseling oog in oog met een groep oproerkraaiers stonden. De voorruit werd met stenen kapotgegooid en er klonken schoten. Kamel Sachet schreeuwde dat ze de auto moesten verlaten en ging hen voor. Hij trachtte al schietend met zijn pistool hun vlucht min of meer te dekken. Het lukte om een hoek om te slaan, een zijstraat te volgen tot over een kruispunt, tegenover de poort van het Republikeins Paleiscomplex. Maar het paleis was nog in aanbouw en er was geen garnizoen gelegerd. Ze bonsden op de gesloten poort en riepen dat die moest worden geopend. De wachtpost aan de andere kant aarzelde. Kamel Sachet schreeuwde: 'Ik ben een generaal, in godsnaam doe open, we worden aangevallen!' Maar toen de wachtpost de poort had ontgrendeld had de meute hen al ingehaald. Plotseling, als in een modern sprookje, draaide een tankcolonne de hoek om. De amokmakers verspreidden zich en renden de zijstraten in. De tankcommandant trok hen drieën op zijn tank. Hij verwachtte een bevel en keek Kamel Sachet aan. 'Terug naar je hoofdkwartier. Daar kunnen we meer informatie krijgen.' Ze hoorden geweervuur en zagen tussen de gebouwen dunne zwarte rookpluimen opstijgen. De knarsende tanks reden langzaam terug door de lege straten. Ze luisterden en probeerden de bron van het lawaai in de verte te lokaliseren maar de geluiden verwaaiden tot een reeks echo's. Ze kwamen langs de witte Mercedes. De ruiten waren ingegooid en de auto was uitgebrand.

De eerste dagen van de opstand waren gewijd aan ongeremde expressie van woede en frustratie. Een algemene schreeuw om onbeperkte vrijheid, panische angst van de gedemobiliseerde soldaten, gecombineerd met de diepgewortelde wrok van de zuidelijke sjiieten (jegens de neven van die bandiet uit Tikrit, die de oude, zelfvoldane soennitische elite voor hun karretje hadden gespannen), die zich van Basra uit verspreidde naar Nasiria, naar Amara, Kut, Kerbala en Najaf. Partijbureaus werden in brand gestoken, gehate functionarissen opgeknoopt, kantoren geplunderd, een schuimende stortvloed van hel en verdoemenis. En toen verschenen er plakkaten met portretten van ayatollah Khomeini over de anti-Saddamgraffiti. De Badrbrigade van sjiitische ballingen in hun zwarte hemden betrad het toneel, mollahs stookten hen op vanaf de minaretten en Iraanse soldaten kropen over de grens en bezetten controlepunten.

Heel Basra was in opstand maar de oproerkraaiers kregen de stad niet geheel onder controle. Basra was de uitvalsbasis geweest voor de operaties in Koeweit en er waren te veel troepen in en om de stad gelegerd en hier bevonden zich ook de minister van Defensie, de chef-staf en verscheidene hoge bevelhebbers. De eerste dagen bleef Kamel Sachet in het hoofdkwartier van het 10de bataljon. De basis was tamelijk veilig en werd beschermd door hoge muren en zo'n duizend man verse troepen die niet in Koeweit waren geweest. Abdul Qadir vertelde me dat ze een verlaten kantoor met een gebroken raam hadden gevonden waar de drie mannen zich schuilhielden. Hij kookte rijst en warmde achterovergedrukte blikken soep op. Nu en dan klonk er hevig geweervuur. Kamel Sachet hield zich op de achtergrond.

Hamdani was tijdens de terugtocht gewond geraakt (een vleeswond aan zijn been, scherven van een Amerikaanse bom) en was beland op een of andere stampvolle basis in de woestijn, een verzamelpunt op de massale vlucht, terwijl hij op weg was naar Bagdad. 'Onvoorziene gebeurtenissen deden zich voor... Er was actie en er was reactie... Er was geen samenhangende strategie, iedereen vroeg iedereen: "wat is er aan de hand?"' Hij zei te vermoeden dat velen op dat moment in de positie van Kamel Sachet verkeerden: machteloos vastgeketend tussen hamer en aambeeld.

President George W. Bush had via de Voice of America de opstand aangemoedigd en 'de Irakese strijdkrachten en het Irakese volk' aangespoord 'hun zaken in eigen hand te nemen'. In de lucht voerden Amerikaanse straaljagers verkenningsvluchten uit, op de grond maakten commando's en vooruitgeschoven gepantserde stoottroepen jacht op door de woestijn vluchtende Iraki's en keken werkeloos toe als het Irakese leger zijn eigen steden beschoot. Toen de Iraniërs zich er actief mee begonnen te bemoeien door de boel op te stoken wilden de Amerikanen niet het risico lopen dat dezen het zuiden zouden overnemen. Ze trokken hun vooruitgeschoven pantsertroepen terug en stonden Saddam stilzwijgend toe zijn helikopters de lucht in te sturen. Liever de duivel die je kent, dachten ze, liever de duivel dan de Iraniërs. Als de Amerikanen hun voorhoede in de zuidelijke Irakese woestijn hadden gelaten, als ze directer hadden geïntervenieerd, zou de opstand kans van slagen hebben gehad – maar er was geen politieke wil om door te stoten naar Bagdad. Zoals Donald Rumsfeld, de minister van Defensie, later uitlegde: 'Ik vermoed dat als we daaraan waren begonnen, we nu nog steeds troepen in Bagdad zouden hebben, dat we nu het land zouden besturen. We zouden niet in staat zijn geweest iedereen daar weg te krijgen en alle troepen weer terug naar huis te brengen.'

Ik weet niet wat er in het hoofd van Kamel Sachet omging in de dagen van de opstand. Abdul Qadir vertelde me dat zijn oom sympathiseerde met de revolte. Onder zijn soldaten waren er zonder twijfel velen die de kant van de opstandelingen hadden gekozen, omdat ze net zo kwaad waren als hij over de vernietiging van het leger, en zijn schaamte deelden over de nederlaag en de botte stompzinnigheid van de hele strategie. Maar desertie kon hij niet goedkeuren. Hij had soldaten – en zelfs officieren – gezien die in de verwarring de strepen van hun gevechtspakken scheurden en hun uniformen verruilden voor djellaba's. 'Ik zou nooit de distinctieven van mijn schouders halen,' zei hij. En hij kon ook niet de anarchie goedkeuren waartoe Iran de sjiieten aanzette – het werd een kwestie van nationale veiligheid. Volgens hem, zo vertelde Hamdani me, 'zou er binnen het leger, zelfs binnen de Republikeinse Garde, een enorme beweging tegen Saddam Hoessein zijn ontstaan als de opstand en de Iraanse inmenging er niet waren geweest'.

Officieren verspreidden zich in alle richtingen, liepen door de woestijn naar huis, trokken hun uniformen uit, zaten thuis, dronken of deden hun gebeden, verscholen zich in huizen van familieleden, negeerden oproepen om weer de wapens op te nemen en wisselden angstig fluisterend van gedachten. Saddam gebruikte zijn naasten om de opstand neer te slaan, zijn neef en schoonzoon Hoessein Kamel en Ali Hassan al Majid. Zij verzamelden alle officieren die ze te pakken konden krijgen en namen botte schurken van de Mukhabarat en lijfwachten in dienst om plukjes soldaten bijeen te drijven waar ze hen maar konden vinden. Ze zeiden: 'Dit is geen burgeroorlog.' In veertien van de achttien Irakese provincies woedde de opstand. In elke grote stad, met uitzondering van Mosul en Bagdad, werden partijkantoren en kazernes bestormd. Ze noemden dat 'Verraad!

Een mes in de rug!' De opstand was een Amerikaans-Iraans complot en degenen die eraan meededen waren verraders.

Iraki's vertelden me vaak met ernstig bedoelde spot dat Iraki's een zootje ongezeglijke *shirugi* (platte uitdrukking voor dikhuidige moerasarabieren) waren, die onder de duim moesten worden gehouden door een boeman met een knuppel. Saddam was een moorddadige schurk, maar hij was doeltreffend en hij dwong respect af. Hij vergeleek zichzelf met de veroveraar Saladin, hij graveerde zijn initialen in het paleis van Nebukadnezar in Babylon en tijdens de opstand sloeg hij met zijn vuist op tafel en liet zijn woede de vrije loop.

Op een keertje stootte ik op een werktuig van deze woede. Emad was een solide stut van het bewind, hij had gediend in het regiment van Saddams lijfwachten. Hij was een spiegelbeeld van zijn opperheer. 'Ze noemen me de moordenaar,' vertelde hij trots. 'Ze noemen me krankzinnig... Ze noemen me Snorremans!' Volgens Emad was Saddam machtig, op God na de machtigste. 'Ik hield veel van hem en ik ben nog steeds dol op zijn persoonlijkheid. Hij was in wezen een goed mens. Alleen die lui uit Tikrit waren slecht en die zaten overal. Toen hij werd gepakt huilde ik. Het was hun nooit gelukt hem zo te pakken te krijgen: in een hol in de grond. Er zat wat anders achter – drugs, bedrog.' Hij sloeg zijn ogen neer. 'Op de tweede dag hoorden we dat hij het niet was. Ik maakte mezelf wat wijs, ik schoot wel vijf magazijnen in de lucht leeg!'

Hij vertelde me hoe hij eens had gezien hoe Saddam een van zijn familieleden bij zich riep die zijn woede had gewekt door van zijn vrouw te scheiden en het aan te leggen met een jong meisje. Saddam beval hem zijn vrouw terug te nemen, maar het familielid weigerde dat. Saddam trok zijn pistool. 'In een tel nam hij een beslissing, weet je wel' – Emad hield van dit soort besluitvaardigheid, hij noemde dat dapper – 'en hij schoot hem tussen de ogen.'

Die maand maart ging Emad met een strafexpeditie van de

afdeling speciale operaties van de geheime dienst Amn onder Hoessein Kamel mee om de opstand in Kerbala neer te slaan. Ze hadden zakken met geld bij zich en huurden straatjongens als ambulante verkenners om hun te vertellen waar de verraders zich schuilhielden. Het doodseskader ging van huis tot huis. Emad vertelde uitvoerig hoe hij in een huis een man de keel doorsneed met zijn mes en een andere, die op een bank zat, neerschoot. Hij kreeg het bevel een antitankraket af te schieten op een huis waarin zich een moeder met kinderen bevond. Hij weigerde. Zijn officier was razend en belde Hoessein Kamel om hem aan te geven.

Hoessein Kamel richtte zich tot hem. 'Kom hier, Snorremans! Wie denk je wel dat je bent? Ik ben de neef van de president!'

Emad salueerde.

'Waarom volg je de bevelen niet op?'

Emad stond te trillen op zijn benen. Hij had mensen voor minder geëxecuteerd zien worden. Maar Hoessein Kamel vond dat verspilling van munitie en hij kwam ervanaf met een gevangenisstraf. In de gevangenis werd hij gedurende een aantal dagen lens geslagen en gegeseld en in een ton pis geduwd. Toen hij werd vrijgelaten stuurden ze hem naar een speciaal Amnziekenhuis om te herstellen en toen werd hij weer in dienst genomen alsof er niets was gebeurd.

Emad was niet geschoold, neigde niet tot zelfverwijt of emotioneel zelfonderzoek, maar schatte zijn 'slechtheid' hoog genoeg in om te proberen die te compenseren met een poging zijn menselijkheid te etaleren. Hij vertelde me dat hij een terugkerende nachtmerrie had, waarin hij een bevel kreeg dat hij niet kon uitvoeren en dat het bloederig beeld van de man die hij in Kerbala had doodgestoken steeds weer terugkwam. Een religieuze sjeik had hem geadviseerd om om vergeving te bidden en een schaap te offeren, wat hij had gedaan, maar het had niet geholpen. Hij gaf toe dat hij, als hij kwaad was, 'buiten zichzelf', iemand in elkaar kon slaan, hij zei dat hij zich verdoofd en onaangedaan voelde toen zijn vader was gestorven maar dat hij tot tranen toe kon worden ontroerd door een klein aandoenlijk voorval, als hij bijvoorbeeld een kind zag dat op straat stond te bedelen. In de jaren negentig was Emad ingedeeld bij Udays lijfwacht: auto's, meisjes en gewelddadig gekrakeel. Hij zag eens hoe Uday in een restaurant iemand letterlijk de hersenen insloeg waar diens vrouw en kinderen bij zaten en vertelde dat Uday hem eens voor de grap had proberen te verdrinken in een zwembad. Emad wilde daar weg maar dat was onmogelijk. Hij had zijn eigen arm gebroken om verlof te kunnen krijgen en hij had in het verband een vis verpakt om de genezing te vertragen.

De menselijke radertjes in de martelmachine leken even ongelukkig als hun slachtoffers. Wat volgens mij wilde zeggen, zoals ik in een aantekenboekje schreef: *'Er is geen enkele rationele verklaring voor het bestaan van de machine.'*

Gedurende drie weken hoorde de familie van Kamel Sachet niets van hem. Tegen het einde van maart dook hij op een avond weer op, onaangekondigd, vermoeid, afgetobd en bedroefd. Toen hij binnenkwam kuste hij om de beurt zijn kinderen. In de woonkamer ging hij op de grond zitten, Um Omar bracht hem eten en zijn kinderen zaten om hem heen. Terwijl hij praatte werden zijn ogen rood. Maar hij onderdrukte zijn tranen en gaf zijn woede vrij baan. Hij kritiseerde Saddam op een manier die ze nooit eerder hadden gehoord. Saddam had hem verteld dat er geen sprake zou zijn van terugtrekken en toen, op het laatste moment – ná het laatste moment – gaf hij het bevel tot de aftocht. 'We hadden het zes maanden kunnen uithouden!' Maar nu was alles verloren: 'Onze militaire macht is nu nul.' Zijn soldaten waren allemaal verdwenen, de mannen die hij in de oorlog tussen Irak en Iran had aangevoerd en wier moed hij kende. Zijn favoriete dochter Shadwan had hem niet eerder van een nederlaag zien terugkomen. Ze had nog nooit gezien dat hij zo direct Saddam zat af te kraken. 'Hij schaamde zich tegenover ons,' vertelde ze me, 'hij keek ons niet aan.'

De volgende morgen vetrok hij naar Mosul. In het noorden waren ook de Koerden in opstand gekomen, maar na een paar dagen waren de peshmergaeenheden verdreven uit Kirkuk en Erbil, waren de bewoners, doodsbang voor vergeldingsmaatregelen met gas, de bergen in gevlucht en zaten ze ingesloten bij de grens met Turkije.

Ik weet niet wat Kamel Sachet in Mosul deed of waar hij in de voorafgaande maand van de intifada verbleef. Een van zijn vroegere lijfwachten (die het had gehoord van een neef, die in die periode bij een eenheid in het gebied diende) vertelde me dat hij naar Amara was gestuurd, dicht bij de Iraanse grens, om daar de opstand neer te slaan. Abdul Qadir hield vol dat hij de hele niet gedocumenteerde maand van de opstand in Basra had gezeten, dat hij daar niets had gedaan en in de kamer met het gebroken raam had zitten te zitten.

Hamdani had het waarschijnlijk bij het rechte eind toen hij het had over de rebelse gevoelens die na het fiasco in Koeweit binnen het officierskorps bestonden. Zonder enige twijfel waren er in de weken na de opstand heel wat gehangenen in massagraven gebulldozerd. Saddam ging over tot gelijkschakeling van de legerleiding. Degenen die het bevel tot terugtrekking hadden gekritiseerd, degenen die geen oprechte trouw hadden betoond tijdens de opstand en degenen die zich thuis hadden verstopt, maakten hun excuses. Kamel Sachets plaatsvervanger in Koeweit werd doodgeschoten, Barakh werd doodgeschoten. De Speciale Troepen werden ontbonden. Na 1991 negeerde Saddam in feite het leger. In plaats daarvan zette hij zijn kaarten op zijn Republikeinse Garde en de Saddam Fedajien en betaalde hij zijn favoriete loyale commandanten met Toyota-pick-ups en stapels almaar devaluerende en van gladde Saddamportretten voorziene dinars. Op de Dag van de Strijdkrachten marcheerde de infanterie langs het Irak-Iran Overwinningsmonument van de oorlog tegen Iran met ongeladen geweren (uit vrees dat iemand van de gelegenheid gebruik zou maken om zijn president neer te leggen) en met hun handen in witte sokken in plaats van handschoenen.

Kamel Sachet werd ontboden voor een ontmoeting met de chef van staven. Hij had geluk. Hij werd met pensioen gestuurd. Zijn collega's, die zenuwachtig buiten stonden te wachten op wat voor hen was beschikt, feliciteerden hem en hij lachte opgelucht. Hij stapte in zijn grijze Mercedes, reed over de snelweg langs Abu Ghraib en gaf gas. Hij hielde van heel hard rijden. Diep in de woestijn maakte hij van kranten en benzine een kleine brandstapel en verbrandde zijn uniform. Sinds Koeweit ontleende hij er geen greintje zelfrespect meer aan, en hij voelde zich gedwongen tot dit pijnlijke en tegelijk futiele gebaar midden in het niemandsland. Hij kreeg pijn aan zijn ogen en zijn neusvleugels krulden op door de scherpe rook, die zijdelings wegkringelde.

Hierna bracht hij veel tijd door op zijn boerderij bij Hilla, soms nam hij zijn zoons mee, maar vaker was hij alleen. Hij kleedde zich in een eenvoudige djellaba, snoeide zijn fruitbomen en maakte wandelingen langs het riviertje, dat de irrigatieslootjes van water voorzag. Hij bad en bezocht vaak de moskee die hij vlakbij had laten bouwen. Hij vroeg verlof om de bedevaart naar Mekka te maken maar hij kreeg geen uitreisvisum. Hij hield ervan om met zijn handen te werken, hij zorgde voor zijn land en liet het gedoe van zijn vroegere leven achter zich. Verschillende mensen vertelden me dat ze hem nog nooit zo ontspannen en tevreden hadden gezien.

Zijn idyllische leventje op het platteland was van korte duur. Op de Dag van de Strijdkrachten in januari 1992 werd hij uitgenodigd ten paleize.

Een video: een witte en vergulde staatsiezaal in het paleis vol generaals in donkergroene gala-uniformen volgespeld met medailles. Tussen hen is Hoessein Kamel te zien, zijn borst bedekt met gouden tressen. Kamel Sachet verschijnt en valt uit de toon in zijn pastelblauw safaripak. Hij stapt naar voren en schudt de hand van Saddam. Je kunt zien hoe sterk hij is, de gestrekte arm ontbloot een pezige pols met erop liggende aderen. Zijn handdruk is krachtig. Hij buigt zich voorover en pakt de schouder van de president vast als blijk van warme genegenheid, dan gaat hij weer rechtop staan en legt zijn andere hand op die van Saddam, de dubbele handdruk, als eed van trouw.

Saddam vraagt hem plagerig: 'Kamel! Waarom ben je in burger? We zijn van jou niet gewend dat je geen uniform draagt!'

Kamel Sachet antwoordt dat hij nu met pensioen is.

Saddam hinnikt zijn jakhalsachtige eh-eh-eh-eh-lach. 'Ik wil jou niet in burger zien!'

Kort daarna benoemde Saddam hem tot gouverneur van de provincie Maysan.

10 De goede kalief

In februari 2005 kreeg ik een snoepreisje voor persmensen naar Maysan aangeboden van de Britse ambassade in Bagdad. We reisden er in een reeks rammelende, oncomfortabele vluchten naartoe: een Pumahelikopter van de Groene Zone naar het vliegveld, een c-130-vrachtvliegtuig van het vliegveld naar Basra en een Sea Kinghelikopter van Basra naar Abu Naji, de Britse basis even buiten de provinciehoofdstad Amara. Dat dit een omweg was is een understatement. Een jaar eerder was ik door Amara gereden op weg naar Basra, na twee uur was ik vanuit Bagdad in Amara. Maar nu was het te gevaarlijk om waar dan ook in Irak (behalve in Koerdistan) over een autoweg te rijden, in de zomer waren twee vrienden ontvoerd en buitenlandse journalisten waren geld waard. Zelfs in Bagdad was het in het merendeel van de stadswijken te riskant (gewapende verzetsstrijders op straathoeken, interviews als lokmiddelen, onverwachte vuurgevechten, autobommen, bont gecamoufleerde pick-ups vol bivakmutsen en kalasjnikovs – politie, commando's, Irakese soldaten, het Mahdi-leger, milities – wie zal het zeggen). Ik droeg achter in de auto als vermomming altijd een grote zwarte tentvormige abaja, gaf elk uur aan een vriend door waar ik me bevond en zorgde ervoor dat ik nooit over straat liep.

Toen we in Amara waren aangekomen werden we in weer een andere helikopter gezet en naar het zuiden gevlogen zodat we met eigen ogen het goede nieuws konden ervaren dat in de moerassen weer water begon te stromen en de dorpelingen terugkeerden. Van bovenaf waren de wonden nog te zien van de oorlogen tussen Iran en Irak en van die tussen de gewapende bendes tijdens het decennium van de sancties tegen Irak. Het gebied leek op een stafkaart van een verlaten slagveld. Een en al schots en scheve littekens: sloten, loopgraven, hoefijzervormige standplaatsen voor kanonnen, borstweringen, kaalgeslagen velden met ondiepe graven, bandensporen, smalle paadjes slingerend door het struikgewas – een land dat tot aan de vlakke horizon was omgeploegd door bominslagen. Hier en daar glinsterden zoutafzettingen als verpulverde beenderen.

We landden in een wolk van stof, werden overgeladen in een konvooi landrovers en hortend en stotend langs rijen dorpen gevoerd met huizen van blokken ongebakken leem, vol buffels en haveloze kinderen met vliegen in hun ogen. De dorpen lagen als een lint langs een groot, weids meer. Ik herinner me een beeld van buitengewone schoonheid, toen een platboomkano vol heldergroene biezen in het gouden zonlicht van de late middag door het azuurblauwe water gleed – voordat we werden teruggedreven naar de helikopter, naar het kamp teruggevlogen, gevoed met bonen op toast en pakjes Marmite en werden afgezet bij een persconferentie. Onze hersenen waren zo door elkaar geschud dat we nauwelijks een coherente vraag konden formuleren.

De volgende dag wandelden we onder begeleiding van een peloton van de Welsh Guards door de nauwe straatjes van de markt van Amara. We waren verplicht kogelvrije vesten te dragen, de marktlieden bekeken onze vreemde blanke gezichten en onze gewapende bewakers met een mengsel van achterdocht en terughoudendheid. Op alle muren van de marktstraatjes was het portret van Moqtada aangeplakt, met zijn zwarte tulband, zijn zwarte baard en zijn duistere blik, dat in tweeën werd gedeeld door zijn handelsmerk, een waarschuwende vinger. We probeerden stil te staan en een praatje te maken met de mensen, maar onze begeleiders hielden hun machinepistolen in de aanslag en ontmoedigden elk oponthoud.

Sinds de eerste blauwevingerverkiezingen voor een Irakees

parlement waren een paar weken verstreken. Het blok van Moqtada had de meerderheid behaald in de raad van Amara en de persvoorlichtster van de Britse ambassade bleef maar uitleggen dat het aardige technocraten waren, echt waar, ondanks het feit dat Moqtada's Mahdileger de vorige zomer het Roze Huis, het stedelijke gouverneursgebouw, had aangevallen en het Britse garnizoen daarbinnen had belegerd. De Britse officieren die ons de situatie uiteenzetten, wekten de indruk dat alles de goede kant op ging, met frasen als 'gefocust en toegewijd', 'fair en fair play', 'chirurgische precisieoperaties' en 'verkiezingen die eigenlijk ongelooflijk soepel verliepen'. Ze waren erop gebrand te laten zien dat ze redelijk waren in een onredelijke situatie, anders dan die schietgrage yankees, maar hoe dan ook, het was bewust valse voorlichting.

De gouverneur verleende ons audiëntie in een kantoor met vergulde plinten en opgefleurd met plastic bloemen. Hij had een breed gezicht met stevige kaken en de vereiste snor boven een glimmende stropdas en speelde de betrokken politicus. Hij werd terzijde gestaan door een Britse ambtenaar van het ministerie van Defensie en kolonel Ben Bathurst, de commandant van de Welsh Guards in Amara. Wij journalisten stelden onsamenhangende vragen over democratie en plaatselijke verkiezingen. De gouverneur antwoordde met vrijblijvende diplomatieke clichés als 'Dit is de eerste stap' en 'Het politieke proces is een zeer, zeer lang traject'.

Op een bepaald moment hield ik op deze nutteloze woorden in mijn aantekenboekje te noteren en keek naar de Britse kolonel. Hij had een gladgeschoren, jongensachtig gezicht, dat enigszins was ingezakt op middelbare leeftijd maar eerlijk en open was gebleven. Door zijn opvoeding en zijn levenservaring had hij geleerd dat eigenschappen als redelijkheid en beschaafd gedrag, evenwichtigheid, gematigdheid en rechtvaardigheid van groot belang zijn. Ik keek naar de ogen van de gouverneur, donker, branderig zwart en van een stroperige beweeglijkheid. Zijn handen hield hij voortdurend op zijn schoot als een demonstratief blijk van kalmte. We waren allemaal perplex door de achtbaarheid en de vormelijkheid van deze schertsvertoning. Niemand was zo onbeleefd dat hij de aanklachten tegen hem wegens moord ter sprake bracht.

Na het vragenuurtje kwamen diverse plaatselijke hoogwaardigheidsbekleders binnen om ons te ontmoeten. Moqtada's vertegenwoordigers waren jong, ascetisch, met strakke gezichten en zorgvuldig geknipte baarden en hadden het over herstelprojecten, de lokale sjeiks lieten hun toga's rondzwieren, klaagden over de Amerikanen en legden zwaarwichtige verklaringen af, de religieuze mannen met hun tulbanden vermeden angstvallig mij in mijn vrouwelijke ogen te kijken en spraken hoffelijk over respect. Ik vroeg een raadslid, dat aardiger en onafhankelijker was dan de meeste anderen, hoe de verkiezingen waren georganiseerd. Hij rolde met zijn ogen, maakte melding van bepaalde 'sjiagroeperingen' en 'valse stembiljetten' en wierp een behoedzame blik over zijn schouder om te zien of iemand zijn opmerkingen had gehoord. Ter geruststelling glimlachte ik naar hem. Hij zei dat hij vele jaren hoogleraar was geweest in Amara. Ik vroeg hem of hij zich gouverneur Kamel Sachet herinnerde. 'Ja natuurlijk!' Hij glimlachte bij de herinnering. 'Hij was heel populair in Amara, jazeker, natuurlijk! Hij deed veel voor de arme sjiieten in Maysan!'

In het voorjaar van 2004 ontmoette ik in Bagdad majoor Nejar, een voormalige officier van de Speciale Troepen, gewezen adjudant en naaste vriend van Kamel Sachet. Majoor Nejar was een typische vertegenwoordiger van de soennitische officierskaste: lang, goedgebouwd, atletisch, keurig kortgeknipt, goed gestreken broek en hemd, met snor. Hij schepte op en deed gewichtig, recht op de man af, met veel nadruk. Zijn blik was doordringend, zijn vinger zwaaide heen en weer, zijn arrogantie zwol op en dan brandde hij met een overdreven jovialiteit los. Hij lachte om me provoceren. 'U zou me een terrorist kunnen noemen als ik u vertel wat ik heb gedaan!' Hij begon me te vertellen dat hij het vorig jaar aan de zijde van Ali Hassan al Majid, Saddams opperbevelhebber in het zuiden, tegen de Britten had gevochten. Ze waren samen teruggegaan naar Bagdad, een lange rit tussen manoeuvrerende tankeenheden door, over stukgeschoten snelwegen, door zandstormen, waarbij ze de Amerikaanse opmars naar Bagdad wisten te omzeilen via achterafwegen. Ze schuimbekten over het gebrek aan verzet. 'Ha!' zei hij ronkend over zijn onverschrokkenheid, 'toen ik in Bagdad was aangekomen zeiden ze tegen me "Waarom maak je hem niet dood?" Maar ik zal hem nooit verraden. Nee!'

Nejar legde door met zijn hand een streep over zijn keel te trekken uit dat Kamel Sachet de benoeming tot gouverneur niet kon weigeren. Er werd van hem verwacht dat hij onmiddellijk zijn functie in Amara aanvaardde, maar hij had zijn uniform verbrand (na 1991 waren provinciale gouverneurs formeel militaire gouverneurs), dus reden hij en Nejar naar de straat met kleermakers van militaire kleding aan de rand van Bagdads Dievenmarkt en bestelden een nieuw uniform voor nog diezelfde middag. 'We hadden nog een bruine baret nodig maar we konden er geen vinden,' herinnerde Nejar zich. 'Ik moest teruggaan naar mijn huis in Diala om er een voor hem te halen.'

Op de avond van 28 april 1992 kwamen ze aan in Amara, Kamel Sachet informeerde de burgemeester dat hij ontheven was van zijn taken, installeerde zich in het gouvernementscomplex, bracht Nejar onder in het gastenhuis, en plaatste twee wachtposten bij de poort. Een paar dagen later voerde hij de order van Saddam uit, te weten de executie van twee hooggeplaatste Baathfunctionarissen die een derde Baathbestuurder hadden vermoord op de stoep van zijn huis, voor de ogen van zijn kinderen. Als teken van vergelding namens diens gekrenkte familie wilde Saddam dat ze de kogel kregen precies op de plek van hun misdaad. En dat gebeurde. 'Daarna,' zei Nejar glimlachend, 'liepen de zaken min of meer gladjes.'

Kamel Sachet erfde een moeilijke provincie. De bevolking van Maysan bestond uit arme sjiieten, ontmoedigd door het mislukken van de intifada. Het grensgebied was een smokkelaarszone, waar agenten van de door Iran gesteunde Badrbrigade infiltreerden om sabotageacties uit te voeren. De hoofdwegen waren vrijplaatsen voor ontvoerders. De vogelvrijverklaarde moerasbewoners, die geleid werden door de onstuimige 'Prins van het Natte Land', rekruteerden bendes deserteurs en overvielen militaire buitenposten. Saddam, al lange tijd razend over de ongedisciplineerdheid en de opstandigheid van de moerasarabieren, beval dat het hele gebied moest worden drooggelegd zodat hun dorpen, schuilplaatsen, levenswijze en erfgoed zouden worden vernietigd. Maysan was het grensgebied waar moordaanslagen en rebellie, gefinancierd en aangewakkerd door Iran, aan de orde van de dag waren. Kamel Sachet begreep heel goed dat hij in de pas moest lopen en misstappen moest vermijden.

Overdag was het redelijk veilig in Amara, maar als hij naar Kut of een andere buitenplaats ging reisde Kamel Sachet in een konvooi van zes of zeven gepantserde auto's en pick-ups waarop machinegeweren waren gemonteerd. Ondanks de militaire patrouilles waren de wegen bij nacht onveilig, soms werd er ingebroken bij partijkantoren, waren er incidentele bomaanslagen en brandstichtingen. Een baathistisch wijkhoofd in Amara werd in de avondschemering op weg naar huis vermoord en dat was niet de enige sluipmoord. Geen een werd er ooit publiekelijk bekendgemaakt door de regering.

In elk geval had de regering, of wat ervan was overgebleven, ernstige schade opgelopen door de Amerikaanse bombardementen en de opstand van 1991. Het puin was geruimd, de bruggen in Bagdad waren hersteld en met veel fanfare opengesteld, maar het land was opgedeeld in verboden vliegzones, Amerikaanse, Britse en Franse vliegtuigen bewaakten het luchtruim en de langdurige sancties van de vn hadden de economie verwoest. Je kon niet meer spreken van een staat, alleen maar van een man, de Wizard of Oz met een slappe hoed en een pistool, die opdracht gaf tot het bouwen van grote paleizen en enorme moskeeën, holle bouwwerken en zinloze faças. Een kwart van de Iraki's werkte in de publieke sector en de salarissen kelderden naar vijf dollar per maand. Geen satelliettelevisie, praktisch geen internet (een enkele streng door de regering gecontroleerde server, ontoegankelijk voor de meeste mensen), geen buitenlandse literatuur, vliegvelden waren gesloten, importen teruggebracht tot bijna niets en zwaarbelast, de economie implodeerde, de samenleving raakte totaal verstikt, families leden in stilte en verloren elk vertrouwen. Een geregeld inkomen werd vervangen door corruptie, aalmoezen, cliëntelisme en nepotisme. Paspoorten werden verkocht, uitreisvisa met steekpenningen gekocht, gevangenen betaalden voor een eenpersoonscel. Er was alleen de wil van de president, die werd omringd door een brute en infame hofkliek van mensen uit Tikrit, die maffioos en moorddadig was en elkaar op familiefeestjes afschoot. Saddam had zijn republiek van angst geregeerd met een zweep van terreur; nu was hij gedwongen de oude systemen van gezag, clans en religie overeind te houden door sjeiks en imams voor zijn karretje te spannen, die hij manipuleerde en even zo goed vermoordde als dat noodzakelijk was om zijn alles omklemmende wurggreep te handhaven.

In Maysan steunde Kamel Sachet ook op de lokale clanstructuur. Hij beloonde sjeiks met wapenvergunningen, beschermde hun clans tegen schendingen en strafacties van het leger en stelde hun zonen vrij van militaire dienst. In ruil hiervoor controleerden zij hun eigen gebied. Als er zich problemen voordeden werden ze opgelost binnen dit samenwerkingsverband.

Bijvoorbeeld toen de werkzaamheden ten dienste van de drooglegging ongeveer een jaar aan de gang waren – een militaire operatie die niet onder leiding van Kamel Sachet stond – vielen rebellen, waarschijnlijk die van de Prins van het Natte Land, een graafploeg aan en vernielden de bulldozers. De dichtstbijzijnde vooruitgeschoven legerpost stuurde er twee keer een eenheid op uit om de lichamen te bergen en tweemaal werden ze onder vuur genomen. De commandant deed toen een beroep op Kamel Sachet om in te grijpen en te helpen om een akkoord te sluiten, waarna de lichamen zouden kunnen worden opgehaald.

Abdul Qadir reed met Kamel Sachet in diens grijze gepantserde Mercedes aan het hoofd van een konvooi van een stuk of vijftien voertuigen met lijfwachten, pick-ups, een legereenheid in jeeps en de oudsten van de Albu Eitan, de plaatselijke clan van de gedode bulldozerchauffeurs. Ze reden veertig kilometer over stoffige wegen met diepe sporen in de door de zon keihard geworden klei de ontwaterde moerassen binnen. Ze kwamen langs ingestorte hutten met rieten daken, verlaten dorpen en gegroepeerde militaire tenten. De weg was oneffen en vol gaten en het ging langzaam. Het was avond toen ze aankwamen, gestoorde radio's kraakten door de uitdovende schemering, een aantal soldaten stapte uit om de zwartverbrande schaduwen uit de geblakerde gele graafmachines te halen. Het bestand was broos, het opgedroogde land open en onbeschut, Kamel Sachet hield met een bedroefde uitdrukking op zijn gezicht de horizon in de gaten. Hij was het niet eens met de drooglegging van de moerassen. Hij zei dat het een te strenge bestraffing was om duizenden mensen hun huizen en bestaansmiddelen af te nemen, maar de moerassen waren het tehuis en de uitvalsbasis van opstandelingen en de leiding kon zo'n aanstootgevende situatie niet laten voortbestaan.

De jaren negentig waren een decennium waarin droefenis zich in de ziel vastbeet. De oorlog met Iran had bittere krachten opgewerkt tot een voortrollende vloedgolf, die over haar top was gegaan in Koeweit en was stukgeslagen op de kust van Basra, het zuiden en noorden had overspoeld tot er alleen nog het eiland Bagdad was overgebleven. In Bagdad waren minder stroomstoringen, meer elektriciteit om de televisiepropaganda in te kleuren, om de hele nacht de bouwkundige misbaksels te verlichten evenals de stampende parades op de verjaardag van de president. Maar iedereen begreep nu dat achter de decors de krankzinnigheid zelf haar grillen botvierde. Kamel Sachet had zijn zelfrespect verloren, de trots op zijn functie, zijn prestaties en zijn patriottisme. Hij was zijn plichtsbesef kwijt. Toen hij uit Koeweit kwam was hij kwaad geweest en nu, aan het begin van een nieuw hoofdstuk, in Amara, was hij vervuld van iets waarvan hij niet wist dat het geen andere naam had dan wroeging. Hij viel terug op de Koran, de waarheid en de verlossing, loochende om zijn geweten te sturen de door mensen vervaardigde normen ten gunste van Gods wetten. Hij probeerde, geloof ik, op zijn eigen manier boete te doen.

Kamel Sachet droeg er zorg voor dat het bestuur van Amara volgens zijn ideeën te werk ging en hij legde de mensen om zich heen zijn principes van discipline, fatsoen en vroomheid op. Zijn lijfwachten, een aparte (bijna particuliere) militaire eenheid van leden van zijn clan, waren verplicht vijfmaal per dag te bidden en hij doordrong hen voortdurend van de noodzaak zich precies aan de gebedsstonden te houden. Ze mopperden dat ze na een nachtdienst moesten opstaan voor het ochtendgebed, maar nooit in zijn gezicht. Zijn boosheid, als hij meende dat de spot werd gedreven met Gods woord, kon zich in een oogwenk via zijn vuist ontladen. In zijn werkkamer lagen stapels kranten, boeken, rapporten, brieven en petities en daarboven aan de muren hingen ingelijste verzen uit de Koran. In een hoek lag altijd een gebedskleed uitgerold, waarop hij zijn gebeden zei, waarvoor hij zelfs vergaderingen onderbrak en afgevaardigden liet wachten. De mannen die op zijn kantoor werkten (er werkten geen vrouwen; als een vrouw naar een vergadering kwam zag hij er met alle respect van af haar de hand te schudden) baden ook vijfmaal per dag. Niet op Kamel Sachets bevel, dat hoefde niet, zijn gezag was voldoende om duidelijk te maken dat iedereen om hem heen zijn voorbeeld moest volgen. Zelfs zijn bureaumanager, een familielid van zijn vrouw, die door de Mukhabarat als inwonende spion was aangesteld, veinsde angstvallig dat hij bijzonder devoot was.

Om vier uur sloot het kantoor, maar Kamel Sachet bleef gewoonlijk tot zes of zeven uur. Um Omar bleef in Bagdad met de kinderen en bezocht Amar slechts een of twee keer tijdens de ambtstermijn van haar echtgenoot. Hij kweet zich met overgave van zijn taken. Tweemaal per week reisde hij naar verschillende steden en dorpen in het district en hij liet zijn konvooi vaak stoppen om gewone, arme mensen te begroeten en naar hun klachten te luisteren. Op een keer, zo vertelde een van zijn lijfwachten me, keerden ze terug van een bezoek aan een dorp en troffen een oude vrouw aan die in vodden gekleed aan de kant van de weg lag en naar hen zwaaide dat ze moesten stoppen. Het konvooi hield halt, Kamel Sachet zelf stapte uit en vroeg haar wat ze wilde. Het bleek dat ze verlamd was en een rolstoel wilde hebben. Kamel Sachet schreef voor haar een brief waarin stond dat haar familie op een open dag naar zijn kantoor moest komen en dat hij zou zorgen voor een rolstoel en een kleine uitkering.

In Amara waren dergelijke kleine voorvallen aan de orde van de dag. Een dokter uit Maysan, die in ballingschap in Abu Dhabi in hetzelfde ziekenhuis werkte als dr. Hassan, vertelde me dat hij Kamel Sachet vaak had ontmoet in het ziekenhuis van Amara. Hij had soms bloed in zijn urine, volgens zijn zeggen een complicatie van een bilharzia-infectie, die hij als jongen had opgelopen. Hij mocht dokters, hij zat graag met ze te praten, en soms bezocht hij zieke patiënten 's avonds laat als hun familieleden waren vertrokken.

Abdul Qadir, zijn neef en chauffeur, vertelde me dat zijn konvooi eens in Amara was gestopt voor een rood stoplicht en dat de verkeersagent op het kruispunt het verkeer, dat door het groene licht reed, had laten stoppen om de auto van de gouverneur voorrang te verlenen. Kamel Sachet was furieus geworden, veegde de arme verkeersagent de mantel uit, rapporteerde hem bij het directoraat Verkeer en beval aan hem met een boete ter hoogte van een maandsalaris te bestraffen.

Een medewerker van de Istikhbarat, van de Janabiclan, vertelde me dat hij Kamel Sachet, als medestamgenoten onder elkaar, had gevraagd of het waar was wat hij had gehoord: dat hij tijdens een winter zijn broekspijpen had opgerold, een schep had gepakt en had geholpen het belangrijkste afvoerkanaal van Amara schoon te maken omdat het verstopt was en overliep. Toen Kamel Sachet het verhaal bevestigde vroeg de Istikhbaratofficier: 'Maar hoe kunt u zich als generaal zo verlagen?'

Kamel Sachet had geantwoord: 'Hier mag ik dan een hoge rang hebben, maar voor God bestaan er geen rangen en standen.'

Misschien wilde hij met zijn goede daden iets goedmaken, maar het waren ook, en niet zo'n klein beetje, punten die voor God meetellen en op zijn dag des oordeels te gelde konden worden gemaakt. Zoveel punten voor het naleven van de gebedsstonden, zoveel punten voor het zorgen voor zieken en armen. Hij verleende gratie aan een sjiitische saboteur, die door Iran was gestuurd en zichzelf had aangegeven. Hij betuigde zijn respect bij begrafenissen van arme en onbelangrijke mensen. Hij gaf geld aan de behoeftigen. Hij dacht aan Allah en zijn koninkrijk in de hemelen en compenseerde zijn schulden door nederigheid te betonen. Als hij in een ziekenhuis de hand vasthield van een zwakke, oude man die op sterven lag zei hij tegen zichzelf 'Tien punten'. Hij droeg zijn eigen dood in zijn gedachten. Hij was er niet bang voor. Zijn einde, hij wist het en vertrouwde erop, was genoteerd en stond al vast, maar hij moet hebben vermoed dat zijn kans op een lang leven gering was. Zijn verzameling punten was een bijkans obsessieve voorbereiding.

Een foto: *Kamel Sachet staat in een elegant donkergroen uniform met een rode galon op een van zijn schouders onberispelijk in de houding. Zijn mouwen zijn echter tegen zijn gewoonte in opgerold tot aan zijn ellebogen en met een gebaar waaruit goedgeefsheid en ootmoed spreken houdt hij een arme stakker in een vieze djellaba en met een verkreukelde tulband op zijn hoofd en zijn gezicht achter een afgescheurde katoenen lap, een plastic boodschappentas voor. Een aantal*

van dit soort kreupele en haveloze randfiguren staat in een slordige
halve cirkel bijeen, mankepoten, steunend op wandelstokken, sommi-
ge kennelijk blind. Achter Kamel Sachet, een paar stappen van hem
af alsof ze walgend terugdeinzen, staat een groep legerofficieren en
gezondheidsfunctionarissen.

Kamel Sachet had gehoord van een oud en lang verwaarloosd lepraziekenhuis op een verafgelegen plek in een troosteloos gebied bij de grens met Iran, verloren onder een uitgestrekte hemel waar de arenden vliegen. Het personeel was tijdens de oorlog tussen Irak en Iran opgeroepen tot de militaire dienst en nooit teruggekeerd. De ramen en deuren waren door plunderaars uit de sponningen gerukt. De lepralijders, die waren achtergebleven en aan hun lot overgelaten, bedelden waar ze konden om voedsel, en legden hun doden in de kelder omdat ze het gereedschap noch de kracht hadden om ze te begraven.

Toen Kamel Sachet van die kliniek had vernomen, had hij de gemeenteambtenaren en de gezondheidsfunctionarissen bijeengeroepen, inclusief de kale, dikbuikige leider van de Baathpartij in Amara en het hoofd van de plaatselijke Unie van Vrouwen (die hij uitdrukkelijk had gevraagd de hijab te dragen), en ging hen in konvooi voor zonder te vertellen waarheen. Het ziekenhuis was zo lang verlaten dat geen van hen het bestaan ervan kende.

Toen het konvooi op de plaats van bestemming was kwamen de leprozen naar buiten om dit buitengewone schouwspel te bekijken, maar ze waren zo bang voor de grote auto's en de belangrijke personen dat ze angstig en nieuwsgierig bij de muur van hun geruïneerde gebouw bleven staan. De ontstelde autoriteiten in hun smetteloze donkergroene uniformen stonden zichtbaar bevreesd en tegelijk plichtbewust tegenover de haveloze witte figuren en knepen hun neus dicht. De menselijkheid van de patiënten was vervaagd en misvormd. Hun hoofden waren in loshangende tulbanden gewikkeld, het leek wel verband. Hun gezichten waren hol en uitgemergeld, met weggevreten ogen en neuzen. Sommigen hielden beschaamd een verschrompelde stomp voor hun gezicht in een poging tot nederigheid. De vrouwen zaten op de uitgedroogde grond gehurkt, gehuld in wijd uitstaande stoffige en gerafelde abaja's.

Kamel Sachet greep in de boodschappentas die hij bij zich had, liep naar voren en gaf eigenhandig schone kleren aan de patiënten. Hij vroeg ze hoe ze leefden en wie ze waren. Een van de mannen was een Koerd. Kamel Sachet vroeg wanneer zijn familie hem voor het laatst had bezocht. Hij zei dat hij sinds 1957 in het ziekenhuis verbleef en sindsdien geen bezoek had ontvangen en ook niets wist van de buitenwereld.

Kamel Sachet en Nejar hielpen de lepralijders, die te zwak waren om het zelf te doen, hun nieuwe kleren aan te trekken. De gezondheidsfunctionarissen deinsden terug en weigerden dat. De patiënten reciteerden soera's uit de Koran omdat je geen ziekte kunt oplopen tegen Gods wil. Uit de auto's werden zeep, voedsel en dekens gehaald. Kamel Sachet ging het gebouw binnen vergezeld van zijn neef en chauffeur Abdul Qadir.

In een kamer vonden ze een bedlegerige vrouw. Ze was daar neergelegd omdat ze besmettelijk was. Kamel Sachet duwde de krakende deur open. Abdul Qadir vertelde me dat hij bang werd, in de deuropening bleef staan en kokhalsde. De kamer was donker omdat de vensterloze ramen met bordkarton waren dichtgemaakt en er kwam een verschrikkelijke geur naar buiten, de sterke, zure stank van ongewassen oude kleren. Het was zomer, het dak bestond uit ijzeren golfplaten, de hitte ramde de kamer in en werd hermetisch ingesloten. Abdul Qadir ademde de bedorven zieke lucht in en raakte de geur niet meer kwijt. De vrouw was van onbestemde leeftijd en lag op een hoop stro in een vuil, gammel bed met een doek over haar haren. Haar hele lichaam was opgezwollen en haar gezicht, hoewel niet aangetast door lepra en ook niet gevlekt of ingevallen, had een vreemde, verzadigde, donkerblauwe kleur. Kamel Sachet begroette haar met een respectvol 'Salam!' en gaf haar voedsel en kleding.

Na dit bezoek herzag hij delen van de begroting van Gezondheidszorg en beval de bouw van een nieuw ziekenhuis voor leprozen in Amara. Hij verordonneerde dat het salaris van verplegend personeel dat daar ging werken werd verdubbeld, en dat dokters die eenmaal per week de patiënten onderzochten, fatsoenlijk werden beloond. Hij overreedde militaire vrijwilligers het complex schoon te maken omdat, zoals hij zei, dat in het belang was van de mensheid en de wil van God.

In Amara noemden ze hem 'Al Calipha Omar Bin Abd al Aziz', naar een grote en beroemde kalief uit de achtste eeuw, die sommige voornamen met Kamel gemeen had – Kamel Sachet stond bij zijn naasten ook bekend als Abu Omar, vader van Omar, en zijn volledige naam luidde Kamel Sachet Aziz, net als die van zijn vader. De 'Calipha' had godvruchtig en edelmoedig geregeerd. Hij weigerde steekpenningen, herverdeelde land, schafte belastingen af voor bekeerlingen tot de islam, verbood de praktijk van de 'vervloeking van Ali' teneinde de eenheid tussen de sjia en de soenna te bevorderen en hij verootmoedigde zich door eenvoudige katoenen kleding te dragen en handwerk te verrichten – en wees daardoor de hebzucht van de adel zo nadrukkelijk van de hand dat ze hem lieten vergiftigen.

Thuis droeg Kamel Sachet net als gewone boeren een eenvoudige djellaba met een rood-witte hoofddoek zonder de *agal*, de eerbiedwaardige zwarte band. In zijn rechterhand hield hij een simpele gebedsketting van zwarte plastic kralen. Hij ging niet gedachteloos met zijn duim langs de kralen zoals de meeste mannen, die in dit kalmerend, tastende ritme de dag doodslaan. Kamel Sachet telde bij zijn meditatie als vanzelfsprekend elke kraal en elke tussenruimte, en zei bij elke kraal een persoonlijk gebed gevolgd door een zucht van ontzag. Als gouverneur liet hij wegen plaveien, een kanaal graven om overtollig regenwater af te voeren naar de rivier, en het rioolsysteem herstellen, dat tijdens de oorlog tussen Iran en Irak was beschadigd. Hij zag erop toe dat de winsten van de grote staatsboerderijen in Maysan naar de begroting gingen voor het opknappen van de moskeeën en naar fondsen voor de *zakat*, de vijfde zuil van de islam, zoals voorgeschreven in de Koran, een tiende penning voor liefdadigheid, bestemd voor de armen. Hij riep een commissie in het leven die verzoekschriften van gewone mensen moest behandelen en bood studenten die naar de universiteit gingen beurzen aan en gehandicapten uitkeringen. Hij schonk oorlogsweduwen en lokale ambtenaren stukken land, en als hij dorpen bezocht nam hij zakken graan en rijst mee voor arme families. Hij richtte een bureau in waar vrouwen klachten konden indienen tegen hun echtgenoten wegens gewelddadigheden en dronkenschap. Op dinsdag hield hij open dag zodat gewone mensen met hun zorgen bij hem konden komen (hoewel in de praktijk de bureauchef vaak mensen wegstuurde). Op een keer kwam er een oude man pleiten voor zijn vier zoons die ter dood waren veroordeeld. Kamel Sachet nam de zaak door en liet ze alle vier vrij. Hij zorgde er altijd voor zijn besluiten zo te formuleren dat ze in lijn leken met het beleid van de president. Hij zei bijvoorbeeld: 'Saddam zegt dat we de salarissen van onderwijzers moeten verhogen omdat te veel onderwijzers onze scholen verlaten voor de private sector.'

En het beruchtste besluit was het sluiten van alle kroegen en drankwinkels in de provincie.

Arshad Yassin, Saddams neef, zwager en voormalig hoofd van de presidentiële lijfwacht, kwam naar Amara voor een semi-officieel bezoek. Kamel Sachet probeerde die baathisten uit Bagdad te vermijden met hun officiële poespas – zo weigerde hij eens het hoofd van de Irakese Vereniging van Kunsten te ontmoeten (hij had geen tijd voor kunst en amusement). De man was speciaal gekomen om hem te spreken. Maar Arshad Yassin stond te dicht bij de president om hem af te schepen, hoezeer hij hem ook verafschuwde. Kamel Sachet ontving hem in het kantoor van zijn medewerkers. De bureaumanager schonk thee, aan de andere kant van de deur namen twee groepen lijfwachten elkaar op. Arshad Yassin berispte Kamel Sachet:

'Abu Omar, je hebt hier een islamitische ministaat gecreëerd!'

Verscheidene functionarissen van de afdeling Amara van Udays Olympisch Comité alsook het hoofd van de Baathpartij in Maysan, een afzichtelijke dronkaard met de naam Aziz Salih al Numan, die Kamel Sachet kende en verafschuwde sinds hij hem in Koeweit had leren kennen, hadden binnen gehoorsafstand van de president geklaagd over de religieuze excessen. Arshad Yassin was gekomen om een verzoening tot stand te brengen. 'Laat ze ten minste die kroeg aan de Bagdadweg die nog open is, houden, Abu Omar...'

Maar Kemal Sachet antwoordde: 'Is er nog een kroeg open? Zo, ik zal die onmiddellijk laten sluiten!'

Voorlopig steunde Saddam hem, maar onvermijdelijk voelden die baathisten, die hadden verwacht automatisch beloond te worden met grote lappen genationaliseerde landbouwgrond en bouwcontracten, zich tekortgedaan en ze gingen tekeer tegen Kamel Sachets sociale maatregelen en zijn religieuze fanatisme. Aziz Salih al Numan was zijn prominentste tegenstander.

Niemand die ik heb gesproken had een goed woord over voor Aziz Salih al Numan, volgens iedereen een kettingrokende alcoholist die leed aan diabetes, jicht en een verschrikkelijk humeur. Hij was een van de leden van het driemanschap dat het in Koeweit voor het zeggen had gehad, en toen al hadden Kamel Sachet en hij een wederzijdse afkeer van elkaar ontwikkeld. Hij was een beroepsapostel van Saddam, een kopie met een dubbele kin en een zelfvoldane grijns, een zwarte militaire baret en een snor, een kleingeestig tirannetje, dat kroop voor zijn meester, een sjiiet die zijn politiek onzekere positie compenseerde door zich op te werpen als een trouwe uitvoerder van Saddams verstikkende onderwerping van het sjiitische zuiden. Zijn broer was vermoord en hij koesterde de niet onredelijke waan hetzelfde lot te zullen ondergaan; er werd beweerd dat er in Koeweit een prijs op zijn hoofd was gezet. De meeste tijd bracht hij door in Kut, maar hij had ook een huis in Amara, dat was gebouwd als een gefortificeerd kasteel met torens, omringd door een hoog hek en bekleed met marmer. Het gerucht ging dat er in de kelder een gevangenis was. Kamel Sachet weigerde contracten af te sluiten met Numans familieleden en wilde per se dat ze uitgesloten werden van openbare aanbestedingen en hij wees hem niet de overheidsgebouwen toe waar hij zijn zakelijke belangen wilde onderbrengen. Numan klaagde bij Ali Hassan al Majid en bij Hoessein Kamel, verspreidde geruchten in Bagdad, noemde Kamel Sachet een wahabiet, en schreef rapporten waarin hij hem beschuldigde van toegevendheid jegens degenen die de president vervloekten.

Kamel Sachet en Aziz Salih al Numan vermeden elkaar zo veel mogelijk, maar er deed zich een incident voor tijdens een feestmaal, dat was georganiseerd om de dag te herdenken waarop Saddam de laatste maal Maydan had bezocht. Nadat Aziz Salih al Numan was gearriveerd moest hij door slechte timing en miscommunicatie vijftien minuten wachten voordat Kamel Sachet hem kwam begroeten. Hij was woedend over deze protocollaire nalatigheid en het gebrek aan respect en hij schreeuwde in het bijzijn van verschillende andere officieren tegen Kamel Sachet: 'Waarom zijn we niet op een fatsoenlijke manier begroet? Zijn wij soms jouw hofnar?'

'Als je weet wat je bent, waarom vraag je er dan naar?' antwoordde Kamel Sachet kwaad en greep naar zijn pistool. Aziz Salih al Numans haren stonden recht overeind, zijn hand bewoog ook naar de holster op zijn heup en hij bleef brallen.

'Jij verdient deze functie niet, ik ben de vertegenwoordiger van de president! Na deze belediging zal ik mijn maatregelen nemen!'

De volgende dag werd er een informele verzoeningsbijeenkomst gehouden, die Nejar (af en toe lijfwacht van Aziz Salih al Numan) voorzat. In de lucht hing spanning en op tafel stonden drie Pepsi's.

Aziz Salih al Numan boog zich over de tafel en speelde de oude en wijze professor. 'Luister. Je bent de gouverneur. Je hebt een hoge rang in het leger. Je hebt een nauwe band met Saddam

Hoessein. Maar luister. Nejar is getuige van wat ik je te zeggen heb: gedraag je niet op deze manier, of er nu iets aan de hand is of niet – je vertrouwen in Saddam Hoessein is honderd procent, maar Saddam heeft de partij meer nodig dan het leger. Hij had jou nodig als militair commandant in de oorlog met Iran en hij schonk je auto's met gouden sleuteltjes, en hij had jou nodig in Koeweit. Ik weet dat je oprecht bent in je betrekkingen met Saddam. Maar vertrouw niet honderd procent op hem. We weten toch wie er beledigd is als ik Saddam vertel dat ik als zijn vertegenwoordiger moest wachten en dat Kamel Sachet me niet verwelkomde? Hij! Je zou worden geëxecuteerd!'

Kamel Sachet wist dat het waar was wat hij zei, maar hij hield zich flink: 'Ik heb niets gedaan waarvoor ik geëxecuteerd zou moeten worden. Het was een administratieve vergissing.'

Ruim twee jaar nadat Kamel Sachet tot gouverneur van Amara benoemd was, stapelden de rapporten zich op – te veel klachten uit te veel verschillende hoeken – en toen werd hij benoemd in een administratieve functie bij de presidentiële organisatie in Bagdad, waar hij verantwoordelijk was voor de verkoop van regeringsauto's. Voor deze positie was hij aanbevolen door Khalid al Janabi, de sjeik van de Janabiclan en toentertijd burgemeester van Bagdad. Het was een functie die Saddam goed uitkwam: de recalcitrante en onafhankelijke extremist was op een zijspoor gezet en belast met nuttig werk dicht in de buurt. Wat Saddam betreft was het inderdaad een goed idee. Het kantoor voor de verkoop van regeringsauto's was altijd een broeinest van vriendjespolitiek geweest, maar nu kon hij vertrouwen op de onberispelijke reputatie van de generaal, zijn oorlogsheld. Deze zou zijn taak uitvoeren zonder dat hij iemand begunstigde (Kamel Sachet stond zelfs zijn zoons niet toe een van de regeringsauto's te kopen waarvoor hij verantwoordelijk was – een stukje onkreukbaarheid dat zijn zoons ernstig frustreerde) terwijl hij ontslagen was van elke militaire taak en gescheiden was van het officierskorps, dat hem vereerde.

Nejar wilde graag de grote kwaliteiten beschrijven van Kamel Sachet, zijn dapperheid en zijn goedheid. En terwijl hij zijn ogen tot spleetjes trok maakte hij duidelijk dat hij de herinnering aan Kamel Sachet en zijn reputatie wilde beschermen. 'Heb het niet over persoonlijke details,' waarschuwde hij me. 'Ik maakte carrière met Kamel Sachet, hij was me heel goed gezind en ik ben loyaal jegens hem en ik waarschuw u, daar moet u het niet over hebben. Ik was vele malen bij hem thuis, heel vaak, en ik heb nooit zijn vrouw of dochters ontmoet.' Hij keek me diep in de ogen om te taxeren wat ik wist. Ik keek hem op mijn beurt strak aan. Hij sloeg zijn ogen neer en ging verder met de korte levensbeschrijving van de generaal.

'Kamel Sachet heeft enkele malen om zijn pensionering gevraagd. Ik raadde hem aan zo'n verzoek niet direct aan de president te richten, omdat de president daar iets achter zou proberen te zoeken en het zaakje niet zou vertrouwen. Hier ging hij in de fout.' Nejar zweeg even. 'Hij was niet bang voor Saddam Hoessein. Hij was eerlijk tegenover hem, hij geloofde dat Saddam een vriend was en hem vertrouwde en hij geloofde niet dat hij hem zou verraden.'

De volgende keer dat ik majoor Nejar ontmoette was in de koffiebar van mijn hotel. Hij leek verward en nerveus. Zijn opschepperij was agressie geworden. Het was nu half april 2004 en Falluja stond in vuur en vlam, Moqtada's sjiieten waren in opstand gekomen in Kufa en niemand kon nog volhouden dat het geweld niets anders was dan een kinderziekte aan het begin van een nieuw tijdperk van democratie en voorspoed. Nejar wilde niet langer herinneringen aan Amara ophalen en over de prestaties van Kamel Sachet daar vertellen. Hij was taxichauffeur geweest om de eindjes aan elkaar te knopen maar zijn geld raakte op en die omstandigheid was niet goed voor zijn zelfrespect en zijn inkomen. Hij zocht iets wat hem een zeker aanzien kon verlenen. Zonder veel omhaal vroeg hij me of ik hem aan een baantje kon helpen bij de nieuwe Irakese Mukhabarat.

'Werken voor de Amerikanen?' vroeg ik ongelovig.

'Ik weet het een en ander,' liet hij doorschemeren. 'Ik wil een baan. Voor mijn toekomst.' Hij zei dat hij zijn naam op de lijst had gezet maar dat ze hem niet hadden gebeld. Een paar van zijn voormalige collega's waren al gebeld en hij was bang dat hij over het hoofd was gezien. Hij wilde dat ik bij iemand een goed woordje voor hem deed om zijn naam hoger op de lijst te krijgen. Ik vertelde hem dat ik geen bijzondere contacten had met de Amerikanen in de Groene Zone en geen mogelijkheid om zijn verzoek in te willigen. Zijn gezicht verstrakte en hij herhaalde zijn verzoek. Hij zei me dat de mogelijkheid om verder te praten in verband stond met deze wederdienst. Ik herhaalde dat ik maar een journaliste was en geen invloed had. Hij lachte spottend, leunde achterover in zijn stoel en knipte met zijn vingers naar de ober om de rekening te brengen. We spraken elkaar nooit meer.

Evenmin als hij een keus had bij zijn benoeming tot gouverneur zo had Kamel Sachet zonder morren ook zijn nieuwe functie in de presidentiële kanselarij te aanvaarden. Hij had allang zijn trots bij dit soort dingen overboord gezet en had er lak aan dat het de schijn had van een degradatie, maar de gedwongenheid en de argwaan aan Saddams hof zetten zijn conversatie en zijn humeur onder druk. Elke dag ging hij naar kantoor, organiseerde vakkundig de verkoop van regeringsauto's en andere bijkomende zaken – zoals een poging van de regering om wat contanten binnen te halen toen de sancties werden aangehaald – en als tegenwicht besteedde hij de rest van zijn tijd aan het bouwen van moskeeën.

De eerste moskee bouwde hij in Bagdad, in Saidiya, niet ver van zijn huis, op een stuk land dat hij had gekocht met hulp van sjeik Khalid al Janabi. Hij liet een kale betonnen kubus bouwen zonder minaret – hij geloofde niet in geld verspillende versieringen – en noemde haar naar een van zijn overwinningen, die dezelfde naam had als een van de divisies waarvan hij commandant was geweest, de Sadiqmoskee.

De moskee was zo simpel mogelijk gehouden. Kamel Sachet eiste eenvoud en vroomheid. Hij zag erop toe dat er een ruimte met een pad was tussen het hek en de toegangsdeur tot de moskee, zodat mensen even konden nadenken over de afstand tussen de openbare weg en hun dagelijkse zorgen enerzijds en een Godwelgevallige ontvankelijkheid anderzijds. Hij stond niet toe dat er zoals gewoonlijk schoenenrekken in de moskee stonden. Hij zei dat er binnen de moskee helemaal geen plaats was voor schoenen, ook niet als ze in de hand werden gehouden, maar dat ze buiten bij de ingang moesten worden achtergelaten. Binnen waren de muren, afgezien van een paar gekalligrafeerde soera's, kaal, de kleden kwamen van de fabriek, en er was geen airconditioner waarvoor eventueel een dure generator nodig was. Harith al Obeidi, de jonge islamgeleerde die Kamel Sachet als imam had ingehuurd, stelde voor een kleine tuin aan te leggen, iets groens en vredigs, maar Kamel Sachet zei dat hij geen geld wilde verspillen aan ijdele afleiding.

'Zijn militaire mentaliteit bepaalde zijn religieus gedrag.' Met die woorden beklaagde Harith al Obeidi zich tegenover mij. Ik ontmoette hem in de zomer van 2007 voor een kop thee op een terras van een restaurant in het oude centrum van Damascus. Hij was parlementslid geweest in het post-Saddamtijdperk en lichtte me in over de staat van politieke desintegratie in Bagdad, dat hij onlangs had verlaten. Het politieke tij binnen de soennitische partijen had zich gekeerd tegen de huichelachtige samenwerking met de sjiitische partijen, en zijn soennitische fractie had zich teruggetrokken uit de regering Maliki. Hij stak zijn armen in de hoogte, uitgeput door het cynisme, door al die bommen, de milities, de Iraanse ambities en de Amerikaanse kortzichtigheid...

'Een officier zal altijd een officier blijven,' zei hij over Kamel Sachet, en hij trok zich terug in de veilige haven van zijn herinneringen. 'Ik zag hem eens de schoenen naar buiten smijten van een man die naar de moskee was gekomen om te bidden en ze mee naar binnen had genomen. En hij was bezeten van het idee om persoonlijk de moskee schoon te maken. Elke donderdagavond kwam hij op zijn knieën de vloer schrobben. Soms bracht hij zijn oudere zoons mee. En over het betalen van de onderhoudskosten; hij wilde geen giften aanvaarden, hij zei altijd: "Die hebben we niet nodig, ik wil geen liefdadigheid!" Hij wilde zelfs geen versleten meubels vervangen. Het enige wat voor hem telde was het vervullen van zijn religieuze plicht.'

Harith al Obeidi had gestudeerd aan de Sharia-universiteit

van Bagdad, had zijn doctoraal in de islamitische wetenschap gedaan en ook in de vergelijkende filologie en zijn proefschrift was gewijd aan 'voorschriften voor een reiziger volgens de sharia'. Hij omschreef zichzelf als gematigd, iemand die de voorkeur gaf aan de dialoog en die de voorschriften van Kamel Sachets extremisme benauwend vond. 'Hij was praktisch een salafist. God was de enige wet en de Koran was de enige gids.' Kamel Sachet stond hem niet toe mensen te helpen die naar hem toe kwamen om advies of met huislijke problemen. Volgens hem was een moskee er om te bidden, niet om pastorale hulp te bieden, en ook niet voor gemeenschapsprojecten. Hij hechtte groot belang aan het uit het hoofd leren en het reciteren van de Koran en hij organiseerde cursussen voor jonge jongens, maar hij stond niet toe dat de moskee het jeugdvoetbal steunde zoals sommige moskeeën deden: voetbal had niets te maken met de verheerlijking van God.

De Sadiqmoskee bleef binnen de perken van Kamel Sachets opvattingen. Het was de plaats waar hij zich het meest op zijn gemak en het meest ontspannen voelde. Op het moment dat hij over de drempel stapte verscheen er een glimlach op zijn gezicht: de genade van de onafhankelijkheid, Gods ruimte wellicht, vrij van dwingelandij. Misschien was hij zelfs gelukkig. De mensen om hem heen wisten dat hij hun op die momenten alles zou geven wat ze hem vroegen.

Ik veronderstelde altijd dat Kamel Sachets relatie met de islam persoonlijk was bepaald, een persoonlijke troost, een innerlijke wereld, een oord van retraite. Hoewel hij extremer was dan de meesten stond hij niet alleen in zijn hang naar oude inzichten. Gedurende de jaren tachtig en negentig was er in de Arabische wereld een wijdverbreide neiging tot de praktijk van de conservatieve islam. Vrouwen gingen hoofddoeken dragen, cafés werden gesloten, onbetamelijk gedrag werd met afkeuring bekeken en gehekeld. In zekere zin leek de islam bescherming te bieden tegen onberaden en onrechtvaardige directieven van heer-

sers en corrupte functionarissen, een reactie op seculiere regimes – Jordanië, Irak, Syrië, Egypte, Saoedi-Arabië, Tunesië,
Marokko, Indonesië – alsook een afwijzing van westerse voor-
beelden, zowel het communisme (dat onder zijn eigen gewicht
was bezweken), als de democratieën van Europa en Amerika,
die de mensenrechten predikten en de monarchen en de dic-
tators steunden die hen onderdrukten. Deze opbloei van de islam werd een nieuw soort panarabisme, een manier om weer
een cultuur met moraal, waarden en identiteit terug te winnen.

Bushra, de vrouw van dr. Laith, was de hijab pas laat in haar
leven gaan dragen, maar ze kon niet verklaren waarom precies
– het was diep verborgen, niet uit te leggen. Ze zei dat het gewoon prettiger aanvoelde. Um Omar had tot ze in de dertig
was de westerse mode en roklengte gevolgd, maar ze had zich
onderworpen aan de wensen van haar echtgenoot en aan de regels van haar geloof. Steeds als ik in Irak vroeg om fotoalbums
van familie in te zien zag ik die ontwikkeling. Van minirokken
via met veren versierde zomen en opwaaiende zomerjurken in
de jaren zeventig naar hoofddoeken en tot de enkels reikende
mantels. In de loop van twee decennia hadden vrouwen zich teruggetrokken in de veilige huls van de hijab.

Saddam had een fijn gevoel voor passende kledij. In de jaren zeventig stond hij bekend om zijn chique kostuums en Italiaanse schoenen, een man van internationale distinctie; in de
jaren tachtig kwam hij zelden uit zijn uniform (simpel en on-
opgesmukt, net als Napoleon en Stalin, andere heersers die de
noodzaak van theatraal vertoon begrepen); in de jaren negentig toonden zijn portretten op tegels, schilderijen, fresco's, in
drukinkt, en in brons gegoten hem zoals de gelegenheid vereiste: met een specieplank bij een universiteit, met een stetho-
scoop voor een ziekenhuis, in uitbundig versierde djellaba op de
snelweg naar Amman, in gevechtsuniform bij een paradeplaats
en zelfs, schijnbaar zonder enige ironie, in Koerdisch kostuum,
compleet met het laaghangende kruis, aan de toegangsweg van
Kirkuk.

Saddam ging mee met de nieuwe golf van religieus conservatisme, mat zich een retoriek aan en liet propagandamateriaal maken dat overeenstemde met de geest des tijds. Hij nam het initiatief tot de bouw van de Moeder van Alle Veldslagen Moskee in Bagdad, die de grootste moskee ter wereld moest worden, hij maakte een nieuw ontwerp voor de nationale vlag, met de inscriptie ALLAHU AKBAR (God is Groot) en hij liet met bloed een Koran schrijven, waarover hij zei dat het zijn eigen bloed was. Maar het leek wel of hij de zee wilde indammen. Bidden is een collectieve aangelegenheid en de preek op vrijdag biedt gelegenheid tot meningsvorming. De nieuwe religieuze stemming was een geruststellende ruis aan de kust van de openbare meningsvorming, maar het water kon ook golven van oppositie veroorzaken. De islam politiseerde tot een -isme, tot islamisme. En moskeeën werden de voor de hand liggende ontmoetingsplaatsen.

Jongemannen kwamen naar het vrijdaggebed om te luisteren naar imams die een islam predikten die was verankerd in de door God gegeven sharia en daarom zuiverder en hoogstaander dan de seculiere autoriteit, die door mensen was bedacht. Doordeweeks gingen ze na het werk bidden en hingen dan tot diep in de avond rond op het binnenplein om met elkaar te praten. Ze discussieerden over de islam en de sharia en bestudeerden de Koran en de Hadith, lieten hun baarden groeien, droegen de traditionele djellaba in plaats van moderne buitenlandse broeken en sommigen droegen ze opzettelijk kort, tot boven de enkels, zoals de eerste volgelingen van de profeet Mohammed. De veiligheidsdiensten stuurden stillen op hen af om zulke groeperingen te infiltreren. Al Obeidi lachte. 'Iedereen wist wie het waren omdat ze korte djellaba's droegen met op hun gezichten alleen een snor.'

Tijdens de ramadan van 1993 vroeg Kamel Sachet een beroemde en controversiële geestelijke om in de Sadiqmoskee voor te gaan in gebed. Spandoeken die zijn komst aankondigden werden overal in de wijk opgehangen en op de desbetreffende vrijdag liep de moskee vol en ook de aangrenzende straten. Honderden mensen legden hun gebedskleedjes op het asfalt en hurkten op de stoepranden om te luisteren naar de preek, die uit de luidsprekers klonk. De geestelijke, afkomstig uit dezelfde clan als Kamel Sachet, was kort tevoren gedenuncieerd door de regering en uit zijn functie in het Islamitisch Comité ontslagen – de grootte van zijn populariteit was evenredig aan die van zijn tegendraadsheid. Zijn woorden klonken helder door de geluidsverbinding en schalden over de instemmend knikkende menigte. Op een dag zou er een einde komen aan seculiere regimes! De islam was de enige juiste en rechtvaardige weg! De sharia was de heilige plicht van elk mens! Het was de taak van de jeugd om op te staan, om gehoorzaam te zijn aan hun godsdienst en hun God en om het voorbeeld van de profeet Mohammed (vrede zij met hem) te volgen!

Harith al Obeidi zei dat ook hijzelf de kansel begon te gebruiken als provocatie. Hij begon de dienst niet langer met een gebed voor het leven en de gezondheid van Saddam Hoessein en hij nam vaak het risico om preken te houden waarvoor hij niet eerst de vereiste toestemming van het officiële Islamitisch Comité had gekregen. 'Als ik in weer een andere moskee predikte kwam ik altijd net voordat ik het woord nam en vertrok onmiddellijk daarna om de Mukhabarat te ontlopen.' Maar het was altijd riskant. Diverse malen kwamen agenten van de Mukhabarat naar de Sadiqmoskee met vragen en dreigementen.

'Waarom bid je niet voor de president?'

'Kom mee naar het bureau om vragen te beantwoorden.'

'Waarom komen er zoveel jonge mannen naar je moskee?'

'Weet Kamel Sachet wel dat het er zo veel zijn?'

'Wie zijn het?'

'De moskee zou niet open moeten zijn tussen zonsondergang en het avondgebed.'

Toen Al Obeidi Kamel Sachet vertelde over hun bezoeken vervloekte hij hun ingrijpen en noemde hen honden.

Het was moeilijk een gedragslijn te volgen die het midden

hield tussen de beschuldiging van oppositie en de rechtvaardiging van de heilige rechten van de eredienst. Maar het was een even hachelijk balanceren voor Saddam: na fatale auto-ongelukken en overvallen vanuit hinderlagen door 'onbekende aanvallers' die populaire imams overkwamen, braken er hevige rellen uit. Kamel Sachet liet nooit zijn masker van eeuwige trouw zakken, maar in kringen van Saddams hofhouding, door mannen als Aziz Salih al Numan, Hoessein Kamel en Ali Hassan al Majid, werd Kamel Sachet openlijk een wahabiet genoemd. Er circuleerden rapporten waarin hij ervan werd beschuldigd antinationale, Saoedische relaties te onderhouden en Saoedische fondsen te ontvangen voor zijn moskeeën.

Na een paar jaar verliet Harith al Obeidi de Sadiqmoskee. Misschien voelde hij zich te kwetsbaar worden, misschien omdat hij, zoals hij zei, Kamel Sachets bemoeienissen en keiharde kritiek moe was. 'Ik houd niet van radicalisme,' zei Al Obeidi. 'Kamel Sachet legde mij en de moskee te veel zijn eigen, persoonlijke meningen op.' De imam die tijdens de ramadan had gesproken was niet lang daarna het land ontvlucht en bij verstek ter dood veroordeeld. Ongunstige rapporten stapelden zich op in het dossier Kamel Sachet.

12 Zijn sjeik

In de vroegste geschiedenis van het Arabisch schiereiland, ver voor de geboorte van de profeet, leefde er een christelijke stam in Jemen, de Kelbi, die werd geleid door een dichter genaamd Zuhair bin Janab. Toen de islam geconsolideerd was en zich zegevierend verspreidde, trokken de Kelbi's naar het noorden en versmolten met de moslims die Syrië veroverden. Mo'awiyah, de vijfde kalief, stichter van de Umayyadendynastie, en veroveraar van Syrië en Egypte, had een Kelbi als vrouw. Zijn zoon, Yazid, de overwinnaar van Kerbala en moordenaar van de martelaar Hoessein, die een kleinzoon was van de profeet (en daarom is Yazid de grootste boosdoener voor alle sjiieten), nam als een van zijn vrouwen ook een Kelbi. Yazid stierf in 683 kinderloos en de dynastie ging over op een andere familie binnen de clan. De Kelbi's raakten uit de gratie en trokken langs de Eufraat naar het zuiden.

Ze vielen uit de geschiedenis tijdens het grillige woestijnleven, in het zand dat over eeuwenlange gortdroge leemten werd geblazen. Zo'n duizend jaar geleden werden de Kerbi's de Janabiclan. Als nomaden, schaapherders en kamelenhandelaren vestigden ze zich waar ze maar grasland konden vinden en verhuisden al naar gelang de gesteldheid van het land en de wisselvalligheden van de oorlogen. Ze verspreidden zich van Ramadi en Fallujah tot Hilla en zuidwaarts, van Mahmoudiya, Latifiya, Iskandariya tot Jurfa Sakr ten westen van de Eufraat. Sommigen vestigden zich in Bagdad en Janabi's werden genoemd in documenten en kronieken. Anderen vestigden zich in de buurt van de heiligenschrijnen in Najaf en Kerbala, trouwden met sjiieten en bekeerden zich tot het sjiisme. In de negentiende eeuw verkochten ze victualiën aan de Ottomaanse legers, in het begin van de twintigste eeuw groeven ze kanalen voor de Britten en ten tijde van Saddam Hoessein bemanden ze de veiligheidsdiensten en de kanselarijen van de Irakese staat. De Janabi's groeiden in aantal tot ze een kwart miljoen leden telden.

De geschiedenis sloeg neer in verhalen en gedichten, veldslagen, helden en vetes, folklore, schimmenspel, fluisteringen van oude mannen en grootmoeders. Altijd werd aan een zoon een reeks van tien generaties voorouders doorgegeven. Adnan Janabi, sjeik van de Janabi's, noemde tegenover mij met gemak zijn naam met een lange reeks namen van voorouders: 'Adnan Abdul-Munim Rashid Ali Khalaf Ouaid Khattab Mohammed Alloush Mohammed Noufal Mohammed Ali Ougab...' veertien in totaal.

Hij herinnerde zich de dood van de laatste kameel van zijn grootvader. Dat was in 1945, hij was vijf jaar oud – hij herinnerde zich niet waaraan het beest doodging, alleen dat het de laatste kameel was, allang van geen nut meer, en dat zijn karkas een schaduw vormde op de grond. Daarna gebruikte zijn grootvader het zadel om er met zijn elleboog op te leunen zoals bedoeïenen vanouds doen tijdens bijeenkomsten van de clan in de *mudhif*.

Hij vertelde me over een enorme bronzen schaal die hij had geërfd, tweehonderd jaar oud, waarop plaats was voor 250 kilo rijst, vier hele rammen en een gebraden stier. Adnan hield ervan de schotel elk jaar te gebruiken tijdens de *eid* in de maand van de hadj, als schapen werden geslacht als plechtige offergave en het vlees verdeeld werd onder de armen. Hij had de schaal laten verchromen omdat onbehandeld brons het voedsel kan vergiftigen. Er waren vijftien man nodig om het ding te dragen en dus had hij een speciale kar laten maken zodat het gevaarte gemakkelijker was te transporteren.

Adnan lachte. 'Ik heb hem gemechaniseerd', en hij tilde zijn hoofd weer op na een lange trek aan de nargileh, om te zien hoe

Tunesië tijdens het wereldkampioenschap scoorde tegen Spanje. Het was juni 2006, we zaten in Beirut in een café met veel marmer en dof geworden spiegels, kletterende backgammonstenen, tv-schermen voor het voetbal, glaasjes met melkachtige arak en schoteltjes pistachenoten. Adnan was verhuisd naar Beirut omdat Bagdad te gevaarlijk was. Hij was een gematigd man en hij werd dus bedreigd door beide partijen: soennitische opstandelingen die betrekkingen onderhielden met Al Qaida in Mesopotamië en sjiitische revanchisten met hun Mahdimilities. 'Ik sta op alle eersterangs dodenlijsten!' Adnan zag er niet uit als een sjeik, hij had niet de gebruikelijke Irakese buik, had zijn haar niet zwart geverfd, geen snor en geen opschepperij. Hij was daarentegen tenger, kaal, gladgeschoren en had het intelligente voorkomen van een oude wijze man, terwijl hij toekeek hoe voetballers heen en weer renden op het groene veld. 'Spanje gaat nu terugkomen, de Tunesiërs hadden te vroeg geluk. De Spanjaarden zijn sterker en gaan winnen.' Adnan zat achter een glas wijn waarvan de inhoud was geslonken en hij bestelde nog een fles en stak de draak met zijn eigen mateloosheid: 'En veertig jaar geleden was ik communist.'

Adnan was in feite een Irakese anomalie. Een leider zonder agenda, ideologie, vooroordeel of haatgevoelens. Hij zag in de golf van geweld in Irak een bijkans verpletterende hulpeloosheid. Hij probeerde waar hij kon te bemiddelen in ontvoeringszaken, journalisten te beschermen die wreedheden onderzochten, en hij drong aan op terughoudendheid, samenwerking en onderhandelingen – maar het bloedvergieten was niet te stuiten, de doos van Pandora had helse monsters gebaard. Dagelijks drukten de kranten aanvechtbare cijfers af: 23, 42, 59, 130, 168 – zo veel dat de contouren van de doden verdwenen achter de getallen. De beelden van zwarte rook en autobommen, witte ambulances, rode plassen bloed op het asfalt, waren dagelijkse kost en er werd steeds minder verslag van gedaan. Krantenkoppen vermeldden bloedige en walgelijke nieuwigheden: afgehakte hoofden in zwart linnen vuilniszakken, lichamen op een afvalhoop gedumpt, met gebonden handen en doorboorde schedels, een gewaagde ontvoering van meer dan honderd werknemers van een ministerie, een nieuw soort autobom, die wolken giftig chloorgas verspreidt.

Adnan analyseerde onberispelijk correct. Hij zei dat rechts- en ordehandhaving alleen mogelijk waren als het centrale gezag, de regering van de staat, het geweldsmonopolie bezit. In Irak had iedereen een schietwapen en elke politieke voorman, sjeik of wijkhoofd, beschikte over een leger, een gewapende lijfwacht of een militie. Het gevolg was anarchie en zolang noch de Amerikanen noch de Koerden, soennieten en sjiieten bereid waren dit monopolie te erkennen zou de anarchie voortduren. 'Ik ben een realist. Als ik iets in dit leven heb geleerd is het realisme.'

Tijdens het wereldkampioenschap was Beirut versierd met vlaggen van vele landen: elk huis had een ander land gekozen, de Braziliaanse vlag en het Engelse Sint-Georgekruis hingen aan de balkons naast Franse driekleuren en pizzarestaurants waren rood-wit-groen gekliederd. 's Avonds laat, als de cafés na de wedstrijden sloten, was het carnaval. Auto's stroomden door het centrum wapperend met de blauw-witte kleuren van Argentinië, de rode vlag van Marokko of het groen van de soennieten die veelal Saoedi-Arabië steunden. Het was een parodie op het verdeelde Beirut, een bizarre uitbarsting van ironie, en terwijl er een tetterende stoet langs het raam voorbijkwam bespraken Adnan en ik de sektarische strijd in Bagdad. Ik vertelde hem dat ik me de zwarte sjiavlaggen herinnerde die in 2004 in Bagdad uithingen om *ashura* te vieren, de dag van rouw om de kleinzoon van Mohammed, en dat de sjiieten ze daarna nooit meer hadden binnengehaald zodat ze in feite territoriale afbakeningen werden.

We deden er even het zwijgen toe. Het was glashelder. We schudden het hoofd en dronken nog wat wijn. Hoe moest er een einde aan worden gemaakt? Het kon niet worden gestopt. We zaten in een stad waar de kogelinslagen van vijftien jaar burgeroorlog nog te zien waren. Chaos kan niet beteugeld worden, het leek erop dat die eerst moet uitwoeden. Nadat het voetbal was afgelopen en de Spanjaarden inderdaad hadden gewonnen speelde een orkest oude Libanese liederen en iedereen werd sentimenteel. Er werden klaaglijke liederen gezongen van liefde en oorlog, en er werd geklapt om twee goedgevulde Levantijnse vrouwen met knalrode lippen aan te moedigen, die opstonden om met opzichtige heupbewegingen hartstochtelijk te gaan dansen, waarbij ze het zoete, melancholieke ritme met hun vingertoppen uit de rokerige lucht plukten. Zonder te weten wat ons te wachten stond applaudisseerden we terwijl het laatste vredige moment in dit gelukkige, dronken hoekje in het Midden-Oosten een nieuwe dag in ging. Nauwelijks tien dagen later begon de oorlog tussen hezbollah en Israël. Nog meer bommen, nog meer doden.

Adnan had Kamel Sachet goed gekend. De familie van Kamel Sachet stamde uit de Albu Hassountak van de Janabiclan, een familiegroep die een geschiedenis vol strijd om marginale stukken land kende, een minderheid met een reputatie van trots en agressie – Adnan vertelde me dat de Albu Hassoun nog maar kortgeleden, in de jaren vijftig, had gevochten met de woeste Garaghul om land dat door de veranderde stroombedding van de Eufraat nieuw was ontstaan. Aan beide zijden werd gemoord, maar in de volkse overlevering waren het de Albu Hassoun die de Garaghul overweldigden. Omwille van de bescherming die een verbintenis bood, huwelijkten de Janabi's hun dochters bij voorkeur uit aan de Albu Hassouns. Men zei dat een Janabi altijd een Albu Hassoun als lijfwacht moest hebben omdat hij anders beroofd zou worden. 'Met de Albu Hassoun moest je geen loopje nemen!' lachte Adnan. 'Maar Kamel Sachet was voor alle Janabi's een grote held.'

Kamel Sachets boerderij bij Hilla stond dicht bij het land van Adnans vader. Adnan leerde hem kennen in de jaren tachtig toen hij vaak naar de mudhif kwam en met een glas thee in zijn hand en zijn rode baret naast zijn elleboog geduldig zat te wachten terwijl de andere gasten weggingen. Hij gaf er de voorkeur aan met de sjeik te praten in een privé-audiëntie en Adnan merkte op dat hij een man was met onafhankelijke opvattingen, bijna een eenling. Adnan was onder de indruk van zijn zorgvuldige, openhartige manier van spreken, met een ondertoon van overmatige bescheidenheid. Kamel Sachet praatte graag over zijn boerderij, de irrigatie, de oogsten, de dadelopbrengsten en de waterrechten. De sjeik informeerde hem over zaken de stam betreffende, over de schandaaltjes van Janabi's die werkten in het presidentiële circus, en ze hadden het over mensen die ze kenden, commandanten, anekdoten, problemen en bevorderingen. Kamel Sachet bood elke Janabi altijd en waar hij maar kon zijn hulp aan. Hij betaalde collegegeld voor de dochter van een geëxecuteerde officier, die naar de universiteit ging om farmacie te studeren, hij gaf soldaten verlof om begrafenissen en bruiloften te bezoeken, of hij schreef, als ze gestraft waren omdat ze zonder permissie afwezig waren geweest, een officiële brief die hen excuseerde en die hun het leven kon redden. Dat was de wasta, de traditie ter wille van de verwantschap, de patriarchale bescherming van de stam.

Het was duidelijk dat Kamel Sachet de religieuze regels steeds serieuzer naleefde. Hij las veel godsdienstige boeken en ging vaak luisteren naar religieuze sjeiks, maar het viel Adnan op dat hij geen volgeling werd van een in het bijzonder. Hij vastte als de kalender dat vereiste en bad op de voorgeschreven uren maar extra vasten en nachtenlang bidden zag hij als betreurenswaardige mystieke buitenissigheden. Zelfs toen zijn vader was gestorven woonde Kamel Sachet de begrafenis niet bij. Volgens hem was dat soort bijeenkomsten weerzinwekkend en niet waarachtig islamitisch. In de Hadith, het levensverhaal van de profeet, dat de Koran begeleidt, staat geschreven dat begrafenissen snel en simpel, zonder omhaal en vertoon moesten plaatsvinden. Adnans oudste broer Khalid, die zijn vader was opgevolgd als sjeik, en op dat moment ook burgemeester van Bagdad was, moest Kamel Sachet een auto sturen zodat hij in staat was om met de nodige eerbied de afgezant te ontvangen die Saddam had gestuurd. Kamel Sachet waardeerde die politieke attentie, maar hij maakte zijn broers duidelijk dat, als ze dat wilden, het hun recht was om condoleances in ontvangst te nemen, 'maar ik ben hier uit sociaal plichtsbesef en niet voor die betuigingen van deelneming'.

Tijdens een van onze gesprekken opperde ik tegenover Adnan dat Kamel Sachets religiositeit in zekere zin een moreel pantser was. Adnan knikte. 'Hij voerde een innerlijk gevecht om zich te kunnen verzoenen met de staat. Hij deed zijn plicht als officier, als generaal. Hij werd geen kluizenaar of opstandeling, hij werd geen Osama bin Laden of heilige. Hij was geen zwakkeling die goede daden deed opdat hij in de hemel zou komen. Maar hij had die zekerheid nodig om zich aan vast te klampen terwijl hij probeerde om in een corrupte staat, waarin hij een belangrijk persoon was, een moreel juiste koers te varen.'

Kamel Sachet was de gevangene van zijn positie en van zijn plichtsbesef. Adnan daarentegen had gedurende een groot deel van zijn leven getwijfeld aan zijn engagement. In de jaren zestig had hij in Londen economie gestudeerd en maakte hij deel uit van een groep Irakese ballingen die schendingen van mensenrechten en het lot van politieke gevangenen natrokken tijdens de korte machtsovername van de Baathpartij in 1963. In de jaren zeventig was hij teruggekeerd naar Irak, aanvaardde een functie in het nieuwe ministerie van Olie en hielp de nationalisering van de Irakese olie te organiseren, een oude droom van hem. Maar al spoedig kwam hij in conflict met vicepresident Saddam Hoessein. In 1973 kondigde de OPEC een olie-embargo af als antwoord op de Oktoberoorlog tegen Israël. Adnan ontdekte dat Saddam, in strijd met het embargo, betrokken was bij de verkoop van olie achter de rug om van het regionaal bestuur van de Baathpartij. Op de een of andere manier (wasta) overleefde hij de toorn van Saddam en slaagde hij erin zich terug te trekken op het platteland.

'Ik trok een djellaba aan en werd boer. Ik had de grootste vis-kwekerij van het Midden-Oosten en ik werd een zeer rijk man.'

Hij deed alles wat hij kon om buiten het bereik van het ver-raderlijke regime te leven. Zijn oudste broer Khalid deed het tegenovergestelde. Khalid werd een intimus van Saddam, hij ging vaak met hem jagen, en klom via de partij op tot burge-meester van Bagdad – Adnan waarschuwde hem, probeerde hem tot rede te brengen, maar het baatte niet. Een van de re-denen dat hij met rust werd gelaten in zijn landelijke retraite-oord was dat Khalid een schikking had getroffen met Saddam, zo wist hij. Maar na vele jaren ongestoord vis kweken beland-de hij weer in een uitzichtloze situatie. In 1995 stierf Khalid in Rome, mogelijk vergiftigd, mogelijk op bevel van Saddam. Ad-nan werd de nieuwe sjeik van de Janabi's en moest prompt zijn opwachting maken.

Er kwam een auto voorrijden bij zijn huis in Bagdad. Hij wist niet waar hij naartoe zou worden gebracht en hij kon het niet vragen. Toen ze bij een regeringsgebouw aankwamen werd hem een kamer gewezen en gevraagd om te wachten. Na een poosje, misschien een half uur, werd hij in een tweede auto ge-zet en met een escorte door een controlepost geloodst naar het terrein van het Republikeins Paleis. Hij werd in een wachtka-mer gebracht, waar zijn identiteitspapieren opnieuw werden geverifieerd en zijn naam in een telefoonhoorn werd doorge-geven. De officieren in de kamer glimlachten, toonden respect en vroegen hem beleefd of hij lang had moeten wachten, of het met zijn familie goed ging, insjallah, het was warm van-daag, warmer dan normaal! Ze vroegen hem alles uit zijn zak-ken te halen en ze pakten zijn spullen, portefeuille, huissleu-tels, een notitieboekje, en deden die in een zakje. Toen kwam er een dokter in een witte jas de kamer binnen, die hem vroeg zijn handen te laten zien met de palmen omhoog waarna hij er met zijn vingertoppen overheen ging alsof hij een waarzegger was. Hem werd gevraagd zijn horloge af te doen. Hem werd gevraagd zijn kleren uit te trekken. De twee dienstdoende officieren bleven beleefd. Hij trok zijn hemd en zijn onderbroek uit. De officieren onderzochten zijn kleren nauwkeurig, gingen met hun handen langs elke naad en de binnenkant van zijn goed gepoetste schoenen werd zorgvuldig bekeken. Deze scène van vernederende naaktheid – Adnan trok vol weerzin en schaamte zijn lippen samen terwijl hij zich dit herinnerde – was er de oorzaak van dat hij zich in zichzelf terugtrok.

Ze vroegen hem zijn kleren weer aan te trekken en toen hij was aangekleed werd hij naar een kantoor gebracht, waar twee soldaten aan de deur stonden. De Heer President Saddam Hoessein zat achter een groot maar eenvoudig bureau. Adnan stond voor hem, er was geen stoel om op te gaan zitten. Saddam leunde achterover in zijn stoel, schraapte zijn keel en grinnikte luidruchtig, wat hij voor een vriendelijke begroeting hield. 'Hè-hè-hè.'

Adnans rang van sjeik bood een zekere bescherming en bracht ook risico's mee. Hij probeerde de eisen die bij zijn functie hoorden te omzeilen, zoals de vergaderingen van alle sjeiks en de giften van enveloppen met geld, 'een aandoenlijk bedrag, nog geen duizend dollar. Ik heb het maar één keer aangenomen, omdat een Janabi die voor de president werkte me vertelde dat ik het beter wel kon doen en ik heb het doorgegeven aan de liefdadigheid.' Net als bijna alle Irakezen manoeuvreerde hij zo behendig mogelijk en hoopte op een Irak na Saddam.

Het einde, toen het zover was, was een buitenlandse invasie. De Amerikanen! Operatie Iraqi Freedom! Massavernietigingswapens! War on Terror! Mission Accomplished! Tankcolonnes rukken op door de woestijn, Shock and Awe! Exploderende paleizen! Te midden van de vernietiging was er voor de Irakezen een glimpje hoop en de onbegrijpelijke paradox van een vrij land onder een bezetting.

Op 9 april 2003 trokken de Amerikanen het standbeeld van Saddam op het Firdousplein in Bagdad omver. Op 10 april riep Adnan een clanvergadering bijeen in Latifiyah, een stad ten zuiden van Bagdad, waar veel Janabi's woonden. Hij vroeg de clanoudsten, de rechters en de leiders van bevriende kleine clans wat ze wilden doen. Velen zeiden dat de waardigheid van Irak met voeten was getreden en dat ze moesten vechten. Adnan luisterde en antwoordde: 'Als we gezamenlijk besluiten om te vechten dan zal ik met jullie meevechten en zullen we tezamen vechten. Maar denk eerst aan de consequenties. Dit zijn de Amerikanen met hun vernietigende bommen. Als we gaan vechten zullen ze ons dat verzet zeker betaald zetten. Ik denk niet dat de Amerikanen zijn gekomen om het land over te nemen. Ze hebben geen imperiale ambities. Ik geloof dat ze een regering willen installeren waarop ze enige invloed hebben – waar ter wereld is er een regering waarop ze geen invloed hebben? Misschien is het beter af te wachten en samen te werken, op die manier zijn we beter in staat onze families en onze woongebieden te beschermen.'

In het begin waren de clanoudsten het eens met hem en het verzet was onbetekenend. Eens per week bezocht de Amerikaanse commandant in Hilla Adnan in diens mudhif om overleg te plegen. Adnan slaagde erin aan de weet te komen welke Janabi's op de nominatie stonden gearresteerd te worden en in sommige gevallen wist hij ingerekende Janabi's vrij te krijgen. Maar na zes maanden waren er steeds vaker arrestaties en nachtelijke klopjachten. Er was sprake van willekeurige maatregelen, valse getuigenissen, en erkende gezagdragers, zelfs vooraanstaande stamoudsten, werden gearresteerd en verdwenen zonder proces of schriftelijke verklaring in de Abu Ghraib. Juridische bijstand was niet toegestaan, ze werden verhoord, aan hun lot overgelaten, wekenlang zoek in het systeem, terwijl hun familieleden smekend voor gesloten hekken stonden. De Amerikaanse commandant in Hilla werd afgelost en Adnan merkte dat hij geen invloed had op diens opvolger. In Bagdad kon hij al helemaal geen toegang krijgen tot de plaatselijke commandanten.

Mensen werden kwaad, onrustig, onzeker. Tijdens de vrijdagdienst stelde een Janabi-imam Adnan aan de kaak als 'onze sjeik, de collaborateur!' De imam werd in de ban gedaan door de clanraad, andere imams ontzegden hem het recht te preken en Adnan zocht hem op om het uit te praten. De voorganger zei tegen hem: 'Ik geef toe dat je probeert te helpen. Maar al die clanleiders maken niets klaar. We hebben hier een nieuwe situatie. Zij willen alleen hun eigen geiten laten grazen.'

Op een avond, de bezetting was een paar maanden oud, zaten Adnan, zijn vrouw en zijn twee volwassen zonen thuis in Bagdad televisie te kijken. Ze hoorden een harde, doffe dreun, gekletter en geschreeuw. Het was een inval. Verscheidene potige Amerikaanse militairen, vervaarlijk in hun kogelvrije vesten en met hun gevechtsbepakking en helmen zoals bij de stoottroepen, met nachtkijkers als metalen snavels, vielen binnen. Adnan stond op om te protesteren maar hij werd door een gehandschoende hand in zijn nekvel gepakt en met zijn gezicht in het tapijt gedrukt.

We zaten in Beirut in een rustig café te praten. Adnan dronk whisky. Toen hij me dit verhaal vertelde keek hij me niet aan, hij keek in zijn glas, in een nare, onaangename herinnering.

'Ze begrijpen niets van onze cultuur, niets.'

Ik zei iets aardigs. Ik begreep, zei ik, de gekrenkte trots – dat het hoofd van de familie op deze manier ten overstaan van zijn vrouw en zonen wordt vernederd –, niet de angst (geen enkele Iraki zal ooit toegeven bang te zijn) maar de kleinering.

Adnan onderbrak me. 'Nee. Dat is niet hetzelfde.' Hij was niet zomaar iemand die leed onder het gebrek aan waardigheid onder de bezetting. Hij was een sjeik, een leider. 'Het was onaanvaardbaar,' zei hij nadrukkelijk, 'totaal onaanvaardbaar.'

Adnan vertelde niemand wat er was gebeurd. Hij zette zijn eergevoel opzij en bleef proberen samen te werken met de Amerikanen binnen het kader van het lopende politiek proces, in het bijzonder de pogingen een grondwet te schrijven en het voorbereiden van een soevereine Irakese regering. Hij trad toe tot de regering als minister zonder portefeuille en sloot zich aan bij Ayad Allawi, die door de Amerikanen in stelling gebracht was om de seculiere, samenbindende Irakese leider te worden.

Eind maart 2004, nadat vier Amerikaanse huurlingen waren aangevallen die door Falluja reden, waarna de Amerikanen de stad met tanks omsingelden, probeerde Adnan te bemiddelen tussen de Amerikanen en een plaatselijke opstandelingenleider, die een Janabi was. Deze stemde ermee in om de buitenlandse militairen te laten gaan in ruil voor een staakt-het-vuren, maar heetgebakerde plaatselijke jihadi's noemden hem een verrader en wezen elk compromis van de hand. 'De gematigden verliezen altijd na een tijdje,' zei Adnan droevig. Hij probeerde te praten met de 'heethoofden', maar waarschuwingen en redelijkheid ketsten af op ideologie. Het tij was al gekeerd, het geweld dreunde door in persconferenties, de revolte maakte elk politiek proces discutabel, maar niemand erkende dit nog. De sjiitische partijen, de Dawa, waarvan een aantal leiders in ballingschap leefde, en de SCIRI (Supreme Council for the Islamic Revolution in Iraq), een organisatie onder protectie van Iran, bleven dominant, plaatselijke sjiitische fracties (vooral het Mahdileger) bewapenden zich door toe te treden tot de politie, om vervolgens te gaan ruziën en in opstand te komen. De soennieten raakten verbitterd, werden woedend, rancuneus, en beklaagden zich er zonder zichtbaar resultaat over dat de Amerikanen partij hadden gekozen.

In januari 2005, net voor de eerste verkiezingen, ging ik Adnan bezoeken in Bagdad in een huis dat hij had gehuurd in een bewaakte en ommuurde wijk naast de Groene Zone, bewoond door regeringsfunctionarissen. Hij zei dat hij een escorte van twee lijfwachten in een auto zou sturen en we kwamen overeen dat we hen zouden ontmoeten op het stuk vlakke gebarsten asfalt onder de Jadriyehbrug. Vroeger was dit een plek waar mannen hun vrouwen leerden autorijden, nu was het een openluchtkroeg ondanks de sjiitische burgerwachten, die brandbommen naar de drankzaken smeten. Het was schemerig, een gewapende wacht wuifde naar ons om door te rijden. Mannen zaten op het betonnen muurtje langs de rivier met blikjes bier in de hand of een flesje arak voor zich naar de purperen zonsondergang boven de Tigris te kijken, die bezoedeld werd door de zwarte rook van de krachtcentrale Dora.

Adnans lijfwachten troffen ons, gaven een teken hen te volgen en we reden langs de grens van de Groene Zone, met aan één kant een ruim drieënhalve meter hoge muur van schokbeton. Op enkele punten was er een doorgang. We draaiden een nauwe betonnen sluis in en stopten bij een controlepost. De lijfwachten in de auto voor ons lieten hun pasjes zien en we werden doorgewuifd, namen nog een bocht, remden af bij een chicane van antitankobstakels en wachtten achter een andere auto voor de controle bij de tweede wachtpost van Irakese soldaten. De twee mannen in de auto voor ons spreidden hun armen en werden gefouilleerd. Boven ons verhief zich een wachttoren op met zandzakken afgedekte palen. We stapten uit om onze identiteitspapieren te laten zien en gaven onze tassen af ter inspectie. Ik keek naar boven. De muren van schokbeton vormden een loopgraaf van een nauwe streep hemel, die was omrand met filigreinwerk van prikkeldraad. De soldaten waren klaar met het fouilleren van de twee mannen uit de auto voor ons en gaven hun hun wapens terug, een kalasjnikov aan de een, een pistool aan de ander, die hem weer achter zijn broekriem stak. Ze fouilleerden ons plichtmatig. Een van de soldaten wees opgewonden op zijn borst en maakte een grap.

'Saddam Hoessein. Ik Saddam Hoessein!'

'Wat nou! Je snor is niet groot genoeg!'

Hij wees op zijn identiteitspasje als bewijs dat zijn naam inderdaad Saddam Hoessein was.

We troffen Adnan aan in grote woede. Hij was zojuist uit het kabinet gestapt.

'Ach, het ministerie van Defensie heeft zijn eigen ideeën, ze lopen over iedereen heen. Praktisch alles wat fout kon gaan ging fout. Ze begingen in feite elke blunder die ze konden maken. Ze hebben gelijk met wat ze zeggen. We zíjn slaven van de Amerikanen.'

Hij was afgetreden uit protest tegen al het geknoei en de manipulaties en omdat hij de dag tevoren was gearresteerd door een grijnzende, op zijn strepen staande Amerikaanse sergeant bij de toegang tot de Groene Zone, waar hij heen was gegaan voor een ontmoeting met de viceminister-president. De sergeant had naar zijn pasje gekeken en gezegd dat het niet meer geldig was. Adnan had gevraagd naar zijn commandant, de sergeant werd nog botter en Adnan vroeg naar zijn naam en onderdeel. De sergeant keek geïrriteerd en nonchalant naar zijn mannen: 'Ik denk dat hij gearresteerd moet worden.' Dus drukten ze zijn armen op zijn rug, maakten zijn handen vast met flexibele plastic boeien en schonken geen aandacht aan zijn protesten.

Nu vervloekte hij zijn medewerking. Verscheidene van zijn familieleden waren ontvoerd en gedood. Hij was gewoon zelf te rijden, zonder lijfwachten en ongewapend. Nu reisde hij in een konvooi van vijf auto's met dertig gewapende mannen. 'En,' voegde hij er meer gefrustreerd dan bang aan toe, 'ik ben mijn leven nooit zeker.'

Lange tijd werd de burgeroorlog sektarisch geweld genoemd. Het was halfslachtig, gangsterachtig, kwaadaardig, moeilijk te peilen en onmogelijk in te dammen. De wijken van Bagdad waren aparte kantons geworden, gescheiden door gewapende groepen burgerwachten, muurtjes, wegversperringen, controleposten en moordaanslagen tussen de clans. Families (waarvan vele gemengd waren, het kwam veel voor dat soennieten trouwden met sjiieten) werden geïdentificeerd en vervolgens gewapenderhand uit hun huizen gezet. Ten zuiden van Bagdad woonden soennieten en sjiieten rondom Latifiya en Mahmoudiya van oudsher dooreen, nu werden sjiieten uit hun auto's het asfalt op getrokken en neergeschoten. In de dorpen woedden vergeldingsacties, wraakoefeningen en intimidaties. 'Al Qaida Mesopotamië' mengde zich onder plaatselijke opstandige groepen, het weer opgebouwde Irakese leger, zoals het nu was, leek een vergaarbak van sjiitische moordenaars en Koerdische huurlingen. Het gebied werd bekend als de Driehoek des Doods.

Adnan was doodmoe van het geweld. 'De Amerikanen vermoorden Janabi's en de Janabi's, of het nu soennieten zijn of sjiieten, vermoorden elkaar!' Hij nam een flinke slok whisky. 'En de Janabi's zijn het ergste!'

Beirut betekende, ondanks Israëlische bommen en burgeropstanden, adempauze. Tegen de zomer van 2007, toen ik hem ontmoette, was Adnan in zijn ballingschap een ontspannen man. Ik ontmoette hem bij de koffie in café Paul en we waren omringd door de Libanese elite met haar pauwenvrouwen: hoog opgekamd gelakt haar, gewelfde wenkbrauwen, aangezette lippen en gebruinde decolletés. Cartier-horloges om de polsen en Prada-tassen bengelend aan hun vingers. Adnan en ik lachten een beetje om dat vertoon. Ik stelde vast dat hij zelf gehuld ging in vrijetijdskleding. Hij was gebronsd en droeg een splinternieuw, beigekleurig linnen safaripak zonder stropdas.

'Ik ben liever *chic* dan sjeik,' grapte hij en pronkte met zijn nieuwe zonnebril. 'Weet u, ik ben tegenwoordig ontspannen, ik doe praktisch niets!' Hij overhandigde me een visitekaartje met de naam van de nieuwe denktank die technocratische deskundigen moest doorleiden naar de Irakese regering om hen te adviseren bij beleidszaken en wetgeving. Hij haalde zijn schouders op en zei dat het zijn geest en zijn maatschappelijke betrokkenheid wakker hield.

De burgeroorlog werd het speelterrein van de krijgsheren. Het nieuws was constant gruwelijk. Adnan gaf toe dat hij zichzelf er niet toe kon brengen ernaar te kijken. Ik zei dat ik het ook niet kon. Het had geen zin meer er zelfs maar over te praten. In plaats daarvan vroeg ik hem naar zijn zoon Salam. Ik realiseerde me dat hij niet voor de eerste keer op zijn horloge keek.

'Hij is op het vliegveld. Hij moet zo spoedig mogelijk naar Amman vliegen – maar je weet, altijd vertragingen. Als er een veiligheidsalarm is moet je soms een hele nacht op het vliegveld wachten.'

'Maar hij zit op het vliegveld,' stelde ik vast om hem te bemoedigen, 'hij is dus door de wegversperringen heen gekomen.'

'Jaja.' Adnan knikte. 'Maar vanmorgen was ik er allesbehalve gerust op.'

Salam was de voorgaande vier maanden in Bagdad geweest om te wachten op een nieuw G-paspoort, waarmee hij zou kunnen reizen. De nieuwe G-paspoorten waren toentertijd goud waard in Irak, het was het jaar van de grote uittocht, honderdduizenden mensen hadden hun huizen verlaten, vele vluchtten over de gemakkelijkste grens, naar Syrië. Salam had, heel verstandig, iemand in het paspoortenbureau geld toegestoken, maar die man was gearresteerd en dus moesten ze zich zorgen maken of Salams naam op een of andere zwarte lijst zou opduiken, want dan zouden ze op zoek moeten gaan naar andere mensen om om te kopen. Ten slotte had hij, nog maar drie dagen geleden, het paspoort gekregen. Adnan zei dat hij dacht dat Salam in die laatste vier maanden niet vaker dan drie keer zijn huis had verlaten.

'Het is een Irakese rotzooi,' waagde ik, 'het lijkt nu zelfs meer een Irakese rotzooi dan een Amerikaanse rotzooi.'

Adnan knikte. Ik verbreedde de discussie. Ik zei dat ik had gelezen om te proberen te begrijpen – de afbraak van de samenleving, de morele ineenstorting, de barbaarsheid, het totalitarisme –, geen boeken die nu werden geschreven, midden in de actuele verwarring, maar boeken uit andere tijden en over andere plaatsen, over Stalins Rusland en de nasleep van het nazisme: de aloude truc van historici, vergelijken en contrasteren. Ik noemde Solzjenitsyn.

'Weet u, ik heb *De Goelag Archipel* nooit uit kunnen lezen,' zei hij.

Ik vertelde hem dat ik dat ook niet kon. 'Ik bedoel dat ik het las. Maar ik kon het niet als een geheel, van het begin tot het einde, lezen. Het was te lang, te verschrikkelijk.' We hadden het over parallellen en historisch begrip, maar het spiegelbeeld was te fel om er rechtstreeks naar te kunnen kijken. Ik zei tegen hem: 'Weet u, van *De Goelag Archipel* herinner ik me steeds het begin, als wordt beschreven hoe de meeste mensen, functionarissen, middenkader, mensen die wisten wat het systeem was omdat ze er deel van uitmaakten, die in die nieuwe flatgebouwen voor apparatsjiks in Moskou zaten en zagen hoe hun buren verdwenen en hoe de flats rondom hen leeg kwamen te staan, eenvoudigweg thuis zaten te wachten op hun arrestatie en niet vluchtten of zich verscholen in een of ander afgelegen stadje. Zelfs als de klop op de deur kwam probeerden ze niet weg te rennen, uit het raam te springen of te ontsnappen...'

'Ja,' zei Adnan, 'weet u wat ik in 1974 deed toen ik dat telefoontje kreeg van Saddam? Nadat ik het rapport had geschreven over zijn olietransacties tijdens het embargo belde Saddam en bedreigde me zonder omwegen. Daarna heb ik onmiddellijk het kantoor verlaten. Ik pikte mijn vrouw op bij de campus van de universiteit, we haalden Salam, die toen nog een kleine jongen was, op van de kleuterschool en reden een paar uur rond. Mijn vrouw zei tegen me: "Ik sta achter je, wat je ook besluit." Ik had de mogelijkheid om naar het platteland te gaan of naar Koerdistan omdat ik daar vrienden had in het verzet, en omdat er in dat jaar een rebellie was uitgebroken en je naar een gebied kon gaan waar de regering geen controle over had – maar ik ging naar huis.' Hij pauzeerde even en dacht na. 'Het was een onbewuste overgave. Ik kan het niet verklaren, zelfs nu niet. Ik ging naar huis en bleef twee weken thuis.'

Adnan verklaarde dat hij zijn gedrag des te verbijsterender vond omdat hij voldoende ervaring had met de consequenties van een dreigement van Saddam. Hij was lid van de communistische partij geweest, hij had in 1956 deelgenomen aan de gewelddadige demonstraties in Bagdad en er was op hem geschoten. In 1963, toen de baathisten hun eerste coup pleegden, was hij in Londen en verzamelde getuigenissen van moorden, verkrachtingen en martelingen. Saddams naam dook op in verband met de executie van een Janabi, een communistische makker van hem. Hij kende de Iraanse tegenstanders van de sjah, hij had connecties met het Algerijnse FLN en in 1961 en 1962 had hij in het noorden Koerden ontmoet. 'Dus ik kende het spel. Ik kende het verzet en zijn geweld. Maar in 1974 ging ik naar huis toen ik werd bedreigd. Ik weet het niet. Ik weet echt niet waarom. Ik probeerde steeds dit gedrag te beredeneren, maar ik denk niet dat het nog zin heeft.'

In een poging om hem op te beuren begon ik te vertellen over het Stanford Prison Experiment en Stanley Milgram. In het begin van de jaren zestig had Stanley Milgram, toen sociaalpsycholoog aan Yale University, een experiment bedacht om de menselijke gehoorzaamheid aan autoriteiten te testen. Hij bracht nietsvermoedende vrijwilligers uit de nabijgelegen stad New Haven bijeen: arbeiders, vrouwen uit de middenklasse, een priester en een paar studenten – een willekeurige selectie – onder het voorwendsel onderzoek te verrichten naar de uitwerking van straf op leerprestaties. De vrijwilligers werden naar een kamer met een schakelbord gebracht en een man in een witte jas, die toezicht hield, legde de procedure uit. In de kamer ernaast zat een man, ogenschijnlijk ook een vrijwilliger, vastgebonden in een stoel. Ze moesten die man vragen voorlezen vanaf een vel papier dat ze hadden gekregen en bij een verkeerd antwoord moesten ze hem een stroomstoot toedienen. Het schakelbord bevatte een aantal schakelaars met etiketjes van 15v, 'lichte schok', via 375v, 'gevaarlijke, ernstige schok', tot 450v, alleen gemarkeerd met 'xxx'. Bij elk verkeerd antwoord moest de man een oplopend voltage worden toegediend.

De man was afgeschilderd als vrijwilliger, maar in feite was hij ingewijd in het experiment. Aan zijn vingertoppen waren geen echte elektriciteitsdraden aangebracht en hij moest een zorgvuldig draaiboek volgen. Hij begon met een paar foute antwoorden en onderging de voorgeschreven 'stroomstoten'. Naarmate die heviger werden gedroeg hij zich verwarder. Hij jammerde en huilde, toen schreeuwde hij het uit en smeekte om hem uit de stoel te halen, vervolgens snikte hij en liet weten dat hij een zwak hart had en dat hij bang was, toen schreeuwde hij hartverscheurend, viel stil en ten slotte, bij 350 volt, verslapte hij en reageerde niet meer.

Het doel van dit scenario was te zien hoever elk persoon bereid was te gaan tijdens dit experiment. De meeste mensen (maar niet alle) uitten op enig moment hun ongerustheid. Dan keken ze zonder uitzondering naar de technicus in de witte jas en vroegen wat ze moesten doen omdat de man klaarblijkelijk pijn leed. De technicus was opgedragen om de vrijwilliger te verzekeren dat de schokken, hoewel ongetwijfeld pijnlijk, geen permanente weefselschade zouden veroorzaken en hij herhaalde vier zinnen in de gedicteerde volgorde: 'Alsjeblieft, ga door', 'Het experiment vereist dat je doorgaat', 'Het is absoluut van essentieel belang dat je doorgaat' en 'Je hebt geen keuze, je moet doorgaan'.

In deze proefopstelling was geen sprake van dwang of straf als iemand zou weigeren door te gaan met het toedienen van stroomstoten aan de 'leerling'. Hun werd bijvoorbeeld gezegd dat ze de kleine tegemoetkoming voor deelname aan dit experiment hoe dan ook zouden ontvangen. Na een aantal weken noteerde Milgram dat meer dan zestig procent van de brave burgers uit New Haven was doorgegaan met het toedienen van steeds zwaardere, duidelijk pijnlijke stroomstoten, zelfs als de proefpersoon in zwijm scheen te zijn gevallen. Het einde van het schakelbord, bij 450v, was drie keer gehaald.

Milgram beproefde verschillende opstellingen en omstandigheden voor zijn experiment. Hij varieerde de afstand tussen 'leraar' en 'leerling', hij plaatste een sympathieker persoon in de kamer met de technicus en de proefpersoon, en onttrok de hele zaak aan het toezicht van Yale, voor het geval haar gewijde reputatie tot een zachtaardiger gedrag zou leiden. Elke variatie leverde iets verschillende uitkomsten. Een groter percentage mensen vond het gemakkelijker de 'leerling' stroomstoten toe te dienen als deze verder van hen verwijderd was, dat wil zeggen achter een muur of in een geluiddichte ruimte. Als andere mensen, 'collega's' in de kamer, eveneens de noodzaak om door te gaan ter discussie stelden dan was het percentage vrijwilligers dat weigerde door te gaan en dat vroeger in het proces weigerde, groter.

Milgram ontdekte dat de sociale context, het effect van 'collega's' die een groepsreactie bewerkstelligden, de algemeen aanwezige wil om de autoriteit te gehoorzamen, kon tegengaan. Maar door de jaren heen is het experiment herhaald in verschillende landen en culturen met groepen van verschillende leeftijd, sociale en economische kenmerken. Als ze in een opinieonderzoek worden ondervraagd geloven de meeste mensen niet dat iemand zou doorgaan met het toedienen van stroomstoten aan een burger-'leerling' omdat hem dat wordt opgedragen door iemand in een witte jas. In feite bleek New Havens zestig procent volgzaamheid in het Yale-experiment in vergelijking met de rest van de wereld aan de lage kant. Philip Zimbardo, die in zijn eigen pogingen om het 'Lucifereffect' te begrijpen, kritiek had op Milgrams onderzoek, wees op een ander punt. Hij merkte op dat geen van Milgrams vrijwilligers van meet af aan had geweigerd mee te doen aan het experiment. Allemaal begonnen ze de schakelaars over te halen waardoor de 'leerling' steeds hogere voltages kreeg toegediend. Zelfs van degenen die weigerden door te gaan, omdat ze vonden dat ze niet konden meedoen met een proef om een ander pijn te doen, kwam niemand de onder stroom gezette 'leerling' te hulp, of probeerde tussenbeide te komen door naar een hogere autoriteit te stappen met het verzoek het hele experiment te stoppen.

Toen ik Milgram las was ik zeer onder de indruk van het idee dat gehoorzaamheid aan een autoriteit een cognitief gedrag was dat in bijna elke samenleving voorkomt.

'Het lijkt proefondervindelijk bewezen,' zei ik tegen Adnan, 'dat de meeste mensen doen wat hun verteld wordt alleen maar omdat ze dat gezegd wordt.'

Hij luisterde verbaasd en knikte. 'Die gedachte zal me helpen bij wat zielsonderzoek!'

'Ik begin in te zien dat Iraki's al met al misschien geen debiele Arabieren zijn – stel je voor!' zei ik lachend. 'Het zijn misschien wel heel gewone mensen!'

Adnan lachte op zijn beurt. 'Jawel, maar desondanks zíjn het debiele Arabieren!'

'Solzjenitsyn zegt dat door ieder mens een grenslijn tussen goed en kwaad loopt.'

'Ja,' zei Adnan, serieuzer nu, maar net als ik bemoedigd door de verleidelijke, zonnige gedachte dat er wellicht zowel een universele ethiek als een universeel lot bestond.

'De menselijke natuur is uniform,' zei hij. 'Mensen zijn niet goed omdat ze op school hebben geleerd goed te zijn, er is een culturele kracht, die generaties oud is, die bewerkstelligt dat mensen zich voegen, dat bepaalde dingen niet acceptabel zijn, dat die normen worden bekrachtigd door autoriteit... Iraki's worden onderdrukt en staan bloot aan geweld. Wat er nu gebeurt is niet zo vreemd. De Amerikanen belichamen geen autoriteit en de Iraki's zien hen als niet meer dan vertegenwoordigers van doelloos geweld.'

Hij vertelde dat twee dagen eerder zijn huis in het veilige vipgebied naast de Groene Zone in Bagdad was binnengevallen door Amerikaanse militairen op zoek naar een van zijn mannen, maar die was er niet. De militairen namen laptops en documenten mee en stalen zevenduizend dollar, het spaargeld van een van zijn lijfwachten, die het in het kantoor had bewaard omdat hij dacht dat het daar veilig was.

'Ik denk,' zei ik, 'dat Amerikanen niet barbaarser zijn dan Iraki's.' Adnan glimlachte en pakte over de tafel heen dankbaar mijn handen vast. 'Ja,' zei hij en hij koesterde die gedachte, 'ik denk dat we allemaal hetzelfde zijn.'

13 Schaamte

Adnans oudere broer, die vóór hem sjeik was geweest, heette Khalid. Kamel Sachet had een jongere broer die ook Khalid heette. Niemand zei ooit iets positiefs over Khalid Sachet. De meeste mensen deden hem af als een onbetrouwbare randfiguur, die parasiteerde op zijn hooggeplaatste oudere broer. 'Hij dronk veel,' vertelde een Janabiofficier van de Istikhbarat me eens. 'Hij was totaal anders dan zijn broer. Khalid was gek.'

Eind 1999 vluchtte Khalid naar Jordanië, maakte zich publiekelijk bekend als overloper, beweerde dat hij officier was geweest van de Mukhabarat (volgens de Janabiofficier van de Istikhbarat had hij daar alleen gewerkt als chauffeur) en bood de Jordaanse inlichtingendiensten en westerse journalisten inlichtingen aan over Saddams regime.

Op een dag, toen ik wat zat te googelen, tikte ik achteloos de naam Khalid Janabi in, hopend iets meer te weten te komen over de dood van Adnans broer in Rome – Adnan beschikte over informatie van hooggeplaatste figuren, geruchten, fragmentarische getuigenverklaringen en verdenkingen, maar wilde niet over zijn theorieën praten. In plaats daarvan kwam hij aan met de transcriptie van een interview dat Khalid Sachet aan Radio Free Iraq, een onderdeel van de Amerikaanse regeringsomroep Liberty Radio Network, had gegeven, waarbij hij zich door het gebruik van de naam van zijn clan, Khalid al Janabi, min of meer anoniem had gepresenteerd.

'Khalid al Janabi' verklaarde dat hij deel had uitgemaakt van een liquidatie-eenheid, die in het voorjaar van 1998 van Qusay het bevel kreeg tweeduizend gevangenen in de Abu Ghraib te doden om wat ruimte te maken. Hij vertelde hoe de gevangenen, de een na de ander, werden opgehangen in de vijf executiekamers. Het waren er zo veel dat ze een groep geselecteerde gedetineerden opdracht gaven er een aantal in een afzonderlijke ruimte dood te schieten. Hij beschreef ook tot in detail hoe de Mukhabarat hoge legerofficieren chanteerde door hun vrouwen en dochters seksueel te compromitteren.

Khalid: Als de officier zijn huis verliet gingen ze naar binnen en plantten een camera in de lamp. U kent die dingen natuurlijk. Het is zo groot als een speldenknopje en wordt vissenoog genoemd, daarmee kunt u de hele kamer fotograferen. Of ze installeerden een geluidsopnameapparaat, een heel kleintje natuurlijk. Dat is heel gevoelig en alles wat er wordt gezegd in de kamer horen we en nemen we op. De stem klinkt anders. Op de video zien we alles en we nemen alles op, hem en zijn vrouw, zijn bewegingen, alles. En natuurlijk als de vreemde vrouw naar het huis gaat, en als de vrouw [van de officier] meewerkt, prima. Anders wordt ze gedwongen. We hebben het ontvoeringsprotocol. Haar dochter verlaat het huis. We pikken haar op met een auto. We hebben speciale huizen met zwembad in Al-Jadriyeh, Al-Habbaniyah en elders. Elk huis is goed voorzien van videoinstallaties. Ze verkrachten de dochter als ze haar te pakken krijgen, anders de vrouw, en alles staat compleet op band. Dan zeggen ze haar dat ze het op film hebben.

Vraag: Dat vertellen ze hun?

Khalid: Jaja. Ik vertel u straks hoe ze de officier bedreigen. En ze vertellen haar dat als ze niet meewerkt, ze de opnamen zullen laten zien aan de officier en dat ze de officier zullen vertellen dat zijn vrouw daar en daar was en dan zullen ze hem een cassette laten zien. U moet weten dat een officier van wie het gezicht nog grijs is van het stof van een veldslag, niet door de knieën gaat voor iemand die verhalen vertelt dat zijn dochter zus en zo is. U weet dat wij zijn opgevoed met goede manieren en eergevoel. Hij pikt het niet. Dus bewaren we zulke videobanden. Deze procedure begint als de man officier wordt totdat hij bevelvoerder is.

Vraag: Wat is het doel? Wat is de bedoeling van heel deze operatie?

Khalid: Het doel is als iemand officier wordt. Toen ik en andere officieren het in 1982 aan mijn broer, de generaal, vertelden, geloofde hij het natuurlijk niet.

Vraag: Vertelde u het hem?

Khalid: Jaja, ik zei tegen hem, mijn dierbare broer, het is waar, je bekleedt een hoge functie en bent een groot bevelvoerder, maar wij in het inlichtingencircuit hebben het kleed al onder je voeten weggetrokken. Hij zei dat zoiets niet bestond. Ik zei tegen hem: oké, ik zal het je bewijzen. Op een dag dat ik officier van dienst was op de Technische Afdeling haalde ik een film tevoorschijn van een van de officieren die nog steeds in het staatsapparaat werkt. Ik kan u zijn naam niet noemen. We hadden thuis een videospeler en ik zei dat tegen de... generaal.

Vraag: U bedoelt generaal-majoor Kamel?

Khalid: Ja, generaal-majoor Kamel Sachet, mijn... broer. Dus ik vertelde hem dat ik hem een video wilde laten zien. Ik speelde de band af, hij zag alleen maar een gedeelte en vroeg me de video af te zetten.

Vraag: Zag hij het?

Khalid: Ja, hij zag de officier, de dochter en wat ze met haar deden. Het was geen kwestie van een gemonteerde videoband of zo. De verkrachting was heel duidelijk te zien. Hij zei: zet uit.

Khalid is geen betrouwbare getuige, maar ik citeer uit zijn interview om de aanstootgevende technieken te illustreren die door Saddams regime waren bedacht om zijn eigen officieren te terroriseren en in het gareel te houden. Er waren drie concentrische muren opgetrokken rond dat kasteel van gehoorzaamheid. De binnenste muur was opgehoogd met kantelen: foltering, gevangenneming en executie. De middelste muur bestond uit zware bakstenen: bedreigingen van gezinsleden. 'Hoe dan ook zullen we jou doden, maar je kunt haar redden door te bekennen,' vertelden ze een tot bloedens toe geslagen en gechoqueerde man, die onder dwang werd geconfronteerd met scènes waarin zijn vrouw, zuster of dochter stilletjes huilde in de zwarte en blauwe klauwen van een ploeg geile Amnschurken. De buitenste muur was opgetrokken uit videobanden, foto's, transcripties van afluisterpraktijken en dossiers en niet zozeer ontworpen om afkeer op te wekken als wel om door iemand klein te krijgen, aan banden te leggen en door hem te compromitteren, elke toekomstige aanval op de vesting van de dictator onmogelijk te maken.

Aanranding, chantage. De ontering van een vrouwelijk familielid is de grootste schande die een Iraki kan overkomen. De schaamte kan een hele familie treffen. Zusters kunnen worden afgewezen door voortreffelijke huwelijkskandidaten, het beste waarop ze nog kunnen hopen in de schaduw van een schandaal, is een of andere lelijke, arme neef die bereid is zich te vernederen voor de lokroep van baar geld. Broers worden veracht, hun positie binnen hun clan en binnen de gemeenschap is gecompromitteerd en bezoedeld. Het is een wond die wij in het Westen, allang losgeraakt van het idee dat de familie een collectief van sociale, financiële en morele verantwoordelijkheid is, niet echt kunnen begrijpen. Maar eerverlies is voor vele Iraki's nog steeds een ellendige, diepe verwonding, een kwetsuur die ettert, littekens achterlaat en zeer veel tijd vergt om te helen, soms een hele generatie of nog langer.

Voor alles probeerde Kamel Sachet zijn familie te beschermen. Halverwege de jaren negentig werd het net aangehaald. De telefoon van de Sachets werd afgeluisterd – niets om je druk over te maken – en er stond bij hun huis vaak een auto geparkeerd met twee rondspiedende mannen erin. Als hij vroeg opstond om naar de moskee te rijden voor het ochtendgebed volgde een agent hem op de fiets. Het idee bespied te worden bepaalde hun huiselijke leven en zette het gezin onder voortdurende druk. Soms begon 's nachts om één of twee uur de telefoon te rinkelen maar als er werd opgenomen was er niemand aan de lijn. Op een dag waren de sleutels van alle kamers uit huis verdwenen. Ze veranderden alle sloten, maar het was een angstige gedachte dat iemand het huis was binnengeslopen om ze te stelen. Hun achterburen verhuisden en hun plaats werd ingenomen door een merkwaardig huishouden van mannen, die hen schenen te bespioneren. Kamel Sachet waarschuwde zijn kinderen dat er microfoons waren aangebracht in het huis en dat er onder hun beste vrienden verklikkers waren. Er kwam minder bezoek en als er iemand kwam bleef het bij ontwijkende en zijdelingse opmerkingen en oppervlakkige grapjes in plaats van gesprekken. Voor de nacht had Kamel Sachet een rooster ingevoerd, zoals aan het front wanneer hij een vijandelijke aanval verwachtte. Er was altijd iemand wakker. Het was moeilijk om met die spanning te slapen, bij elk gerucht of stemgeluid schoten ze rechtop in bed en verwachtten ze de klop op de deur. Um Omar leed aan hoofdpijn en slapeloosheid. 'Ik kon aan zijn gezicht zien dat hij kwaad was,' vertelde ze me. 'Ik vroeg hem:

"Waarom ben je boos?" Maar hij antwoordde alleen maar: "Hoe weet je dat ik boos ben?" en weigerde er verder wat over te zeggen.' Kamel Sachet verborg zijn gezicht achter een masker en probeerde er zich doorheen te slaan met zijn geloof in zichzelf, dat feitelijk neerkwam op zijn geloof in Saddam.

Meer dan eens zag hij een witte sedan in zijn achteruitkijkspiegel en werd woedend, stopte en liep terug om de agenten aan te spreken. Hij durfde het zelfs aan zich te beklagen bij Saddams secretaris. 'Waarom word ik gevolgd?'

Saddams secretaris antwoordde hem luchthartig dat het voor zijn eigen veiligheid was.

Op een ochtend, toen hij naar zijn werk reed, zag dr. Hassan op de autoweg voor zich de Mercedes van Kamel Sachet. Hij wilde niet naast hem gaan rijden om hem toe te zwaaien, dat leek hem te onbeleefd en te vluchtig, dus bleef hij langzaam rijdend achter hem. Een paar kilometer reed Kamel Sachet ook langzaam, hij had de auto die hem volgde opgemerkt. Dr. Hassan besloot aan deze gênante achtervolging een einde te maken door even bij een pompstation te stoppen, maar toen hij verder reed zat hij al snel weer achter Kamel Sachet. Bij een stoplicht trok hij uiteindelijk op tot hij naast hem stond. Kamel Sachet draaide zijn hoofd en herkende zijn oude vriend. Toen dr. Hassan een verklaring gaf voor zijn schroom lachten ze allebei opgelucht als kleine jongens.

Maar hun broederlijke vriendschap kreeg het zwaar te verduren. Dr. Hassan vertelde dat hij in die jaren alleen vrijuit met Kamel Sachet kon praten als hij naar zijn kantoor kwam en Kamel tegen zijn chauffeur zei dat hij niet hoefde te wachten zodat hij een excuus had om dr. Hassan om een lift naar huis te vragen en ze in de auto konden praten. Als ze bij zijn huis waren vroeg Kamel hem niet meer binnen. Dr. Hassan vertelde dat hij Kamel een paar keer had aangespoord om het land te verlaten, maar dat deze altijd geweigerd had om een vlucht te overwegen. 'Laten ze me maar arresteren. Er is niets om bang voor te zijn, omdat ik niets verkeerds heb gedaan.'

Zijn gezin hield hij kort. Hij wilde niet dat Ali in het leger ging hoewel militaire dienst verplicht was. Ali bewonderde de zwierige manier van lopen van de officieren die zijn vader kwamen opzoeken, hij benijdde hen om hun pistolen en nieuwe auto's, om hun privileges en superioriteit. Hij vroeg zijn vader of hij naar de Militaire Academie mocht, maar zijn vader verbood het en legde in niet mis te verstane termen uit dat de waarde van alle patriottistische prestaties van zijn carrière in haar tegendeel was verkeerd en verloochend. 'Wie bij hen in de buurt komt wordt net als zij een misdadiger.' Om Ali van de dienstplicht te verlossen schreef dr. Hassan een rapport waarin hij verklaarde dat Ali Sachet depressief was en mentaal ongeschikt voor militaire dienst. De Amn kwam hem hierover vragen stellen, maar hij verdedigde zijn diagnose en het onderzoek verliep.

Na voltooiing van de middelbare school was Shadwan naar de universiteit gegaan, maar Kamel Sachet verbood dat zijn jongere dochters. Hij zei dat de universiteit geen veilige plek was, vooral niet voor meisjes, omdat mannelijke studenten zouden proberen aan te pappen en hen te verleiden – ze waren de dochters van een man met een aanzienlijke positie – en hij kon het hun niet toestaan.

Amani was lang, bleek en traag en trok enigszins met haar been als ze liep. Ik zag haar een aantal keren bij de Sachets thuis, ze begroette me verlegen glimlachend, maar sprak nooit rechtstreeks tegen me afgezien van een klein knikje, 'Salam!', en ze kwam nooit beneden zitten om zoals de andere familieleden met me te praten. Er was iets gebeurd waarover niet gesproken kon worden. Wat het ook was – of niet was, ik heb geen zin om kwaadaardige geruchten te verspreiden –, het moet een familieaffaire zijn geweest. Maar Kamel Sachet had te veel vijanden binnen het regime gemaakt, die zijn ongemakken zouden willen uitbuiten, zijn positie ondermijnen, met complotten zijn woede zouden willen uitlokken en twijfels wilden zaaien met betrekking tot zijn loyaliteit. In zo'n delicate sfeer breekt een schandaal in vlijmscherpe spiegelende scherven uiteen, die de schaduwen en de zoeklichten zichtbaar maken: Mukhabarat-agenten, Iraanse sjiitische spionnen, Saddam zelf. Soms reële beelden. Soms spoken.

'Wat er met Amani gebeurde was voor Kamel Sachet de doodklap,' vertelde dr. Hassan me toen we in zijn kantoor in Abu Dhabi zaten. 'Het is de Arabische mentaliteit: als er iets met een dochter gebeurt is dat het ergste wat je kan overkomen. Het zou voor hem gemakkelijker zijn geweest als zijn zoon Omar zou zijn overleden. Wat er met Amani gebeurde was een ramp.'

Kamel Sachet leed er ernstig onder. Toen hij hem voor het eerst zo meemaakte trof dr. Hassan zijn vriend zittend in het donker aan, alleen, ongeschoren. Er heerste een begrafenis-stemming. Hij zag dat de generaal op het punt stond in huilen uit te barsten, bleek van woede. Zijn shock leek erger dan het verlies. Hij zag zijn sterke, dappere vriend breken.

'Het zou beter zijn geweest als ze was gestorven,' was alles wat Kamel Sachet zei. Dr. Hassan zag het spook van vergelding en praatte op hem in: 'Denk aan je plichten als een vader die voor Allah staat, geloof in je eigen goedheid en vertrouw op de wil van Allah.'

Sjeik Adnan, net als dr. Hassan, probeerde hem te kalmeren, verstandig met hem te praten en hem te troosten. 'Het wijste wat je kunt doen, Kamel,' zei hij, 'is de kwestie niet opblazen. Als gelovige weet je dat er soms dingen gebeuren om de more-le kracht van mensen op de proef te stellen. Allah vraagt je niet iets op je te nemen wat je niet kunt hanteren.'

Kamel Sachet vond weinig soelaas in zijn woorden. Gods ko-ninkrijk was een verre droom, ondertussen moest hij als uitge-stotene verder, links- of rechtsom, met clan en partij. 'Ik heb niet de alleen behoefte om tot God bidden, ik heb ook de be-hoefte bij mijn mensen vertrouwen te wekken,' zei hij.

Adnan ried hem het advies van wijze mannen te volgen en spoorde zijn vriend aan 'de situatie menselijk aan te pakken'.

Hij herinnerde hem eraan dat doden niet werd gewettigd door de Koran, het was een oeroude manier om genoegdoening te verkrijgen, nog van de bedoeïenen, niet van deze tijd...

Na angstaanvallen in huis en op straat, die maanden aanhielden, stortte Amani uit een raam op de tweede verdieping en raakte in coma. Haar benen hadden de schok van de val opgevangen, haar voeten waren gebroken, haar dijbeen was gebarsten, ze had interne bloedingen, haar milt was gescheurd en ze had een schedelbreuk. Met deze ramp was opeens Kamel Sachets verbittering verdwenen. Hij ging van ziekenhuis naar ziekenhuis, eiste second opinions van dokters en specialisten en hij werd weer een vader die zijn dochter wilde helpen en beschermen. Hij vroeg dr. Hassan om met dokters te praten om hem te helpen de complicaties van haar medische toestand te begrijpen. Lange tijd was niet duidelijk of ze wel uit haar coma zou ontwaken, en als ze bijkwam, of ze dan geen hersenbeschadiging zou hebben, en als haar hersenen niet beschadigd waren, of ze dan weer zou kunnen lopen. Kamel Sachet bad intens voor haar overleving. Hij deed wat hij kon om haar de medische zorg en aandacht te bezorgen die ze nodig had. Dr. Hassan was verbaasd. 'Hij was niet boos. Ik zag een liefhebbende vader. Hij was bang. Hij toonde geen enkel schuldgevoel, schuldgevoel zou hem als een wezensvreemde emotie zijn voorgekomen, maar dit was de andere kant van de medaille, de bezorgde ouder.'

Vele dagen zat hij naast haar bed en na twee weken, toen ze eindelijk uit het coma ontwaakte, zorgde hij ervoor dat haar moeder haar vaak kon bezoeken. Dr. Hassan probeerde me het trauma uit te leggen dat hij had waargenomen bij zijn vriend, maar hij zei geen sociaalpsychiater te zijn en hij kende de Engelse technische terminologie onvoldoende. 'Voor elke Arabische man is eer zeer belangrijk. Voor een goede man. En voor Kamel Sachet, een beroemde generaal, een held, des te meer. Eer omvatte zijn hele familie. Dat soort mannen staat zelfs niet toe dat er over hun dochters wordt gepraat... zo is de structuur van de Arabische persoonlijkheid, die berust op de eer en de eerbaarheid van hun vrouwen.'

Kamel Sachet werd nooit meer de oude, zelfs niet toen Amani weer thuis was, een stuk opknapte en weer leerde te lopen. Die periode brandmerkte hem als een fataal stempel op de pagina's van de rapporten die hun weg vonden naar het bureau van de baas van Qusays Speciale Amn. Hij ontliep de mensen en hield zelfs afstand tot diegenen met wie hij gewend was intiem om te gaan. Als vrienden hem vroegen waarom hij geen bezoek meer wilde ontvangen antwoordde hij 'om problemen te vermijden'. Dr. Hassan zag hem steeds minder. Als hij bij hem langsging zei een van zijn zonen dat Kamel weg was, zelfs als hij zijn auto voor de deur zag staan. Hij dacht dat Kamel hem misschien wilde beschermen omdat elk contact ook hem verdacht zou maken. Dr. Hassan had een neef die naast de Sachets woonde en die vertelde hem dat er altijd een auto van de Mukhabarat om de hoek stond.

'Op een keer,' herinnerde Shadwan zich die moeilijke periode, 'ging hij met zijn chauffeur naar zijn boerderij. Hij was in slaap gevallen en toen hij wakker werd zei hij zonder enige aanleiding "Qusay gaat me vermoorden". Misschien het einde van een droom.'

15 Wachten

Kamel Sachets angst had verband met die van Saddam. De obsessie met veiligheid was een strop die werd aangetrokken tot een wurgtouw. Hoe dichter bij de troon, hoe dreigender de situatie. Dr. Hassan beschreef de angstige sfeer tijdens de laatste jaren van het Saddamtijdperk, alsmaar grotere achtervolgingswaan, vrees, een constante, ononderbroken spanning – achterdocht, bewaking, auto's in de achteruitkijkspiegel, spionnen, afluisterpraktijken, rapporten... Maar een generaal mag nooit buigen voor angst. Elke keer dat zijn maag opspeelde onderdrukte Kamel Sachet dat gevoel.

Het was een tijd van samenzweringen en samenzweerders en de samenzweringen die Saddam vermoedde waren niet denkbeeldig. De hoge militairen hadden na het rampzalige avontuur in Koeweit en de daaropvolgende zuiveringen nooit hun geloof in hem teruggekregen. Saddam wist dat, en zorgde ervoor dat hij hun macht beperkt hield. Hij stationeerde het geregelde leger in de provincies en verzwakte het door er dienstplichtigen en onvrijwillige vrijwilligers bij in te lijven, en het maar mondjesmaat te voorzien van wapens en logistieke middelen. Zelfs de Republikeinse Garde zag haar status afnemen ten gunste van de nieuwe regimenten van de door Uday geleide Saddam Fedajien – Saddams kanonnenvoer –, die trouw zwoeren aan de president, niet aan Irak. Die troepen werden door het hele land heen gerekruteerd, maar Saddam hield een cohort bij zich in de buurt, een persoonlijk, paramilitair doodseskader, en spekte de officieren met gulle geldbedragen, lappen land en Toyota-pick-ups. Tijdens de jaren negentig, de jaren van benauwenis, gaf een gestage stroom van hooggeplaatste militairen, die in de oorlog tussen Irak en Iran hadden gevochten en die Koeweit hadden overleefd, er de brui aan. Ze liepen dwars door mijnenvelden, lieten zich in de kofferbakken van auto's naar Koerdistan smokkelen of kochten met smeergeld uitreisvisa en reden door de woestijn naar Jordanië: De trouweloze overlopers onthulden en verkochten inlichtingen (echte, aangedikte en onzinnige) aan de CIA en aan de Jordaanse Algemene Inlichtingendienst, aan UNSCOM (Speciale Commissie van de VN) en het IAEA (Internationaal Atoom Energie Agentschap) of aan Koerdische en Saoedische spionnen en Iraanse tussenpersonen in ruil voor contant geld, salaris, medewerking, visa, verblijfsvergunningen, paspoorten voor familieleden en bescherming.

Saddam zat opgesloten tussen twee no-flyzones, militair machteloos gemaakt door de teams wapeninspecteurs van de VN, die voorraden raketten en, als hij dat al had, nucleair en bacteriologisch oorlogstuig, vernietigden. De economische sancties veroorzaakten verpaupering. Ondertussen complotten in het buitenland: exilgroepen en -partijen, sjiitische milities die gesteund werden door Iran, Koerden in hun verdeelde, maar de facto onafhankelijke noordelijke halve maan, en oude strijdmakkers – Chalabi, Allawi, diverse troonpretendenten –, die zich aansloten bij de nieuwe overlopers, stichtten denktanks en comités, schreven politieke manifesten en rapporten, gingen naar conferenties, lunchten kameraadschappelijk met hun vrienden in Washington, rookten sigaren met de mandarijnen in Whitehall en entertainden journalisten, die ook hun eigen agenda's hadden. Elk van hen schepte op over zijn netwerken en over steun binnen Irak, grotendeels ijdele illusies, ingebeelde macht. Ze konden van alles vertellen want er was niemand om ze tegen te spreken. Degenen die in Irak waren achtergebleven waren onbereikbaar en geïsoleerd en niemand kon hun naar hun mening vragen.

Adnan Janabi had me gezegd dat ik Nabil Janabi moest opzoeken als ik weer in Londen was. Nabil Janabi was een kennis en een stamgenoot van hem. 'Hij heeft nu een of ander televisieprogramma, hij is een soort acteur, hij kende Kamel Sachet, hij kan je misschien wat over hem vertellen.'

Ik vond Nabil Janabi's telefoonnummer via een vriend en we spraken af elkaar te ontmoeten in een café op Edgware Road. Ik herkende hem onmiddellijk, hij zag eruit als een toonbeeld van zijn generatie ballingen van middelbare leeftijd: zwartgeverfd haar (met oog op de televisiecamera's), beige kostuum, snor en sigaar. Op zijn revers droeg hij een badge, I LOVE IRAQ, de tekst dwars over de contouren van zijn land. Hij was behulpzaam, zelfingenomen, hartelijk, en hij sprak in vage, zelfverheerlijkende termen. Hij was een nieuw leven begonnen als presentator van een Irakese nieuwszender op de kabel, waar hij een dagelijks programma had met interviews en opinies. Hij vertelde me dat het het populairste tv-programma in heel Irak was. 'Alle Iraki's houden van me!' Hij ontving elke dag duizenden e-mails, op zijn mobieltje werd hij voortdurend gebeld vanuit Bagdad, Diala, Mosul, door vrienden, kennissen en mensen die hem het beste toewensten. 'Ze noemen me de vader van Irak!' Hij pompte zijn importantie flink op: 'Ik heb een grootse visie voor Irak... Er wordt druk op me uitgeoefend om terug te keren... Ik heb premier Al Maliki gezegd: "Ik weet nu alles van Irak..." Hij hoort veel minder over Irak dan ik!' Hij onthulde dat er een geheime vergadering van 'verscheidene groeperingen' was georganiseerd in Irak, die hem wilden steunen als de nieuwe leider van Irak, als iemand die namens hen kon onderhandelen met de Amerikanen. 'We zullen nieuwe algemene verkiezingen houden, verzoening! Niet die onwaarachtige verzoening van Al Maliki!' Hij glimlachte, gespeelde zelfverloochening alsof hij wilde zeggen: het was een gok, jawel, maar wie anders zou het land kunnen redden?

In zijn Engels klonk een vriendelijke bromtoon toen hij me zijn biografie beschreef, waarbij hij zorgvuldig de nadruk legde op de zelfverheerlijkende sleutelepisodes en de eigenschappen waarop Irakese mannen van zijn generatie zich beroemden: poëzie, intelligentie, dapperheid, financieel succes, respect en populariteit. Ik had al meer verhalen gehoord als dat van Nabil Janabi, altijd ruwweg dezelfde drie bedrijven: Leven in Irak, Gevangenis, Vlucht.

Hij groeide op in Bagdad, goede buurt, goede connecties. In zijn jeugd volgde hij zijn intellectuele passies en op 26 februari 1976 werd hij gearresteerd wegens het schrijven van een opruiend gedicht getiteld 'Blauwe Democratie' (Iraki's kennen vaak niet hun eigen geboortedatum, maar ze schijnen zich altijd precies, duidelijk en zonder aarzeling, te herinneren op welke datum ze werden gearresteerd, op welke datum ze werden vrijgelaten en wanneer ze precies Irak waren ontvlucht. Dat zijn de mijlpalen in het leven van een Iraki). Hij vertelde dat hij de rechter die hem veroordeelde tot acht jaar, had uitgelachen. Na twee jaar kwam hij door een presidentiële amnestie vrij, zette een in- en exportbedrijf voor bouwmaterialen op ('Ik was zo succesvol in die business dat ik rijk genoeg werd om de zonen van behoeftigen te kunnen helpen!'), dat de regering vervolgens sloot wegens vermeend gebruik van het bedrijfspand voor illegale ontmoetingen. Omstreeks 1982 werd hij bijna voortdurend in het oog gehouden en een neef uit de Janabiclan die kolonel was bij de Amn vertelde hem dat hij het bevel had gekregen hem te arresteren. Omdat ze familie waren, zo had deze gezegd, kon hij het arrestatiebevel drie dagen, maar niet langer, 'even niet vinden' op zijn bureau.

Ontsnappingsverhalen variëren in details maar vluchtelingen worden doorgaans geholpen door oogluikend toegestane corruptie en besluiten tot een bloedstollende oversteek van een mijnenveld, van een grens, of een truc bij een controlepost. Binnen achtenveertig uur vond Nabil op het paspoortenbureau een andere Janabi, die hem voorzag van een noodpaspoort op naam van zijn grootvader, slaagde erin een klaar-terwijl-u-wachtvisum te krijgen op de Libanese ambassade, en kocht een vliegticket naar Beirut via Amman. Hij vroeg zijn neef de kolonel hem een Amnofficier als escorte op het vliegveld mee te geven omdat hij bang was dat Mukhabaratfunctionarissen daar hem zouden herkennen. Deze Amnofficier wilde als tegenprestatie zijn splinternieuwe Mercedes, maar Nabil zei hem dat hij hem de Mercedes niet kon geven omdat die op naam stond van zijn broer. De Amnofficier zei dat hij dan geld wilde zien, 10.000 dollar. Nabil wist hem af te kopen met 7.000 dollar. Op 25 februari 1982 reed zijn broer hem naar het vliegveld, de Amnofficier begeleidde hem naar binnen en daar wachtte hij, verborgen op het toilet met een bonkend hart en gespannen zenuwen, op de laatste oproep voor de vlucht van Middle East Airlines naar Beirut. Hij had slechts een tas bij zich met 50.000 dollar en drie kilo goud.

Hij stapte, bijna ijlend van de stress, en uitgeput door de adrenaline, uit in Amman. Hij had zijn broer nog voor ogen, zwaaiend voor het raam van de terminal, en hij kon de Amnofficier nog horen zeggen dat hij nooit moest terugkeren, want dan zouden ze hem beslist doden. Hij ging naar een hotel, stortte neer op het bed en liet zijn geest de vrije loop. 'En toen was ik de gelukkigste man ter wereld.' Hij zweeg en krabbelde terug. Hij had zijn vrouw niet verteld dat hij vertrok en geen afscheid van zijn kinderen genomen. 'Maar toch niet zó gelukkig.'

Als nawoord voegde Nabil eraan toe dat de Amnofficier die hem op het vliegveld had vergezeld een paar jaar later was geëxecuteerd.

Hij kreeg ten slotte asiel in Groot-Brittannië waar hij twintig jaar woonde, het samengeflanste halve leven van de balling. In Irak was zijn vrouw gedwongen zich van hem te laten scheiden en zijn kinderen werden altijd vertrekvisa geweigerd. Hij ging in Londen wonen, studeerde aan de Open University en haalde uiteindelijk aan London University zijn doctoraal in de taalwetenschappen. Na verloop van tijd hertrouwde hij, met een Irakese vrouw, en kreeg twee dochters. Hij onderhield contacten met de Irakese gemeenschap in het buitenland. Hij zag Jalal Talabani, leider van de PUK-factie (Pariottische Unie van Koerdistan) toen deze Londen bezocht, en hij knoopte connecties aan met de Jordaanse koninklijke familie. 'Koning Hoessein was een intieme vriend.' Hij schreef artikelen voor Arabische kranten waarin hij opriep tot een verandering van het regime en tot democratie in Irak, en gaf aan M16, de Amerikanen en de Jordaniërs inlichtingen door die hij kreeg via het netwerk van ballingen en verbindingslieden die Irak in en uit reisden.

Hij was betrokken. Hij schreef artikelen en brieven, publiceerde wat poëzie, bracht afzonderlijke groeperingen samen, belde met oude vrienden, netwerken van dissidenten en politici in de dop. Hij probeerde verbindingen en wegen te vinden tussen binnen- en buitenland, maar dat was altijd riskant. Telefoongesprekken werden afgeluisterd, waren duur en braken af door gebrekkige lijnen, faxapparaten stonden in de ministeries en waren onderhevig aan stroomonderbrekingen en papiertekort, e-mail bestond praktisch niet. Boodschappen gingen van vriend naar vriend, van neef naar neef, van mond naar oor, maar communicatie van enige betekenis was gering. Iedereen wilde af van Saddam – afgeschoten of afgezet – maar hij bleef, even ongenadig absurd als een zware steen midden in een spinnenweb.

In de jaren negentig, vertelde Nabil, bezocht hij enkele malen Zweden om brieven te versturen vanaf een neutraal postadres, onderdeel van een breed opgezette brievencampagne waarin functionarissen en officieren binnen het regime werden opgeroepen zich tegen Saddam te organiseren. Op een keer verstuurde hij vanaf verschillende adressen in de buurt van Stockholm drieduizend pamfletten met een oproep tot democratie. Nabil Janabi's grootvader was sjeik geweest van de Albu Hassountak van de Janabiclan en door deze familierelatie had hij als jongeman Kamel Sachet goed leren kennen. Hij vertelde me dat hij in juli 1998 vanuit Zweden een met de hand geschreven notitie had gestuurd naar Kamel Sachets adres in Saidiya. Hij kende door contact met verbannen officieren Kamel

Sachets reputatie en status binnen de militaire kaste, en hoopte dat deze zich beschikbaar zou stellen als leider. Hij vermeldde op de envelop niet Kamel Sachets naam en ook ondertekende hij zijn brief niet. Ontvanger en afzender waren dus anoniem en er was geen tussenpersoon. 'Tussen twee mensen kan er een geheim zijn,' verklaarde Nabil. 'Maar tussen drie? – Nee.' Hij hoopte, nee, hij wist zeker, zei hij, dat Kamel Sachet zijn handschrift zou herkennen en op zijn beurt zou weten dat Nabil, zijn oude vriend en familielid, in nauw contact stond met de Jordaanse koninklijke familie en in Londen woonde zodat zijn brief impliciet de steun had van die twee regeringen. Kamel Sachet was ongetwijfeld intelligent genoeg om zo'n redenering te volgen. De brief vroeg in algemene termen om te proberen een kader van oppositionele officieren te organiseren.

In augustus 1998 wees Saddam de vn-inspectieteams als spionnen uit. In november had hij ze onder druk van de Amerikanen weer toegelaten. In de tussentijd reorganiseerde hij zijn nationale defensie met het oog op te verwachten luchtaanvallen. Kamel Sachet was aangesteld als adviseur bij Ali Hassan al Majids commando in het zuiden. In de praktijk vervulde Kamel Sachet deze functie nooit, of hij weigerde botweg te dienen onder Ali Hassan al Majid, die hij verachtte, of hij behield gewoon de functie in Bagdad die hem was toegewezen, dat wil zeggen het bijwonen van de strategiebesprekingen in het presidentiële paleis.

In het begin van de herfst van dat jaar ging Nabil Janabi naar Amman op een van zijn periodieke reizen. Daar ontmoette hij een Janabifamilielid, dat voor hem een boodschap van Kamel Sachet bij zich had. *Hij had nog steeds de 'amana', dat ding dat hij hem in bewaring had gegeven.* Nabil begreep dat hij de brief had ontvangen.

Hierna kreeg Nabil geen boodschappen en nieuws meer van Kamel Sachet. Hij hoorde alleen geruchten en het was moeilijk om de waarheid te kennen. Vanuit zijn ballingschap zette hij zijn pogingen voort, onderhield de contacten met leden van

de Jordaanse koninklijke familie en raakte bevriend met Khalid, Kamel Sachets broer, toen deze in 2000 na zijn desertie in
Amman woonde. Khalid had zijn eigen theorieën en versies van
de gebeurtenissen, maar die waren, zo wist Nabil, ook maar van
horen zeggen.

De tijd schreed voort en de tijden veranderden. Toen de Amerikaanse tanks Bagdad binnenrolden hield Nabil zich gereed om,
zoals vele Iraki's, naar huis terug te gaan. Maar hij keerde terug,
zoals vele Iraki's, als buitenlander, gesteund door buitenlanders, met een buitenlandse agenda. Hij had een Brits paspoort
en geld van een Jordaanse prins om een monarchistische partij
op te richten teneinde hun eigen troonpretendent naar voren
te schuiven (er waren verscheidene loslopende Hasjemietische
prinsen sinds de monarchie in 1958 was afgeschaft in Irak). Hij
ontdekte dat Khalid in de gevangenis zat (op aanklacht van een
soort samenzwering), kreeg hem eruit en nam hem onder zijn
hoede, en benoemde hem tot hoofd van zijn veiligheidsdienst.
Ze reden met verscheidene lijfwachten en een konvooi terreinwagens over de poreuze grens, die werd bewaakt door een paar
ongeïnteresseerde Amerikaanse militairen. Ze reden langs de
vernielde portretten van Saddam, door de lange, saaie woestijn
en raceten over de hoofdweg door Ramadi en Falluja, omdat er
altijd wel een groep bandieten klaarstond om reizigers te beroven, naar het vliegveld aan de rand van de hoofdstad, langs de
verlaten zandkleurig betonnen legerbases, die nog beschilderd
waren met verstrengelde Irakese en Palestijnse vlaggen, langs
de blauw-wit gestreepte politieposten van de verkeersdienst,
verwrongen en zwartgeblakerde autowrakken, gillende jongetjes, een tank waar de geschutskoepel doorheen was gezakt...
 Voor ballingen was de terugkeer leerzaam. Ze wisten dat het
er slecht voor stond. Ze hadden gepraat met familieleden en
het nieuws gezien, maar toen ze de omvang van de ineenstorting met eigen ogen zagen – Irak was teruggebracht tot een der-
dewereldland, het zag eruit als Afrika! Lawaaierige generato-

ren, grote plassen rioolwater, op straat haveloze kinderen, met vliegen bedekte vuilnishopen, verpauperde, pokdalige buitenwijken met onttakelde bouwplaatsen en zoveel vrouwen in het zwart! En waar waren de oude cafés en restaurants waar ze altijd heen gingen? Waar was het leven? Het park langs de rivier, waar in hun herinnering familiepicknicks werden gehouden en waar visrestaurants waren, was nu verwaarloosd en werd geblokkeerd door twee Amerikaanse tanks en rollen prikkeldraad. En de mensen! Wat was er met de mensen gebeurd? Iraki's lachten en plaagden elkaar altijd, en etaleerden bij elke gelegenheid hun gulle gastvrijheid, en nu? Die naargeestigheid, die wrok, die steelse, duistere blikken en al die leugens, leugens zo duidelijk gelogen ('Nee, *habibe*, ik ben nooit lid van de partij geweest!') en altijd, altijd wilden ze geld en nog meer geld alsof je een geldautomaat was! En het enige wat ze deden was klagen. Waarom hadden ze dit niet gekregen? Waarom hadden ze dat niet ontvangen? En die controleposten en die avondklok en die stroomstoringen en het gebrek aan werk en waar moesten ze naartoe om hun auto te registreren nu het bijgebouw van het ministerie was geplunderd door 'die Koeweitse bendes'? Een Iraki die twee decennia in Wenen had gewoond zei me: 'Ik herken deze mensen niet meer, het lijkt wel alsof ik niets met ze gemeen heb gehad.'

Nabil beschreef zijn thuiskomst terwijl hij zijn vochtige ogen droogde met een hoekje van zijn witte zakdoek. 'Ze slachtten natuurlijk schapen en ze schoten in de lucht. Een neef kwam bij me: "Kent u me nog?" Zijn haar was grijs! Ik wilde op het dak slapen maar ze vertelden me dat dit riskant was – beschietingen! Mijn jongste kind was negen maanden toen ik vertrok en ik zag hem terug als gediplomeerd ingenieur!' Hij zweeg bij de herinnering aan het lange, moeizame nachtelijk tij van Saddam. Maar die dagen van 2003, toen de toekomst openlag en alles mogelijk leek, waren ook voorbij. 'Saddam was slecht,' zei hij net als iedereen, balling of niet. 'Maar dit bewind is slechter. Slechter!' En hij droogde zijn ogen weer. 'Khalid? Nee, ik kon

Khalid niet vinden.' Khalid was in de laatste maanden van 2004 op een of ander moment vermoord. Neergeschoten op straat. Nabil was niet langer toeschietelijk, hij zei niet te weten wie hem had vermoord, de verhalen waren vaag, gangsters... het Mahdileger... Nabil was intussen uit Bagdad vertrokken – niemand was geïnteresseerd in een monarchie: bommen, sjiitische knokploegen alom, te vaak moorden uit wraak, 'nou ja, je weet hoe het ging' – en was teruggekeerd naar Londen.

16 Een afgedankte koelkast

Op 16 december 1998 om 7 uur 's ochtends ontwaakte op zijn smalle eenpersoonsbed in zijn kantoor luitenant-kolonel Khalid Obeid bin Walid, hoofd van een afdeling van de Abu Ghraibgevangenis. Hij rekte zijn grote bokserslijf uit en wreef langs zijn stoppelige kin. Luitenant-kolonel Walid hield van de punctuele uitmonstering van de legerofficier, pront tot in de puntjes, maar als directeur van de Amn droeg hij burgerkleding. Hij had altijd een stropdas om ('Altijd, altijd!' vertelde hij me en maakte met zijn hand een hakkende, resolute beweging, die het verlangen naar zijn mondaine verleden verried), poetste elke ochtend zijn bruine loafers en ook zijn Chevrolet was altijd schoon en glimmend. Deze ochtend waste hij zijn gezicht bij de wasbak in de aangrenzende badkamer en trok een van zijn favoriete bruine kostuums aan. Op zijn nachtkastje lag een boek van een Arabische auteur, *De Spionageschool*, over de praktijken en methoden van de KGB. Daarnaast een gouden horloge, dat hij cadeau had gekregen van de gouverneur van Mosul. Hij pakte het en keek hoe laat het was.

Hij had een trouwring aan zijn vinger, drie kinderen en een aangenaam huis in een van de westelijke voorsteden van Bagdad. Maar die nacht sliep hij in zijn kantoor omdat voor de Amn de hoogste alarmfase was afgekondigd. De Amerikanen hadden gedreigd met bombardementen en hun bommen werden elk moment verwacht. Drie dagen daarvoor had hij Amngevangenen, die waren geëvacueerd vanuit verschillende Amnvestigingen in Bagdad, ondergebracht. Voor vierhonderd veroordeelden moest hij plek vinden in zijn sectie, waar doorgaans drieënhalfduizend gedetineerden verbleven, in een zo dichte pakking dat er routinematig vijftig tot zestig man in achtpersoonscellen werden samengeperst. Ze sliepen op de grond omdat er niet genoeg britsen waren en als ze geluk hadden op de treden van de trappen die de twee verdiepingen met cellenblokken verbonden. Luitenant-kolonel Walid had een blok leeggehaald, de bewoners herverdeeld en de Amnfunctionarissen in Bagdad meegedeeld dat ze hun gevangenen konden komen brengen. Met voedseldistributie en andere faciliteiten hield hij zich niet bezig, dat waren zaken voor zijn collega's uit Bagdad.

Toen hij over die dag vertelde spreidde Walid de gebruikelijke zwierige taal en gebaren van de Baathaanhanger tentoon: een bloemrijke en joviale mededeelzaamheid met gespreide vingers en tikken en klapjes op de tafel. Als hij iets wilde benadrukken draaide hij razendsnel zijn hand met de handpalm naar boven en bewoog die wiegend heen en weer. Gebaren die zijn betogen loochenden. 'Wat kon ik doen?' 'Zo was het!' 'Dat was toen normaal!' Hij was vierenvijftig, mollig maar nog goed in vorm, toen ik hem in mei 2006 ontmoette. Een grijs streepjespak en een overhemd, behoorlijk gekleed, maar arm nu. Zijn schoenen waren versleten. Hij zocht politiek asiel in Groot-Brittannië en woonde in de grimmige noordelijke stad Middlesbrough. Na de oorlog had hij voor het ministerie van Binnenlandse Zaken gewerkt en ontdekt dat hij op de dodenlijsten van de sjiieten en de soennieten stond. Zijn garage was opgeblazen en hij was gevlucht. Achter in vrachtwagens werd hij door Turkije en Europa gesmokkeld, duizenden dollars betaalde hij aan mensenhandelaren, hij belandde in Liverpool en meldde zich bij de autoriteiten. Hij kwam naar Londen om me te ontmoeten en wat andere zaken te doen. Een hele middag praatten we, heen en weer stappend langs de Arabische Edgware Road, in de kelder van Costa Coffee, tegenover de British Islamic Bank, in een restaurant achter borden gesmoorde okra's met saus en rijst, en in een theehuis met koperen tafelbladen en *shisha*-pijpen.

Een vluchteling in beperkte omstandigheden, hij had zijn naam veranderd in Walid en zijn Baathsnor getrimd tot een borstelig strookje. Het leek wel of hij het niet kon opbrengen hem helemaal af te scheren en of hij een bemoedigende herinnering aan het verleden nodig had, teder en tastbaar. Terwijl hij praatte hield ik zijn gezichtsuitdrukking in de gaten, kaken en halskwabben, ouderdomsrimpels, op zoek naar een teken van een wreedaardige inborst. Hij had een vaag poklitteken op een wang, een diepe gleuf tussen neus en lip en een diepe vouw in een oorlel. Zijn lippen waren vochtig en beweeglijk, hij lachte gemakkelijk, maakte snel grappen, was hartelijk, maar achter zijn bruine ogen lag iets duister berekenends opgesloten en als hij stopte met praten hield hij even mijn blik vast voordat hij zijn ogen neersloeg. Als hij zijn armen als een plat scherm voor zijn borst vouwde dacht ik schuldgevoelens te kunnen herkennen – nee, geen schuldgevoelens, dat zou onmogelijk zijn geweest, dat was te verschrikkelijk om aan toe te geven, die te uiten, zelfs om die te laten neerdalen als onderbewust vermoeden. Ik keek nauwlettend toe, hoopte dat ik iets zou opmerken wat hij moeilijk onder ogen kon zien omdat er onrustbarende flitsen herinnering doorheen spookten, dingen die hij voor zichzelf verborgen hield, een emotie die was weggestopt in de plooien van vergeten herinneringsbeelden – maar ik vermoedde dat dit een onbewuste interpretatie was, een gedachte, een wens. Globaal genomen hadden we een aardig, vriendelijk gesprek, en wie van de Arabieren op Edgware Road, meest alleenstaande mannen, had die dag of elke andere dag geen beschadigde ziel, geen lange reizen achter zich, geen ingewikkelde motieven en schaduwen die een leven begeleidden dat zich had afgespeeld tussen clan – dictator – vader – smeergeld – gevecht – vlucht en de doem van de tegenstelling tussen uiterlijk gedrag en innerlijke gevoelens, het gezicht dat aan de buitenwereld wordt getoond en het niet geaccepteerde eigen ego. In elk bruin gezicht kon ik een existentiële ontwrichting zien. Dit waren mannen die een land achter zich hadden gelaten dat sinister genoeg was om te verlaten maar wel heimwee opriep. Mannen die zich door een speling van het lot in een stad ophielden die stervenskoud was, ongelooflijk duur en een tikje vijandig. 'Om eerlijk te zijn, ik hou niet van Engeland,' zei Walid tegen me. 'Ik hou niet van Middlesbrough.'

In december 1998 had hij genoten van zijn status, zijn privileges en zijn functie. Een dekbed van zelfvoldaanheid. Hij geloofde in zichzelf. Een bediende bracht hem zijn ontbijt van thee, yoghurt en eieren en daarna reed hij naar zijn werk. Routinematig luisterde hij naar het verslag van de officier van de nacht om daarna het rapport ter hand te nemen en de boel te inspecteren, door de gangen te lopen en alles te controleren.

Er zou die nacht bijvoorbeeld een gevangene zijn ontsnapt. Een groep gedetineerden had de cipiers afgeleid door met hen te gaan praten, grappen te vertellen of sigaretten te bietsen. De gevangene die ervandoor wilde gaan, was langs hen heen geglipt en had gewacht tot het holst van de nacht, vier uur, en sloop dan tussen de wachtposten door. Eenmaal buiten het blok had hij de bewakers op de wachttorens aan de rand van het gevangeniscomplex in het oog gehouden en wanneer er eentje omlaag kwam om te pissen of om lucifers of iets te eten te halen klom hij op en over de muur. Op een zekere morgen moest luitenant-kolonel Walid het probleem oplossen van een gedetineerde die de identiteit van een vriend, van wie hij wist dat hij spoedig vrij zou komen, had aangenomen door hem te drogeren en zichzelf voor vrijlating te melden. Nadat het bedrog was ontdekt moest de luitenant-kolonel de juiste gevangene vrijlaten en het probleem onder ogen zien dat hij de verkeerde had laten gaan.

Soms waren er gevechten tussen gevangenen. Ze maakten messen van buizen en beddenpoten, waaraan ze een punt slepen op het beton, en van opgerold schoenleer maakten ze handvatten. Die gevechten konden fataal aflopen. Op een nacht kwamen zes gedetineerden om het leven, een andere keer bezetten

231

gevangenen hun afdeling waarna de cipiers drie dagen lang niet binnen konden. Geweld, sodomie en moorden bleven meestal beperkt tot de afdeling voor criminelen die tot langdurige gevangenisstraffen waren veroordeeld. Maar meer in het algemeen kregen politieke gevangenen die niet ter dood werden veroordeeld lange gevangenisstraffen, ten minste twintig jaar, soms veertig en zelfs zeventig. Het waren doorgaans goed opgeleide mensen, doctoren, professoren en legerofficieren, en op de afdeling van luitenant-kolonel Walid was veel minder geweld. Op een keertje werd er in zijn Speciale Afdeling een bewaker gegijzeld met een mes op zijn keel. Daarom werd Walid altijd geëscorteerd door een lijfwacht van cipiers, gewapend met knuppels. Niemand, zelfs hijzelf niet, droeg binnen de gevangenis een wapen, voor het geval een gedetineerde het zou weggrissen. Het grootste probleem waarmee de luitenant-kolonel te maken had was altijd en eeuwig drugs, die naar binnen werden gebracht door bezoekende familieleden, alle variëteiten, maar vooral valium. Dan was er de schurft, die zich in de opeengepakte massa's verspreidde.

Walid lachte. In een hoekje van de kelder van Costa Coffee leunde een Arabische man dicht tegen een jonge Arabische vrouw met hoofddoek aan. Walid keek achter zich. 'Het was veel te vol!' zei hij en zette een ernstige stem op. 'De Abu Ghraib was een van de verfoeilijkste, meest rechteloze gevangenissen ter wereld. De gevangenen hadden geen enkele vrijheid, geen echt voedsel, het eten was eenvoudig oneetbaar, ze waren afhankelijk van het eten dat hun familie bracht. Wat mij als mens betreft was schurft toen het grootste probleem, er was geen water, geen zon...'

'Mochten ze nooit naar buiten?'

Walid stak zijn handen omhoog. 'Wat kon je eraan doen? Wat kon je eraan doen?' Hij deed alsof hij een offer bracht aan God in Zijn hemelse almacht. 'Waar kon ik ze kwijt? Het was onmogelijk zoiets te managen.'

De gevangenen zaten achter de deur en er was geen luchtplaats, waar ze wat beweging konden krijgen. De toiletten in de hoeken van de cellen waren smerig. Uit gebroken buizen en kranen druppelden kleine beetjes water. Op een keer lekte er rioolwater in de waterleiding, vele gedetineerden werden geveld door dysenterie en drie mannen stierven. Het voedsel bestond uit 'luchtsoep', gemaakt van water, tomatenpuree voor een bruinachtig kleurtje, en rijst. Vlees was er misschien eenmaal per jaar.

Walid vertelde me dat hij zich altijd bekommerde om de gevangenen en hij probeerde de slechtste gevallen, bij wie de huiduitslag zich over het hele lichaam had verspreid, af te zonderen. Hij hoorde van een gevangene die leed aan etterende wonden en jeuk en zichzelf van het leven had beroofd. '*Wallah*!' Walid maakte met zijn armen een grote cirkel en sloeg zijn handen in elkaar. 'Wat kun je eraan doen?'

Na zijn ochtendronde ging luitenant-kolonel Walid biljarten.

Hij had een keet opgezet en verfraaid met tafels en stoelen en een biljart met groen laken tot een ontspanningsruimte voor cipiers en betrouwbare gedetineerden. Hij speelde vooral graag met Abu Seif, een gevangene die tot twintig jaar was veroordeeld voor het smokkelen van geld naar Jordanië. Zo veel Iraki's maakten kennis met de gevangenis, dat er altijd wel betere omstandigheden waren te regelen als de gevangene beschermers had. Speciale bejegening voor gedetineerden die konden betalen of wasta hadden, brieven van het Presidentieel Bureau of van ministers die speciale aandacht vroegen voor familieleden of voor de kinderen van vrienden. Gevangenen met kruiwagens konden aan geld, voedsel, televisie, luxeueze tweepersoonscellen helemaal voor zichzelf en aan drugs komen. Soms mochten hun vrouwen zelfs een nacht overblijven.

Om twaalf uur besloot luitenant-kolonel Walid een paar gevangenen uit de verstikkende strafcellen over te plaatsen naar de reguliere zalen. Tijdens lunch hadden hij en de Amnfunctionarissen, die uit Bagdad waren geëvacueerd, het erover of de

Amerikanen zouden gaan bombarderen of niet. Een van hen was er zeker van dat ze Bagdad zouden bombarderen. Luitenant-kolonel Walid zei dat volgens hem de Amerikanen vooral blaften en niet beten. Dat ze Saddam een poepje wilden laten ruiken en hem in zijn hok terugjagen.

Na het middageten trok hij een trainingspak aan en ging weer biljarten met Abu Seif en verschillende andere gedetineerden. Luitenant-kolonel Walid hield van biljarten. Hij won altijd. Laat in de middag nam hij een douche, kleedde zich om en belde zijn vrouw.

In de avond, omstreeks acht uur, liep hij met enkele officieren uit Bagdad over de middenstraat van de gevangenis. Ze rookten en praatten. De straat liep over een open terrein naar de hoofdpoort en het was een heel eind naar de wachttorens. De lichten van de gevangenis waren nog aan (licht uit om tien uur) en er was geen verduistering omdat de Abu Ghraib geen doelwit zou zijn.

Hun passen waren afgemeten, hun gesprekken geladen. De Amerikanen zouden zeer waarschijnlijk bombarderen als het donker was en nu was het donker. Ze waren op hun qui-vive, gespannen. Er hing een vredige sfeer rond de gevangenisblokken, afwachtend, onwerkelijk, en de officieren betrapten zich erop dat ze extra zachtjes tegen elkaar praatten. Het grind knarste onder hun zolen. De nacht verborg een ongewisse toekomst.

Toen begonnen de bommen te vallen. Aan de horizon lichtten gele flitsen op en de aarde bracht rommelend bastonen voort. Het centrum van Bagdad met zijn onder vuur genomen ministeries en kantoren van veiligheidsdiensten lag dertig kilometer verderop, maar het presidentieel paleizencomplex Radwaniya, naast het vliegveld, was dicht bij de Abu Ghraib en de Amerikanen bombardeerden Radwaniya. Ontploffingen dichtbij. Vanuit heel de stad barstte luchtafweergeschut los, vlekkerig witte strepen en rode lichtspoorbogen.

'Van overal vuurden ze. Ha! Iedereen wilde zijn dapperheid tonen!'

De luchtafweer tekende met snijdende lijnen een web in de lucht, maar de bommenwerpers vlogen ongezien hoog en waren niet te treffen.

Het groepje Amnofficieren stond op de weg, staakte hun nietszeggend gesprek en luisterde. Op dat moment reden er onverwacht twee nieuwe terreinwagens op de hoofdpoort af. Vanwaar hij stond kon luitenant-kolonel Walid zien dat er een officier uit de voorste auto stapte en met de bewaker palaverde over het openen van de poort. De bewaker was onzeker en keek naar hem. Hij wilde dat de luitenant-kolonel bij hem kwam om hem permissie te geven de terreinwagens binnen te laten. De hoogste alarmfase was afgekondigd, de Amerikanen waren zojuist begonnen met het bombardement van de hoofdstad, en het was zeer ongebruikelijk dat auto's onaangekondigd 's avonds om acht uur kwamen voorrijden.

Op weg naar de ongenode bezoekers zag luitenant-kolonel Walid dat de officier, die de bewaker de les las, dezelfde rang had als hij, luitenant-kolonel van het leger. Zonder zich voor te stellen vroeg deze luitenant-kolonel naar kolonel Hassan, de commandant van de Abu Ghraib. Luitenant-kolonel Walid vertelde hem dat kolonel Hassan op hoog bevel naar Bagdad was gegaan en dat hij nu op de terugweg was. 'Wat wilt u?' vroeg hij de officier. De officier scheen gebukt te gaan onder een zware taak, alsof hij iets moest doen wat hij niet wilde. Hij sprak snel en hakkelend. Luitenant-kolonel Walid merkte op dat zijn hand beefde.

Een andere officier stapte uit de tweede terreinwagen. Toen hij het portier opende ging er in de auto automatisch een licht aan en luitenant-kolonel Walid kon zien dat er achterin een geblinddoekte man met handboeien om zat, wiens hoofd een beetje naar voren hing. Hij dacht dat hij een militair uniform zag maar was daar niet zeker van. De tweede officier stapte kordaat op hem af en luitenant-kolonel Walid kon opmaken uit de goed gecoupeerde kwaliteitsstof van zijn soepele olijfgroene uniform, de gevlochten lederen buitenmodel riem, het kostbare browningpistool in een handgemaakte leren holster en de opzettelijke afwezigheid van rangonderscheidingen op zijn schouders dat hij officier was bij de presidentiële lijfwacht.

De luitenant-kolonel stapte opzij. De officier van de presidentiële lijfwacht luisterde naar luitenant-kolonel Walids argument dat kolonel Hassan nog niet terug was en dat hij bij diens afwezigheid geen permissie kon geven...

'Al is kolonel Hassan er niet, we kunnen niet wachten.' De officier van de presidentiële lijfwacht hield aan. 'We hebben iemand die we op bevel van de president (God behoede hem) moeten fusilleren.'

Luitenant-kolonel Walid vroeg hem of hij een geschreven order of een getekend rechterlijk vonnis had. De manier waarop ze hun opwachting hadden gemaakt was mijlenver buiten de orde en uiterst ongebruikelijk. Hij had er moeite mee en het maakte hem nerveus, hij kon er geen verantwoordelijkheid voor nemen. Hij had op de hoogte moeten zijn gesteld en er zouden documenten moeten zijn. 'Waar is de rechter die de executie moet bijwonen en bevestigen?' vroeg hij de officier van de presidentiële lijfwacht.

De officier van de presidentiële lijfwacht maakte een gebaar waarmee hij aangaf dat dit soort zaken geen rechter behoeft.

'Ik moet dit verifiëren,' zei luitenant-kolonel Walid tegen hem. 'Dit is een bijzondere situatie. Ik moet zekerheid hebben.'

'Kijk eens broeder luitenant-kolonel,' verklaarde de presidentiële lijfwacht gedecideerd, 'we hebben opdracht van de president (God behoede hem) om deze order tot executie uit te voeren...'

Precies op dat moment stopte de auto van kolonel Hassan voor de poort (maar één auto, wat ongebruikelijk was want gewoonlijk reisde hij in een konvooi van twee auto's) en de kolonel stapte uit. 'Wat is er aan de hand?' vroeg hij. 'Is er iets mis?' De luitenant-kolonel van de presidentiële lijfwacht nam kolonel Hassan terzijde. Luitenant-kolonel Walid kon zien dat zijn baas luisterde en kortaf instemmend knikte. Kolonel Hassan liep terug naar zijn auto en gaf de anderen een teken hem te volgen. De auto's, met luitenant-kolonel Walid in de laatste, reden niet naar het executieblok van de gevangenis maar naar een ongebruikte hoek van het gevangenisterrein. Luitenant-kolonel Walid was hier nog nooit geweest, hij kende het slechts vagelijk, en nu, in het donker, kreeg hij de indruk van een stukje land met vuilnis, afval, modder en uitgegroeide rietstengels. Er was geen pad en de auto's hobbelden over de ongelijke bodem naar een open plek. Toen ze stopten stapte hij uit en hij kon de stank ruiken van rottende etensresten en de kwalijke geur van een dampende, zout uitgeslagen, moerassige stortplaats. Aan zijn schoenen bleven opwaaiende dunne, ritselende stukken van kapotte plastic zakken plakken en hij schudde vol afkeer zijn voeten.

Het kwam luitenant-kolonel Walid voor dat kolonel Hassan deze plek kende en dat hij wist wat hij hier moest doen. In de verte ging het bombarderen door en dat verhoogde zijn adrenalinespiegel in afwachting van de verontrustende zaken die op handen waren. De officier van de presidentiële lijfwacht en kolonel Hassan stapten uit en kolonel Hassan riep de andere lijfwachten. 'Breng hem!' De woorden klonken even ongedwongen als wanneer hij zou hebben geroepen dat er een stoel moest worden bijgezet. Toen bukte hij zich en nam een kalasjnikov met opvouwbare metalen kolf uit zijn auto. De man met de handboeien, die, zo kon luitenant-kolonel Walid nu zien, een keurig schoon en gestreken uniform droeg, waarvan de distinctieven waren verwijderd, werd naar buiten geholpen en rechtop gezet tussen twee lijfwachten, die zijn armen stevig vasthielden. Een zwart-witte *kuffyeh* werd bij wijze van blinddoek om zijn hoofd geknoopt. Hij was lang en had de aristocratische gratie en trotse houding van een leider. Vol waardigheid stond hij daar, rechtop, en zei met een heldere en vaste stem: 'Bij God, het spijt me: ik heb niets verkeerds gedaan, niets waarvoor dit mij moet overkomen. Waarom? Maar we komen van God en we keren terug naar God.' Zijn stem was helder en vast, en terwijl hij verslag deed van die laatste woorden sloeg Walid, om een ogenblik lang toe te geven aan zijn gemoedstoestand, zijn ogen neer, een teken van respect.

Maar destijds waren zijn gedachten een ongrijpbaar bewegende warboel. Ze kringelden en vielen boven op elkaar en bij de aanblik van deze scène en overweldigd door de gang van zaken, de geur van de vuile aarde van beneden, en de brute haast om er een eind aan te maken, voelde hij hoe zijn eigen executie op hem af kwam razen.

Luitenant-kolonel Walid was een typische Amnofficier. Zie hem als een Elcerlijc van het regime. Behoorlijk competent binnen zekere grenzen, was hij geen monster hoewel hij monsterachtige dingen zag, die hij vervolgens negeerde. 'Wat kon hij doen?'

Zijn curriculum vitae kon de overdruk zijn van een voorgedrukt sjabloon.

1960 Geboren in de provincie Salahuddin. Vader: arme boer. Soenniet.

1983 Afgestudeerd aan de politieacademie, uitgeblonken in man-tegen-mangevecht, boksen en taekwondo. Geselecteerd voor de Amn.

1983-1986 Trainde lijfwachten voor vips en adviseerde Iraqi Airlines bij veiligheidsvraagstukken.

1986 Trainde lijfwachten voor het Irakese voetbalelftal bij de wk in Mexico.

(Ali Hassan al Majid, toen hoofd van de Amn, had hem persoonlijk aanbevolen bij Uday, die leiding gaf aan het Irakees Olympisch Comité en het nationale voetbalteam. 'Ik heb over je gehoord,' vertelde Uday hem toen hij was ontboden voor een gesprek. Niet lang daarvoor had het Irakese elftal een kwalificatiewedstrijd tegen Qatar in Calcutta gewonnen, waarna de oppositie de vernederde Irakese vlag had verscheurd. Uday was vastbesloten dat zo'n belediging niet voor herhaling vatbaar was. Hij zei tegen Walid: 'Als dat weer gebeurt snij je de man in stukken die de Irakese vlag heeft verscheurd, en als dat je niet lukt hak je hem zijn hand af. Als iemand zijn hand uitsteekt naar de Irakese vlag verlaat hij het stadion niet met die hand.')

1987-1990 Gepromoveerd tot majoor. Benoemd in Mosul, verantwoordelijk voor toezicht op de veiligheid van bezoekende vips.
1990-1997 Directeur van de Amn in Al Qaim aan de Syrische grens.
1997-2000 Luitenant-kolonel, verantwoordelijk voor de Speciale Strafafdeling van de Abu Ghraibgevangenis.
2000-2003 Directeur van de Amn in Kut.
2004-2005 Benoemd als brigadier door het ministerie van Binnenlandse Zaken en aan het hoofd gesteld van 5.000 man antiterroristische strijdkrachten in Bagdad.

Toen de oorlog tegen Iran in 1988 was afgelopen voelde Walid zich verraden, als zovelen bij de veiligheidsdiensten en in het leger. Waarvoor hadden ze gevochten? Wat was acht jaar bloedvergieten waard geweest nu Iran als grens het midden van de Shatt al Arabrivier had gekregen, precies waar alles was begonnen in 1980? Toen Saddam Koeweit binnentrok en de gevolgen desastreus waren stelden velen in de verwarring van de intifada die daarop volgde *openlijk* de doeltreffendheid van het presidentiële beleid ter discussie. Luitenant-kolonel Walid was een van hen. Hij kreeg aanvechtingen om Saddam te vermoorden en daarna zijn land weer op te bouwen. Hij wist van het onrecht, van de duizenden gevangenen, van goede officieren die waren geëxecuteerd wegens desertie, van de corruptie van het regime, van zijn misdaden. Hij had gezien hoe kolonel Hassan gevangenen doodsloeg met elektrische veeprikstokken – zulke dingen waren buitensporig en niet juist. Maar hij was gewend aan dat soort dingen. Zijn grootste zorg was zijn land als geheel, verzwakt en rechteloos, op de knieën gedwongen en onderworpen door een president die de macht in haar nekvel had gegrepen en uitgeschud.

Walid zei dat hij in 1992 was toegetreden tot een geheime oppositiebeweging, een netwerk van officieren binnen het leger en de veiligheidsdiensten, geleid door een generaal. Het was heel moeilijk om zo'n groep te organiseren onder de vigerende terreur van informanten – er werden metterdaad heel wat zogenaamde oppositiebewegingen opgericht, valstrikken voor diegenen die minder loyaal waren – en het was gevaarlijk elkaar te ontmoeten en onmogelijk om te praten op kantoor, door de telefoon, in elkaars woning of binnen gehoorsafstand van meer dan drie personen. Er was geld, klaarblijkelijk afkomstig van Arabische landen, en er werden plannen uitgebroed, zelfs voor een staatsgreep. Deze groep – en die was waarschijnlijk niet de enige – durfde of kon uiteindelijk niet het risico lopen om tot actie over te gaan.

Terwijl luitenant-kolonel Walid toekeek hoe de grote officier rechtop stond en zijn laatste moment van waardigheid op aarde verantwoordde tegenover zijn God was het alsof hij naar zichzelf keek. Hij werd gekweld door het voorgevoel van zijn eigen dood. Paranoia gierde door zijn hersenen heen en weer. Hij beeldde zich in dat de vastgebonden officier gelieerd was aan zijn oppositiegroep, dat hij op dit eigenste ogenblik al was verraden. Misschien observeerde kolonel Hassan, met wie hij doorgaans warme contacten onderhield, hem nauwlettend om te zien hoe hij reageerde op deze zorgvuldig voorbereide fatale schertsvertoning.

Op die verloren grond, de grond voor moord, begonnen kolonel Hassan en de officier van de presidentiële lijfwacht te kibbelen.

'Ik ben degene die hem executeert,' zei de officier van de presidentiële lijfwacht.

'Nee. Ik fusilleer hem. Het is mijn werk en mijn functie om dat te doen.'

De zenuwachtige luitenant-kolonel van het leger wilde er niets mee te maken hebben, deed een stap terug en zei tegen kolonel Hassan: 'Doe wat u wilt.'

Luitenant-kolonel Walid stapte in zijn auto en reed weg. Hij kon het niet aan om ooggetuige te zijn van de moord. Hij wilde niet zien hoe hijzelf werd doodgeschoten op een stinkende afvalhoop.

('Was u bang,' vroeg ik hem vriendelijk.

'Nee. Ik was niet bang,' zei hij nadrukkelijk. Ik had nog nooit een Iraki zijn angst horen toegeven.)

Toen hij halverwege was op het pad naar de verharde hoofdweg hoorde hij drie salvo's uit een automatisch wapen, wellicht dertig kogels, een stilte, vervolgens een enkel schot.

Hij was in de war. Hij zag in een flits wat er met zijn familie zou gebeuren als hij werd doodgeschoten. Hij dacht: *wie was die officier? Kon het mijn generaal zijn geweest? Zou mijn denkvermogen zo zijn aangetast door de beproeving dat ik zijn stem niet herkend had? Kon ik dan niets herkennen onder die blinddoek? Wie was die man, hoog in rang en trots rechtop, neergeschoten zonder vorm van proces door die schurk, die misdadige smeerlap kolonel Hassan?*

Als het zijn generaal was geweest moest hij daar onmiddellijk achter zien te komen en zijn lot onder ogen zien. In zijn opperste gespannenheid werd de noodzaak om zekerheid te krijgen tot een wanhopig makende behoefte. Wat hij eens had gezegd weerklonk in hem als een onwaardige depreciatie. Een paar maanden geleden had hij tegen zijn generaal gezegd: 'We zullen allemaal vast en zeker worden doodgeschoten. Laten we wraak nemen voordat we worden gearresteerd. Het is beter om in de strijd tegen hen te worden neergeschoten dan te wachten tot we als schapen worden geslacht.'

Hij remde af, parkeerde aan de kant van de weg en besloot terug te lopen naar de lege plek. Hij hoopte kolonel Hassan tegen het lijf te lopen en meer te weten te komen. Hij voelde zich of hij door een nachtmerrie strompelde. Hij keerde terug. 'Ik weet niet waarom maar ik zal je vertellen waarom. Ik kon niet wachten tot Hassan terug was om hem te vragen wie die man was.'

Kolonel Hassan zag hem, stapte uit zijn auto en met zijn tweeën liepen ze terug naar hun kwartieren. Kolonel Hassan schudde hem de hand en vroeg waarom hij zomaar was weggegaan. Zijn manier van doen was heel normaal, hartelijk en collegiaal.

Luitenant-kolonel Walid zei dat hij het gevoel had dat de presidentiële lijfwacht iets te verbergen had. 'Ze vertelden me niet wie hij was, dus had ik de indruk dat ze niet wilden dat ik het wist, dus dacht ik dat het beter was als ik maar wegging.' Toen, in zijn immense wanhoop, schoot hij de vraag op hem af die in zijn hersenen brandde. 'Weet u wie het was?'

'Heb je hem niet herkend?' Kolonel Hassan klonk geamuseerd.

'Nee, ik wist het niet, ik dacht dat het misschien een minister was.'

'Nee,' zei kolonel Hassan. 'Het was Kamel Sachet.'

De paniek had luitenant-kolonel Walid in haar greep en zelfs met deze bevrijdende informatie kon hij die niet van zich afzetten. Misschien loog kolonel Hassan om hem een vals gevoel van veiligheid aan te praten. Hij vroeg hem waar ze het lichaam hadden gelaten en Hassan zei in een afgedankte koelkast, die op de vuilnishoop lag.

'Als u het daar laat liggen vreten de honden het op.' Luitenant-kolonel Walid gaf hem een advies op een toon die maakte dat zijn afschuw klonk als een logistiek dilemma. 'Dat wordt een probleem. Waarom hem niet naar het lijkenhuis gebracht?'

Kolonel Hassan dacht er even over na en stemde er toen mee in zelf terug te gaan om het lichaam met een paar cipiers naar het lijkenhuis te brengen.

Ze zeiden goedenacht en gingen uit elkaar. Walid kon geen rust vinden. Het bombardement was gestopt en Kamel Sachet lag vlakbij, koud en dood. Het was laat en stil en de sterren schenen helder boven het gedeeltelijk verduisterde land. Walid liep in zijn eentje rond over het gevangenisterrein, stapte in zijn auto en reed naar huis. Hij wuifde bij de controlepost van de Abu Ghraib waar ze hem kenden en bij een tweede, die gedurende de alarmfase dienst deed. Hij reed in een regeringsauto en werd niet tegengehouden. Er reden geen andere auto's op de doodse wegen. Het bombardement kon elk moment hervat worden. Het gebied waar hij doorheen reed was waarschijnlijk doelwit. Hij was zo bang dat hij zijn angst niet kon voelen, of, later, kon toegeven dat hij geen angst voelde.

Toen hij thuiskwam was iedereen nog wakker en luisterde of er nog meer bommen zouden vallen. Hij begroette zijn vrouw en zij zag de verwildering in zijn gezicht en vroeg wat er mis was, maar hij zei alleen maar: 'Het zijn de bommen, zag je de bommen niet?'

'U vertelde het haar niet?'

Heftig schudde hij zijn hoofd, zijn gedachten wiegden mee.

'Nee, nooit, nooit. Niemand.'

Midden in de moorddadige nacht zat hij in zijn tuin, dronk drie glazen arak en voer uit tegen de president, moge God op zijn graf schijten. 'Bagdad staat in brand en het doet hem geen moer,' zei hij hardop. Zijn dalende adrenalinespiegel liet een laatste restje woede in hem achter. Nog steeds kon hij er zich niet toe brengen uit te spreken wat hij werkelijk dacht. Hij schreef zijn woede toe aan de bommen, maar het waren die nacht niet de bommen die hem hadden getroffen. 'Hij wil alleen maar aan de macht blijven! Het doet hem helemaal niets als mensen worden doodgemaakt! Alleen zijn eigen heil!'

's Morgens, terug in de gevangenis, die hij tijdens de alarmtoestand nooit had mogen verlaten, nodigde kolonel Hassan iedereen uit voor het ontbijt om zijn gastvrijheid jegens de geëvacueerde officieren te tonen.

Daarna gingen luitenant-kolonel Walid en kolonel Hassan naar de afdeling voor langgestraften. Ze hadden het over Kamel Sachet. Walid zei nee, hij had hem nooit ontmoet hoewel hij zijn reputatie natuurlijk wel kende. Hij loog, omdat hij zich tijdens de nacht had herinnerd dat hij Kamel Sachet een keer, misschien tien, twaalf jaar geleden, had ontmoet op het kantoor van een vriend, een man met een belangrijke in- en exportfirma. Eén keertje maar had hij hem de hand geschud.

'Wil je hem zien?' vroeg kolonel Hassan.

Ze gingen kijken naar het lijk, dat in veiligheid was gebracht en op een plank in de vrieskast van het lijkenhuis van de gevangenis was opgeborgen. Het was in een zwart doodskleed gehuld bij wijze van vernedering, om aan te geven dat het ging om een deserteur, een verrader. Kolonel Hassan sloeg de zwarte plooien terug om het gezicht van Kamel Sachet te onthullen, dat met bloed besmeurd was. Boven op zijn schedel was een korstige wond te zien, die aangaf dat het genadeschot van bovenaf was afgeschoten, loodrecht naar beneden. Kolonel Hassan wees erop en zei: 'Dat was mijn kogel.'

Walids eigen nawoord bij het verhaal was zeer treffend en getuigde van een zekere gerechtigheid. Kolonel Hassan was drie maanden later, na de gebeurtenissen in de nacht van operatie Desert Fox, in Bagdad vermoord. Twee mannen hadden zijn auto doorzeefd met automatische wapens en waren erin geslaagd weg te komen. Het verhaal ging dat het ex-gevangenen uit de Abu Ghraib waren geweest, die er door oppositiepartijen uit Iran op uit waren gestuurd om hem te doden. Walid moest hier om de een of andere reden om glimlachen.

Nadat ik acht uur lang naar Walids verhaal had geluisterd ging ik naar huis, schonk mezelf een borrel in, dronk die op en schonk nog eens in. Walid was niet zijn ware naam. Onze wederzijdse vriend en tussenpersoon, een voormalige Irakese soennitische functionaris die ik in Bagdad had gekend, noemde hem F..., maar hij verzocht me die naam niet op te schrijven. 'Iedereen in Middlesbrough kent me als Walid. Noem me in het boek maar Khalid bin Walid,' zei hij glimlachend. De oorspronkelijke Khalid bin Walid had de moslims aangevoerd toen die in 697 bij de rivier de Jarmur de overwinning behaalden op een Byzantijns leger. 'Ik hou van deze naam.'

17 Ophalen

Februari 1999. Om negen uur 's morgens ging de telefoon. Um Omar nam op in de keuken en riep Ali om het gesprek over te nemen. Ali verwachtte geen telefoontje en hij hield het apparaat enigszins nerveus aan zijn oor. Door het gekraak van de storingen heen klonk een metaalachtige, scherpe stem. 'Bent u de zoon van de verrader Kamel Sachet?'

Ali ging met zijn rug naar zijn moeder staan en antwoordde kortaf 'Ja.'

'Weet u waar de Abu Ghraibgevangenis is?'

'Ja.'

'Ga daarheen om zijn lijk in ontvangst te nemen.'

Ali hing op en bleef hevig geschrokken, stokstijf staan. Zijn moeder keek naar hem. Ze had niet meer dan de helft van het gesprek gehoord maar ze zag iets ongewoons in het gezicht van haar zoon. Voordat ze iets kon vragen zei Ali: 'Mijn vriend staat vast bij een controle. Ik ga hem helpen.'

Ali durfde zijn moeder of zijn zusters niets te vertellen uit angst dat hun paniek en gejammer de spionerende agenten zouden alarmeren, en ook zijn jongere broers kon je zo'n geheim niet toevertrouwen. Hij verwisselde zijn djellaba snel voor een broek en een overhemd. Hij trok een jack aan want het was vochtig weer. Hij stak wat geld bij zich en vroeg zich af of het genoeg zou zijn. Zijn oudere broer Omar logeerde in het huis van hun tante en Ali nam de auto om eerst naar hem toe te rijden. Omar was er niet. Zijn neven wisten niet waar hij was en hij kon hun niet zeggen dat het dringend was. Ali zat in de auto en dacht even na: bij wie kon hij terecht? Hij besloot naar het huis van zijn vaders chauffeur te gaan. Ali Mishjil had twintig jaar voor zijn vader gewerkt, al voordat Ali was geboren – hij was het die Kamel Sachet had aangeraden zijn zoon Ali te noemen in plaats van Nasser –, en toen Ali hem had verteld van het telefoongesprek begon de trouwe knecht te trillen van emotie. Ali had nu iemand te pakken, maar hij had nog een familielid nodig, een oudere man, om hem te begeleiden naar de Abu Ghraib. Ali was pas achttien, misschien zouden ze het lichaam van zijn vader niet aan hem meegeven. Dus reden ze terug naar het huis van zijn tante om te kijken of Omar er nu was. Bij elke kruising sloeg Ali Mishjil met zijn handen op het stuur en riep: 'Abu Omar is dood. Abu Omar is dood.'

Omar was er niet en ze wisten niet waar hij wel was. Toen reden ze naar het huis van een oom, Khalid, een van Kamel Sachets jongere broers. Die was er ook niet. Een andere oom, Hamid, was er ook niet. Ze gingen naar weer een andere oom, Mohammed. Niet thuis.

Ali voelde zich ten onrechte opgezadeld met alle mogelijke ellende – het was Gods wil en niet voor het eerst. Toen grootmoeder Bibi was overleden was hij de eerste die het hoorde, toen de zuster van zijn moeder was gestorven was hij de eerste die het hoorde. Waarom had God hem alweer uitgekozen om de troosteloosheid van de dood te ondergaan, en de last om het treurige nieuws verder te vertellen, en anderen met hem te laten lijden?

Ze verlieten de hoofdweg en reden een eenvoudige, ommuurde woonwijk in. 'Abu Omar is dood!' Ali Mishjil was radeloos. Ali Sachet realiseerde zich, na wekenlange onzekerheid waarin zijn onuitgesproken, maar voorspelbare, sombere voorgevoelens niet bevestigd werden, dat hij droge ogen had. Zijn vader was langer dan vijftig dagen vermist geweest. Hij was op de ochtend van 16 december van huis gegaan, bedrukt door de dreiging van de Amerikaanse aanval, maar in blijde afwachting van de opening van zijn derde moskee, diezelfde middag. Hij was nooit teruggekomen. Eerst vertelde zijn secretaris dat hij een ontmoeting had met de president, vervolgens was de ontmoeting een of andere vage missie geworden. Een paar dagen gingen voorbij, er kwam geen nieuws, en vrienden van hem, die hij en Omar kenden en belden, namen de telefoon niet meer op. De secretaris van hun vader kwam bij hen thuis langs met een pakje, dat hij, zoals hij stamelend zei zonder hen rechtstreeks aan te kijken, op Abu Omars verzoek kwam afgeven aan zijn oudste zoon. Het was het pistool van zijn vader en diens gouden horloge.

Al die vergeefse kilometers van die bange tocht slurpten Ali's woede op. Eén uur, twee uur verliepen op deze manier. Ten slotte gingen ze naar het huis van de zuster van zijn vader en troffen haar echtgenoot. Abu Shakur was geen broer van zijn vader, maar hij was de enige die hij kon vinden, en dat moest volstaan. Abu Shakur was zachtmoedig, een beetje oud, een waardige verschijning, maar geen naaste familie. Ali schaamde zich daar enigszins voor; met zijn drieën leken ze een onwaardige rouwstoet.

Bij de hoofdpoort van de Abu Ghraibgevangenis wilden de wachtposten hen niet doorlaten, ze zeiden hun de motor af te zetten en te wachten. Na korte tijd zeiden ze dat er een auto aankwam om hen op te halen. Abu Shakur zei tegen Ali dat hij in de auto moest wachten, hij zou het papierwerk wel afhandelen. 'Blijf hier, in jouw toestand ga je schelden op de regering en dan zullen ze je arresteren...'

Abu Shakur werd naar het kantoor van kolonel Hassan gebracht. Kolonel Hassan begroette hem met een verdrietige gelaatsuitdrukking. Hij spreidde zijn handen ('Wat kon ik doen?') en drukte daarna in hypocriet medeleven zijn vingers tegen elkaar.

Abu Shakur zat stijf rechtop en doorbrak deze valse sympathiebetuiging met een niet mis te verstane netelige opmerking.

'Als Kamel een order heeft genegeerd,' zei hij met een onsdubbelzinnige toespeling op de onbetwistbare reputatie van gedisciplineerde loyaliteit van zijn zwager, 'dan was dit zijn noodlot.'

Kolonel Hassan sloeg de ogen neer, keek naar zijn vuile nagels en zijn antwoord was misschien een poging om de ernst van het onrecht af te zwakken. 'Het was in het belang van het land. Ik hoop dat onze God je zal helpen het leed lijdzaam te dragen.'

Er kwam een formulier op tafel dat getekend moest worden. Kolonel Hassan vroeg vriendelijk waar ze van plan waren Kamel Sachets stoffelijk overschot te begraven. Abu Shakur antwoordde in Kuthar bij Hilla, waar de familie wat land bezat. Kolonel Hassan waarschuwde hem. 'Breng het lichaam daarheen en alleen daarheen en niet ergens anders heen. Als je het via Bagdad vervoert of op wat voor andere plaats ook de auto stopt zullen we hem van je afnemen en zelf begraven.'

Abu Shakur zette zijn handtekening.

'Een traditionele begrafenis is niet toegestaan,' vervolgde kolonel Hassan voor het geval hij niet volkomen duidelijk was geweest. 'Geen enkele vorm van samenkomst is toegestaan.'

Ali verkeerde in een toestand van doffe shock en hij voelde leegte, niets dan een verschrikkelijke leegte, waarin een ongerichte woede ronddraaide. Abu Shakur legde uit dat ze geen toestemming hadden voor een officiële begrafenis en Ali knikte. Toen reden ze naar het stadje Abu Ghraib en namen een taxi met een imperiaal voor de doodkist. Het was waarschijnlijk niet de eerste keer dat de taxichauffeur werd ingehuurd voor zo'n klus. Zijn standplaats bevond zich midden in een lage rij groenteverkopers en naast een restaurant, dat rijst en kebab verkocht, en waar familieleden van gevangenen kwamen. Ertegenover, aan een pad dat werd overhuifd door stoffige eucalyptusbomen, was de plaats waar de terechtgestelde gevangenen van wie de familieleden niet wisten dat ze waren geëxecuteerd, werden begraven. De lichamen lagen in greppels, die gemarkeerd waren met de metalen identificatieplaatjes met daarop een nummer. Niemand lichtte ooit de familie in, die soms navraag deed bij het restaurant. 'Wat is er aan de hand als pakjes voedsel en kleding ongeopend worden teruggestuurd? Is de gevangene overgeplaatst? Waarheen dan?' Tegen Abu Shakur maakte de chauffeur geen misplaatste grapjes en stemde zonder veel gepingel in met de ritprijs.

De doodkist was smal en gemaakt van goedkope, hergebruikte, dunne houten planken, grijs van kleur, eenvoudig en zonder opschrift. Ali Mishjil nam het krakende deksel eraf en keek erin. Het jasje van de generaal was over zijn gezicht gelegd. Hij was nog gekleed in zijn uniform hoewel dat er vuil en versleten uitzag. Ali Mishjil sloeg het jasje terug om zekerheid te hebben. Ali stond iets van hem verwijderd en voelde zijn hoop vervliegen. Hij wilde dat het niet waar was, dat het een verschrikkelijke vergissing was, dat er een minieme kans bestond dat iemand gelogen had – maar Ali Mishjil schreeuwde het uit, boorde zijn vuisten in zijn oogkassen en snikte een reeks onsamenhangende jammerklachten de hemel in. En Ali wist dat hij het was.

Het was een hachelijke en moeizame klus om de doodkist op het dak van de taxi te tillen. De bewakers keken toe en boden geen hulp. Ali en Ali Mishjil beseften dat ze er alleen voor stonden en slaagden erin de doodkist omhoog te sjorren. De taxichauffeur deed net alsof hij meetilde, maar hij spande zich niet te veel in. Terwijl ze de kist eventjes op de rand van het dak lieten rusten zag Ali op ooghoogte door een gat in de planken een stukje van zijn vaders naakte voet. Hij herkende het lange, bleke litteken aan de enkel, een oude, bekende verwonding van een granaatscherf tijdens een aanval even buiten Basra. Het laatste greintje hoop zakte geruisloos weg, hij putte kracht uit zijn pijn en woede en schoof het dode gewicht van zijn vader over de imperiaal van de gebutste taxi.

Ze reden weg gevolgd door een Oldsmobile en een terreinwagen met elk vier Amnfunctionarissen aan boord. Even buiten de poort helde de doodkist vervaarlijk over het dak heen, en ze zagen zich genoodzaakt voorzichtig naar de straatmarkt van Abu Ghraib te sukkelen, waar ze nog wat touw kochten om de kist goed mee vast te binden. Ze hervatten hun tocht, namen de snelweg naar het westen, en stopten in Mahmoudiya, vlak bij

hun bestemming, om reukwater te kopen om het lijk mee te be-
sprenkelen en witte doeken om het lichaam in te wikkelen voor
de teraardebestelling.

Door het oponthoud en de omweg die ze moesten maken
was het inmiddels tijd geworden voor het middaggebed. Ze
gingen naar de moskee op de begraafplaats en vroegen naar
grafdelvers en naar mannen die de lichamen voor het begraven wasten. Abu Shakur zag toe op de details, Ali stond bij de
zanderige rand van de dodenakker en herinnerde zich hoe zijn
vader met hem tussen deze zelfde graven had gelopen. Zijn vader had hem verteld dat hij naast zijn grootvader wilde worden begraven. Ali ging overmand door smart op zijn hurken
zitten, doordrongen van het geluid van zijn vaders woorden in
zijn herinnering, beroerde met zijn vingertoppen het stof der
aarde.

Hij herinnerde zich hoe zijn vader hem had leren schieten.
Hij was negen jaar en zijn vader was in Diala gestationeerd.
Een van zijn vaders officieren had hem allerlei soorten wapens
laten zien, had ze in zijn kleine handen gelegd om ze te voelen,
de lopen, de veiligheidspallen, de kolven en de degelijkheid.
Hij had over hem heen gebogen gestaan terwijl hij een kalasjnikov uit elkaar haalde. Soms kreeg hij 's middags vijftien kogels
om op een rij blikjes te schieten. Ali vroeg altijd om meer kogels, probeerde ze los te krijgen van de lijfwachten en soms stal
hij ze zelfs uit het kantoor van zijn vader. Hij hield ervan om op
gekko's te schieten, maar dat mocht hij niet, overal rondom lag
afval van het slagveld, oud en onontploft oorlogsmateriaal, een
verdwaalde kogel kon iets raken en aan dood en verderf zaai-
ende gruzelementen schieten. Een ordonnans drentelde langs
hem heen en weer en raapte de lege patroonhulzen op. Zijn
vader stond achter hem en corrigeerde zijn greep. 'Een beetje
ontspannen,' zei hij tegen hem, 'stil houden.' 'Zorgvuldig richten.' 'Nee, niet zo, zet je voeten verder uit elkaar.'

Een paar mannen waren komen bidden maar ze liepen langs
Ali heen zonder hem te groeten, wasten hun handen bij het

kraantje buiten, wreven zorgvuldig tussen al hun vingers met een gedeeld, steeds kleiner wordend stukje roze zeep, en keken niet achterom.

Ali wilde naar de Militaire Academie om opgeleid te worden tot officier, hij wilde net zo zijn als zijn vader, zoals de officieren over wie zijn vader het commando voerde, respect, loyaliteit, een duur pistool op zijn heup, rijden in een Mercedes of een Toyota Crown, iets wat status uitstraalde en indruk maakte. Zijn vader had nee gezegd. Hij vertelde Ali dat het leger vroeger een goede plek was, maar nu niet. Ali had geprobeerd hem tegen te spreken, hij begreep het niet, hij zag zijn vader met al zijn medailles en onderscheidingen, de vele mensen die tegen hem opkeken, hem opzochten met petities, de vele mensen die hij hielp, de dochter van een van zijn officieren die op het slagveld was gesneuveld, voor wie hij de opleiding tot apotheker betaalde, de moskeeën die hij had gebouwd, de manier waarop de gewone mensen in Amara zijn protectie inriepen en hem zagen als hun beschermheer. Zijn vader had de bewondering en ambities van zijn zoon kort afgedaan en bitter tegen hem gezegd: 'Saddam houdt altijd degenen die hij nodig heeft bij zich in de buurt en als die niet langer van nut zijn wil hij niets meer van hen weten.'

Terwijl ze wachtten tot het gebed was beëindigd voelde Ali een sidderende woede en de ongerechtigheid van deze begrafenis.

Abu Shakur was op zoek gegaan naar het familiegraf van de Sachets maar hij kon het niet vinden. Hij keerde terug en vroeg de moskeedienaren een kaart van de begraafplaats te halen.

'Wie gaat u begraven?' vroegen ze.

'We hebben hier Kamel Sachet.'

De moskeedienaren begonnen toen te huilen en te weeklagen. Ze kenden Kamel Sachet, ze wisten dat een goed mens was gedood, ze beklaagden Saddam en vroegen hoe het kon gebeuren dat zo'n held was geëxecuteerd.

Er kwamen vijf auto's vol Amnfunctionarissen aangereden.

Ze parkeerden en stelden zich op langs de weg en rondom de moskee. Er was hun gezegd een oogje in het zeil te houden bij de begrafenis van een terechtgestelde, en ze hadden geen idee wie. Adnan Janabi, die het nieuws had gehoord, kwam aangereden om zijn deelneming te betuigen, ongeacht de gevolgen.

Het familiegraf van de Sachets was gevonden en de grafdelvers begonnen in de invallende duisternis te graven. De lijkenwassers legden het lichaam op een platte steen boven een afvoergoot en droegen emmers heet water aan. Ali liep de moskee in om te zien wat er gebeurde, maar Abu Shakur pakte hem bij zijn elleboog en troonde hem mee. 'Het is beter dat je dit niet ziet.' Ali wist het niet meer, hij was bang om naar het dode gezicht van zijn vader te kijken en dat beeld als laatste herinnering te moeten meedragen. Door de deur van het waslokaal, die op een kier stond, kon hij de mouw zien van zijn vaders uniform, bruin gekleurd door het bloed, stijf en onnatuurlijk gebogen over zijn borst, en het opgedroogde bloed tussen zijn vaders vingers... Een lijkenwasser kwam op hen af en nam Abu Shakur apart. Er was een probleem, verklaarde hij, het lichaam was in slechte staat, het was al enige tijd dood. Onzeker, eerbiedig, zweeg hij even. Ze konden hem niet van zijn kleding ontdoen, de huid en het vlees waren met zijn uniform verkleefd en zouden loskomen. De man stak verontschuldigend zijn handen uit. Want om Kamel Sachet, een man die drie moskeeën had gebouwd, die zich had gehouden aan de voorgeschreven gebedsstonden, om zo'n man ongewassen te moeten begraven! Hij verontschuldigde zich ten zeerste voor dit alles. Op dat moment kwam de imam erbij en stelde de twee gerust. 'Nee, nee, maakt u zich geen zorgen, God kent deze problemen. Want een martelaar, in dit soort situaties – het is niet verplicht om een martelaar te wassen. Maakt u zich geen zorgen. Als het noodzakelijk is dat er iemand hiervoor verantwoordelijk is dan ben ik dat.' Dus bogen de lijkenwassers de armen van de generaal voorzichtig over diens borst in het gebaar van eeuwige rust en wikkelden het lichaam in een doodskleed. Ali kwam binnen toen ze daarmee klaar waren en legde zijn hand op de in wit katoen gewikkelde hand van zijn vader.

De afscheidsgebeden werden gezegd. Ali streek met zijn handen over zijn gezicht en liet ze naast zijn lichaam hangen gedurende het geruststellend gemurmel van het gebed, de vertrouwde, de herhaalde, de cyclische, de altijd aanwezige en eeuwigdurende zekerheid. Maar hij vond geen soelaas in de belofte van het paradijs.

Het hoofd van de plaatselijke Amn kwam zich op de hoogte stellen. 'Wie is de overledene?' vroeg hij. Hem was niets verteld, alleen dat er een begrafenis was waar ze een oogje op moesten houden en dat er geen samenkomst was toegestaan. Toen hij de naam Kamel Sachet hoorde, haalde de Amnfunctionaris diep adem en keek hoestend naar de grond omdat er prompt een brok in zijn keel schoot. De naam verspreidde zich en sommige andere Amnagenten begonnen openlijk te huilen. Ali hoorde hun verdriet en hij liet zijn woede eindelijk de vrije loop. Hij ging schreeuwend tekeer tegen de hemel, de president en de mensen die diens bevelen opvolgden...

Het hoofd van de lokale Amn nam hem met zachte drang terzijde, sloeg een beschermende arm om zijn schouders en fluisterde hem vriendelijk toe. 'Luister, die woorden brengen je niet verder. Wees dapper, net als je vader. Ga naar huis en zorg voor je familie. Deze manier van praten doet je geen goed.'

18 Allemaal generaals

Ik bracht de zomer van 2007 door op zoek naar generaals, sergeanten, en ieder ander die Kamel Sachet had gekend. Ik wilde nieuwe verhalen horen en verhalen die de mijne overlapten en bevestigden. Twee miljoen of meer Iraki's waren Irak ontvlucht, voornamelijk naar Jordanië en Syrië. Ik bracht weken door in Damascus en Amman, zat in cafés, hotellobby's en op dunne stromatrassen in gammele opvangstcentra en dronk, zoals dat hoort, glazen vol thee, sinaasappelsap en blikjes warme Pepsi.

'En hoe gaat het met uw familie?' vroeg ik steeds, en dan kwamen de gruwelverhalen. Iedereen, zonder uitzondering, had een horrorverhaal. Moord ontvoering moord ontvoering moord ontvoering. Met variabele componenten: broer, zelf, vrouw, vijfjarig zoontje – losgeld, doodgeschoten, vermist. Ze waren opgehouden de Amerikanen de schuld te geven, op de een of andere manier hadden de gruwelijkheden de boosheid en de schuldvraag overstegen. Ik herinner me een vrouw, een bescheiden, goed opgeleide, Engels sprekende, knappe vrouw in een lange zwarte abaja. Ze was sjiiet en getrouwd met een soenniet – gemengde huwelijken waren normaal in Bagdad – en haar man was omgekomen bij een bomaanslag. Tijdens de rouwperiode was haar zwager naar haar toe gekomen en had gedreigd de opstandelingen te vertellen dat ze een sjiitische spionne was, tenzij ze haar vijftien jaar oude dochter zou afstaan om met zijn zoon te trouwen en haar veertienjarige zoon van school zou halen om in zijn garage te gaan werken. Doodsbang vluchtte ze met haar kinderen naar Damascus, haar zoon zat niet meer op school, er was niemand om haar geld te sturen wanneer het weinige dat ze had meegenomen op was. Ze gaf me de nuchtere feiten, haar emotie verraadde zich alleen in de door de stress in haar voorhoofd geëtste verticale lijn. Een verhaal uit vele en vele nog veel erger. Mijn tolk was ontvoerd geweest en had een foto van haar dode zoon om haar hals hangen. Een Scandinavische psychologe, die was getrouwd met een functionaris van het Hoge Commissariaat voor Vluchtelingen van de Verenigde Naties, vertelde me dat ze niet wist hoe ze moest beginnen met haar hulp aan de honderden vrouwen die waren verkracht. *'Honderden verkrachte vrouwen?'* herhaalde ik. Ze knikte. 'Soms collectieve verkrachting. Eentje werd meer dan acht keer verkracht voor de ogen van haar echtgenoot! Ik weet niet hoe ik die vrouwen moet behandelen' – verkrachting is een onuitwisbare schande voor Iraki's – 'en ze kunnen er niet over praten met hun familie...' Onder de vrouwen die ik ontmoette was er geen een die theatraal jammerde of tekeerging, openbaar vertoon van smart, dat ik kende uit de eerste periode van de burgeroorlog en van na de autobommen in Bagdad, had plaatsgemaakt voor doffe lijdzaamheid.

In Damascus leefden de gevluchte Iraki's van wat bij elkaar geschraapt geld, het was nooit veel en het ging snel op. Ze woonden in kleine huurflats in Saida Zeinab, dicht bij het sjiitische heiligdom voor de gegijzelde dochter van Ali, de vierde kalief, waar veel Iraki's zich hadden gevestigd tijdens de Saddamjaren, of in de Palestijnse wijken (een andere, eerdere vluchtelingenstroom) en in verder weg gelegen buitenwijken. De flats waren van beton met betegelde vloeren en opgerolde matten bij wijze van bed, een paar plastic stoelen voor het bezoek, een verblindende tl-buis aan het plafond, een televisie met afwisselend MTV en Al Jazeera, een beeldje van de Heilige Maagd in christelijke huishoudens, bij de sjiieten een prent van Hoessein in zijn groene mantel, bij de soennieten een poster van rijen gelovigen, die op hun knieën liggen te bidden in kringen rondom de Kaäba in Mekka. Bijna iedereen klaagde dat de huur hoog was, dat ze geen werk konden vinden, dat de Syriërs alsmaar de voorwaarden voor de visa veranderden, dat ze geen nieuwe Irakese paspoorten serie G konden krijgen voor buitenlandse reizen omdat die alleen in Bagdad werden uitgegeven, dat hun geld opraakte, en dat de schoolcarrière van hun kinderen was ontwricht. Ze belden naar familieleden in Bagdad en Mosul, ging het al beter, was het veilig om terug te keren? En alles wat ze hoorden was nieuws over nieuwe bomaanslagen en omgekomen familieleden.

Het waren zeer ontmoedigende tijden. De gewezen officieren die ik in Damascus trof waren vermoeid en verontrust. Ze droegen hun leven met zich mee in plastic boodschappentassen. Fotokopieën van hun identiteitskaarten, van hun militaire curriculum, geboortebewijzen van de kinderen, eigendomsakten van huizen, papieren van de auto's die ze twee jaar geleden hadden verkocht, brieven van de VN-vluchtelingenorganisatie, verklaringen van de Rode Halve Maan, registratieformulieren van de Canadese ambassade voor de emigratie. Sommigen waren officier geweest in het nieuwe Irakese leger, nauw verbonden met de Amerikanen, ze hadden controleposten bemand, waren betrokken geweest bij operaties tegen opstandelingen en milities. Ze waren gevlucht voor brandbommen en pogingen tot moord, en hoopten (hopeloze hoop, omdat de Amerikanen maar heel weinig vluchtelingen opnamen en zelfs degenen die als tolk direct voor hen hadden gewerkt, kwamen er niet door) zich te kunnen vestigen in de VS. Ze lieten foto's van zichzelf zien in uniform naast 'de Amerikaanse kolonel Bob', of 'majoor Hudson, heel goede man en mijn beste vriend', benevens getuigschriften van hun dienstverrichtingen en getypte aanbevelingsbrieven van Amerikaanse commandanten.

Ze zuchtten en keken over hun schouders om te zien of er misschien ergens een agent zat mee te luisteren. Vaak zagen we een man in z'n eentje, die een krant zat te lezen of net deed of hij las. Dan betaalden we de rekening en gingen we naar buiten om een bankje in een plantsoen te zoeken, of een ander, meer

anoniem café. Iraki's waren erg bang. De voormalige baathisten waren bang voor de Syrische Mukhabarat, een maar al te
bekend vangnet, dat bij tijd en wijle gewezen hooggeplaatste
officieren terugbracht naar Irak, als hapklare brokjes voor de
Amerikanen, die zoet moesten worden gehouden. Maar erger
was dat Iraki's bang waren voor elkaar. Het onderlinge, moorddadige geweld werkte als een centrifuge, die collega's, buren,
neven, uiteenwierp en vrienden en families verdeelde over diverse partijen, facties, milities en snode zakelijke belangengroe-
pen. Telkens wanneer ik iemand vroeg om me te helpen, om
bijvoorbeeld een vriend te vragen of hij met me wilde praten,
zei hij altijd, heel beleefd, dat hij hem eerst zou bellen om te
vragen of het goed was dat hij mij zijn nummer gaf, en vaak
weigerden mensen te praten met een westerse journalist. Wie
wist wie wat te horen kreeg over dat rendez-vous en wat voor
consequenties dat zou hebben?

Iraki's waren op hun hoede voor de spanningen en het oude
zeer van gewapende conflicten, die nu in den vreemde de kop
opstaken. Een voormalige officier van het nieuwe Irakese leger
vertelde me dat drie gangsters van de sjiitische militie om drie
uur in de nacht zijn deur hadden ingetrapt en bij zijn zwangere
vrouw hadden geïnformeerd waar hij uithing. Damascus zat vol
gangsters van de milities en voetvolk van opstandige groeperingen, die er 's zomers hun verlof doorbrachten, en samen met de
gevluchte gezinnen vanuit stoffige bussen in de benauwde, met
afval bezaaide stegen rond de heiligenschrijn van Saida Zeinab
stroomden. Ze pasten zich aan en leerden slapen zonder onderbreking door geweervuur, ze liepen rond onder een valse naam
of een bijnaam, wogen de risico's en vergeleken de prijzen van
de mensensmokkelaars, die beloofden hen naar Griekenland of
Bulgarije te brengen. Ze troffen elkaar in vieze, vervallen kroegen, rond houtskoolgrills waarop kebab werd geroosterd en in
bedompte ondergrondse internetcafés. Soms, als ze in een hoek
van een theehuis naar oude komische Irakese tv-series uit de jaren tachtig zaten te kijken, als ze vanuit een openstaand raam

een refrein hoorden langswaaien van een oud liefdeslied uit Bagdad, wisten ze weer dat ze allemaal Iraki's waren. Toen het Irakese nationale voetbalelftal in de finale van de Aziatische cup had gewonnen van Saoedi-Arabië (!) gingen massa's juichende mensen de straat op en lieten hun bromfietsen in plaats van hun kalasjnikovs knallen, totdat de Syrische politie er een einde aan kwam maken, op hen in sloeg, en hen eraan herinnerde waar ze zich bevonden.

In Amman was de sfeer rustiger. Er waren minder Iraki's in Jordanië en zij behoorden veelal tot de soennitische middenklasse. De officieren die ik in Amman tegenkwam waren doorgaans hoger in rang geweest en hadden hun zaakjes beter voor elkaar. Generaal Hamdani en zijn vrienden bezaten mooie appartementen met goudkleurige fluwelen sofa's, goudgerande asbakken en geld van onduidelijke herkomst. Ze brachten hun tijd door met het schrijven van kritische beschouwingen over de Saddamjaren, in de waan dat ze grote voorschotten konden vangen bij Amerikaanse uitgevers. Ze noemden het memoires maar er was niets persoonlijks in te vinden, ze schreven als academici zonder feitenkennis, uitvoerige traktaten met selectieve terugblikken die hun blazoen verfraaiden, pretentieuze veronderstellingen en polemische historische uithalen, gedownload uit hun wildste fantasieën. Sommigen waren goedpraters van Saddams bewind, andere gispten zijn 'kwaadaardige adviseurs', de misdadige neven uit Tikrit met wie hij zich had omringd, sommigen prezen zijn intelligentie en verwonderden zich erover dat dit brein zo catastrofaal verwrongen was geraakt, anderen overlaadden Saddam en zijn boerenafkomst met hoon en vertelden me dat ze het allang hadden geweten, van meet af aan, en dat zijn macht was gebouwd op moord.

Hun huichelachtigheid kende vele schakeringen en na een tijdje vloeiden de gezichten, de excuses en de oudbakken oorlogsverhalen ineen en de voormalige generaal stolde tot een prototype. Ik maakte tegenover mijn tolk de grap dat ik er in een afgeladen café zo eentje kon uitpikken: een man van in de vijftig, of een robuuste zestiger, de rechte rug van de militair, dicht, kortgeknipt grijs haar, een snor (doorgaans dunner en smaller geknipt dan vroeger), getatoeëerde stippen, clanken-merken, op de muis van de duim (soms eentje als een oude, ver-bleekte sproet op het puntje van de neus). Hij was altijd vrien-delijk en welwillend, vaak had hij gevoel voor droge humor en rolde zijn mouw op om me het litteken van de huidtransplanta-tie te laten zien op de wond die hij had opgelopen op het schier-eiland Fao in 1986 door een kogel uit een zwaar machinege-weer. Hij had een dik horloge van opgepoetst staal en rondom bezet met diamanten (cadeau van wie? vroeg ik me af), een ge-bedsketting van turkooizen kralen, die hij tussen zijn rusteloze vingers ronddraaide. Hij had een ingelijste foto van Saddam die hem een medaille op de borst speldt met de trotse toelichting: 'De Sash van Rafidain, 1991, na de Moeder aller Veldslagen.' Ik vertelde hem altijd dat ik een pseudoniem kon gebruiken als dat hem gerust zou stellen, dat ik hem niet in moeilijkheden wil-de brengen. In eerste instantie zou hij me sceptisch aankijken, maar dan zou ik namen noemen van veldslagen en comman-danten: Mohamara, Sachet, Khazraji, 'Fish Lake', en hij zou in de stemming komen en zijn door een vakman geredigeerde memoires openslaan. Ik herinner me een kolonel met wit haar en een witte snor die aanvankelijk aarzelde om me zijn naam te noemen, maar later met een zwierig gebaar tegen me zei: 'Ge-bruik mijn naam, gebruik alles maar! We hebben een gezegde: waarom zou een man die verdrinkt bang zijn voor een regen-druppel?'

De officieren vertelden me oorlogsverhalen uit de jaren tachtig en neigden ertoe het gebruik van chemische wapens te verdedigen, de terreur van de Anfal te negeren, ze gaven alleen toe dat er 'fouten waren gemaakt' en dat er in oorlogen en bij contraterreur verkeerde dingen gebeuren. Hun data zaten er een jaar of twee naast, in hun verslagen werd veel weggelaten, hun versie berustte op verdraaiing van feiten, overgeleverd aan de grillen van de oral history. Ze waren ontsteld en verbijsterd over de actuele situatie en weten die zowel aan de botte Amerikaanse hardhandigheid als aan de geraffineerde machinaties van de Iraanse Pasdaran, en lieten mij in overeenstemming met de gewijde Irakese gastvrijheid nooit betalen voor de koffie, ongeacht hun armoedige omstandigheden. Samen schudden we het hoofd bij de domheden en de gewelddadigheden en zelfs bij de onwaardigheid van Saddams executie, dat laatste afschuwelijke moment toen de strop werd aangetrokken, en toen de sjiitische bivakmutsen hem beschimpten door de naam Moqtada te roepen, en we deden een poging tot grimmige zwarte humor: 'Wie kon toen, vier jaar geleden, weten dat we hem zo snel zouden moeten missen!' Ik mocht hen wel, ik maakte grapjes met hen, ik vond hen sympathiek. Maar nooit keek een van hen me recht in de ogen en aanvaardde verantwoordelijkheid voor de misdaden van een regering die ze hadden gediend.

Soms leek mijn langdurige zoektocht naar het verhaal over het *hoe en waarom* een onwezenlijke bezigheid, afgezet tegen het verdraaide en gefragmenteerde nieuws dat tijdens die zomermaanden uit Bagdad kwam. Driehoeksgevechten tussen Al Qaidagroepen, opstandige soennitische clans en Amerikanen, sjiieten tegen sjiieten in Amara en bendeoorlogen tussen wijkmilities in Basra. 'Burgeroorlog' was een bijna hoffelijk eufemisme. Vierentwintig jaar Saddam was gevolgd door een nog akeliger periode, de bodem was onder het vagevuur uit getrokken en voor onze voeten gaapte een nog dieper gat. Wat was de bron van deze walgelijke slachtpartij? *Hoe en waarom?* Ik dacht terug aan mijn interviews in Bagdad gedurende de zomer na de invasie (vier jaar geleden, alweer vier jaar!) en aan alle soorten hersenschade die ik had gezien en die dr. Hassan bereidwillig had proberen te diagnosticeren als paranoia, depressie en angst. Ik had al hun verhalen in me opgenomen en nu, zoals sjeik Adnan me soms spottend waarschuwde, 'wist ik te veel'. Die zomer in Damascus droomde ik van Saddam. In mijn droom was ik bij een enorme, overdadige ontvangst in een van zijn paleizen, al zijn beulen en zijn beide zoons waren er, magere, slaafse en zenuwachtige obers liepen rond met vergulde dienbladen vol kristallen glazen whisky. De sfeer was ongemakkelijk, geforceerd uitgelaten. En ik zat in de val – ik was 'gast' en had die uitdrukkelijke uitnodiging niet durven weigeren – maar toen Saddam zelf vanaf zijn podium ter begroeting in mijn richting knikte voelde ik een vreemde zelfvoldaanheid, heel behaaglijk. 's Morgens moest ik lachen om mijn inlevingsvermogen, maar na een maand van intensieve, moeilijke en pijnlijke vraaggesprekken, betrapte ik me er nog op dat elke keer als ik naar het toilet ging en de deur achter me dichtdeed, mijn eerste gedachte niet was: *schoon? Toiletpapier?* maar: *zou ik in deze ruimte kunnen overleven als dit zes maanden lang mijn cel zou zijn? Is er bijvoorbeeld genoeg ruimte om te kunnen liggen slapen, is er een raam? Zou ik wennen aan de geur? Waarschijnlijk wel... er was geen wasbak, maar dat doet er niet toe*, dacht ik, *ik zou me kunnen wassen met het water uit de stortbak...*

In het algemeen herinnerden de generaals zich Kamel Sachet met genegenheid en bewondering, en met stichtelijke verhalen.

'Hij bekommerde zich veel om de gewone mensen, hij verdedigde altijd de rechten van de gewone mensen, hij was bereid zelfs tegen hoger geplaatsten zijn rug recht te houden... Hij werd niet boos, zijn verlangens waren eenvoudig, realistisch... Hij was er niet op uit om rijk te worden... Hij was rustig en zei niet zo veel... Hij was loyaal en betrouwbaar... Tijdens gevechten sliep hij op een eenvoudige opvouwbare matras... Hij had nooit een schildwacht voor zijn huis staan hoewel dat normaal was voor een bevelhebber... Hij bediende zijn gasten eigenhandig... Hij was openhartig, dat is voor jullie in het Westen iets vanzelfsprekends maar voor ons – ik raadde hem vaak aan kalmpjes aan te doen en niet over dat soort dingen te praten... Moge God hem zegenen... verbazingwekkend moedig... een intimus van Saddam Hoessein... Hij was zo oprecht in zijn werk, zo fatsoenlijk... Zijn normen lagen hoog, hij was nauwkeurig en precies in zijn werk... Hij nam nooit overhaaste besluiten... Lette erop dat hij zijn religieuze plichten nakwam... Hij bad vijfmaal per dag en als hij als militair een vergadering moest bijwonen en een gebed moest overslaan dan haalde hij dat in zodra hij daartoe in de gelegenheid was... Hij at samen met de soldaten, hij haatte het om in een bunker te zitten... Kamel Sachet was een goede vriend van me... een zeer bekwame officier...Hij was zeer zwijgzaam... zeer dapper... zeer doelbewust... Hij besteedde nooit aandacht aan de Iraanse troepen, hij zei altijd, maak je geen zorg, dit is een fluitje van een cent... Hij was een eenvoudig man, hij was net als Rommel – maar Hitler was slimmer, hij liet Rommel zelfmoord plegen...!'

Over de reden van zijn executie deden verschillende theorieën de ronde, tweedehands geruchten. Een van de meest gangbare, die werd verspreid door Khalid, zijn onbetrouwbare uitgeweken broer, luidde dat Qusay persoonlijk hem uit wrok had neergeschoten.

Kamel Sachet werd op 16 december 1998 gearresteerd toen de dreiging van een Amerikaans-Britse luchtaanval acuut werd. Ter voorbereiding hierop, en om de voortdurende provocaties van de geallieerden in de no-flyzones tegen te gaan, had Saddam zijn generale staf gereorganiseerd, met name had hij Ali Hassan al Majid de regie opgedragen over de zuidelijke flank van zijn gebied. Hij vroeg Kamel Sachet hem te assisteren, volgens sommigen om in feite zijn plaatsvervanger te zijn. Kamel Sachet had dan al of niet het formele bevel gekregen om onder Ali Hassan al Majid te dienen, een man die hij verafschuwde. Maar hoe dat ook zij, hij is nooit naar het zuiden gegaan om die taak op zich te nemen. Volgens sommigen weigerde hij de opdracht op de ochtend van 16 december tijdens een ontmoeting met Saddam en Qusay en verscheidene hoge bevelhebbers in de werkkamer van de president. Volgens een andere lezing was zijn onwil al een aantal weken daarvoor opgevallen. Maar men scheen het erover eens te zijn dat Kamel Sachet die ochtend een bijeenkomst op hoog niveau bijwoonde, die werd voorgezeten door Saddam, dat er onenigheid ontstond, dat Kamel Sa-

chet zich terugtrok om te bidden, en dat hij kort na zijn terugkomst op zijn kantoor werd gearresteerd door speciale veilig-
heidsagenten, die onder bevel stonden van Qusay.

Ik hoorde verschillende zonderlinge verhalen: dat Kamel
Sachet botweg weigerde te dienen onder de moorddadige Ali
Hassan al Majid en dat Qusay hem terzijde nam om hem de les
te lezen, dat Kamel Sachet hooghartig voet bij stuk hield, zijn
kalmte verloor en volhield dat hij nooit bevelen zou aanvaarden van een '*aji*' (een dorps woord voor een ondermaats schaap
of een stout jongetje met een neiging tot alle mogelijke ondeu-
gendheden) en dat een furieuze Qusay hem ter plekke zou hebben neergeschoten. Dat Kamel Sachet naar het hoofdkwartier
van de Istikhbarat was gebracht, waar Saddam hem persoonlijk had ondervraagd, en dat Kamel Sachet geen angst voor zijn
leven had getoond en volhield dat hem niets te verwijten viel
en dat Saddam hem in opperste woede in het gezicht had geslagen. Een schrijnende anekdote was afkomstig van Saddams
persoonlijke arts, Ala Bashir, die ook volumineuze, atypische
monumenten voor Bagdad ontwierp, die, naar hij later beweerde, welbewust subversief waren. Ala Bashir had Jon Lee Anderson van de *New Yorker* verteld, in het kader van een aantal interviews, dat, nadat Kamel Sachet was geëxecuteerd, Saddam bij
hem was gekomen voor een kleine aandoening en dat hij had
gemerkt dat hij verward en somber was en dat zijn huid een
vreemde purperachtige kleur had 'alsof hij met bloed was over-
goten'. Dat vertelde Anderson mij.

Kamel Sachet was niet de enige officier, ofschoon wel de
meest vooraanstaande, die in die periode was terechtgesteld.
Door de aanval Desert Fox en door het tijdsverloop van verscheidene weken waarna de families op de hoogte werden gesteld van de arrestaties om de stoffelijke resten op te halen, zijn
er geen exacte data bekend en is het moeilijk die doden achteraf
een samenzwering in de schoenen te schuiven. Janabi's hoorden verschillende verhalen van andere Janabi's, groeperingen
binnen de veiligheidsorganisaties stelden elkaar verantwoorde-

lijk. In maart 1999, nadat Ali zijn vader zonder ceremonie had begraven, maar nog voordat Saddam zijn familie zoengeld had aangeboden in een soort poging om de terechtstelling van zo'n fameuze generaal af te doen als een onfortuinlijke vergissing, werd zijn dood opgepikt door websites die buitenlandse inlichtingendiensten in de gaten hielden, en die er uiteenlopende en vage betekenissen aan hechtten.

Mensen zeiden dat hij was vermoord omdat hij een wahabiliet was, omdat hij contacten onderhield met de Saoedi's, omdat hij tegen Saddam was uitgevallen, omdat hij te trots was, omdat Ali Hassan al Majid hem haatte, omdat hij de strijd was aangegaan met Qusay, omdat hij betrokken was bij een samenzwering, omdat de bende van Tikrit rondom Saddam zich bedreigd voelde door zijn morele autoriteit en zijn aanzien binnen het leger, en omdat hij de giften in geld, auto's en land gebruikte om moskeeën te bouwen. Dat was volgens hen, en ten slotte ook volgens Saddam, een regelrecht affront en strijdig met de verschuldigde achting en dankbaarheid jegens zijn president...

Ali, zijn zoon, vertelde me eens dat Kamel Sachets broers hadden geprobeerd hem aan te zetten om Saddam het hoofd te bieden, maar dat hij had geweigerd zijn president te verraden. Dr. Hassan vertelde me dat Kamel Sachet hem enkele dagen voor zijn arrestatie had bezocht op zijn kantoor, met de kennelijke bedoeling om het geld terug te betalen dat hij in diverse termijnen van dr. Hassan had geleend voor de bouw van zijn derde moskee. (Dr. Hassan had de gewoonte om hem er plagerig aan te herinneren dat hij niet wilde dat iemand anders ook maar iets bijdroeg aan zijn moskeeën. Op een keer dat dr. Hassan als cadeau een gebedskleed meebracht kon Kamel Sachet zich er amper toe brengen zijn vriend te bedanken en had hij gezegd: 'Ja, goed, we zullen het in de vrouwenruimte leggen.') Dr. Hassan verwonderde zich over dit merkwaardige bezoek maar Kamel Sachet wuifde zijn ongerustheid weg. Terugkijkend dacht dr. Hassan dat hij tabula rasa had gemaakt omdat hij een voorgevoel van zijn arrestatie had. Dr. Hassan zei dat hij de laatste maanden van zijn leven erg teruggetrokken was, maar andere mensen die hem kenden vertelden me dat hun geen verandering in zijn gedrag was opgevallen. Nejar kwam met het wel heel aparte verhaal dat hij had geregeld dat hij Kamel Sachet en zijn hele gezin veilig naar Koerdistan zou smokkelen, maar dat Kamel Sachet op het laatste moment, op de ochtend van de geplande vlucht, van mening was veranderd en nee had gezegd, hij zou in Irak blijven en zijn lot afwachten.

Maar de algemene opvatting, en ik hoorde die uit verschillende bronnen, hoewel zijn familie altijd beweerde geen idee te hebben waarom hij was gearresteerd, was dat hij een brief had ontvangen van Nizar Khazraji, zijn voormalige commandant bij de commando's en gewezen stafchef van het leger, die halverwege de jaren negentig was uitgeweken en later in Denemarken woonde. Omstreeks dezelfde tijd hadden ook anderen brieven van Khazraji ontvangen (Nabil was niet de enige balling die een brievencampagne had georganiseerd) en de Mukhabarat was ervan op de hoogte dat ook Kamel Sachet op de verzendlijst stond. Het was niet de ontvangst van die brief die hem de das omdeed, het was het feit dat hij het niet had gemeld. Dat was het ultieme bewijs, een enkel blaadje postpapier, de enige serieuze beschuldiging die zijn vijanden tegen hem konden inbrengen.

Nizar Khazraji was stafchef van het leger geweest ten tijde van de operatie Anfal. Tijdens zijn hele verblijf in Denemarken, waar hij stilletjes complotterend verscheidene jaren met zijn gezin woonde, hadden mensenrechtenorganisaties en Koerdische groeperingen geprobeerd hem te laten arresteren voor misdaden tegen de menselijkheid. Eind 2002, toen de Amerikanen hun Coalition of the Willing formeerden en naarstig op zoek gingen naar ballingen die oud-collega's in Irak op wilden bellen om hen ervan te overtuigen de wapens neer te leggen, hadden de mensenrechtenorganisaties succes en er werd een arrestatiebevel uitgevaardigd tegen Khazraji. Er waren verschillen in politieke belangen tussen Washington en Kopenhagen, het internationale recht was niet erg expliciet, en de op realpolitik gebaseerde diplomatie hielp de zaak ook niet vooruit. Khazraji werd wel aangeklaagd maar hij bleef op vrije voeten. Nabil Janabi zei zich te herinneren dat Khazraji hem in Londen had gebeld en had gevraagd hem te helpen asiel in Jordanië te verkrijgen. Maar voordat Nabil een regeling kon treffen, slechts enkele dagen voor de invasie van maart 2003, was Khazraji onvindbaar. Het gerucht ging dat de CIA hem had verdonkeremaand. Tijdens de invasie doken er berichten op dat hij was gezien in het zuiden van Irak, en wellicht achter de linies onderhandelde met Irakese commandanten. Daarnaast ging het gerucht dat hij in Najaf was gedood, totdat de Deense politie een telefoongesprek onderschepte dat hij met zijn zoon voerde. Daarna verdween hij helemaal. Wanneer ik verschillende generaals vroeg wat er met Nizar Khazraji was gebeurd rolden ze met hun ogen en zeiden dat er werd gezegd dat hij bescherming had gekregen van de Saoedi's en dat hij ergens in Saoedi-Arabië zat ondergedoken.

Vaak vroeg ik mensen die hem kenden of ze dachten dat Kamel Sachet serieus betrokken was geweest bij een samenzwering tegen Saddam of dat hij, ondanks zijn woede, vertwijfeling en bange vermoedens, loyaal was gebleven.

In de pluchen omgeving van het Hyatt Hotel in Amman dacht een clanhoofd van de Janabi, een voormalige kolonel van de Mukhabarat, na over deze vraag. 'Daar gaat het om. Had hij een reëel plan tegen Saddam, of dacht hij er alleen maar aan, of was het iets waar hij nooit aan heeft gedacht? Niemand wist het behalve hijzelf.' Toen ik bleef aandringen dacht de kolonel, alles afwegend, ja, Kamel Sachet complotteerde actief tegen Saddam. Vele anderen met wie ik sprak zeiden nee, het lag niet in zijn aard om het politieke spel mee te spelen. Hij zou zich ook nooit beschikbaar hebben gesteld om als boegbeeld te fungeren voor de snode ambities van anderen. Maar de kolonel van de Mukhabarat in Amman nam nog een slokje thee en dacht terug aan die ontmoedigende periode van stagnatie en projecteerde wat eigen frustratie op Kamel Sachets gemoedstoestand. 'Hij moet iets van zins zijn geweest,' vermoedde hij, 'met al die activiteiten op militair, sociaal en religieus gebied... Hij geloofde sterk in zichzelf, hij had een krachtige, besluitvaardige persoonlijkheid. We wisten allemaal dat de status-quo onhoudbaar was, wellicht had hij ideeën over de toekomst. Velen van ons hadden het daarover. Wat komt er na Saddam? Uday of Qusay?'

De tragedie van Kamel Sachet had drie thema's.

Het was een tragedie zoals zovele, een zoals al die ongetelde miljoenen tragedies: een mens wordt vermoord.

Het was een tragedie van zelfopoffering: Kamel Sachet wilde zijn geloof en zijn persoonlijke overtuiging niet verloochenen en hij werd vermoord omdat hij moedig was en niet van de problemen wilde weglopen, maar liever zijn eigen dood aanvaardde opdat zijn familie voor toekomstige gramschap zou worden bewaard.

Het was een tragedie van hoogmoed: trots, overmatig vertrouwen en zelfverzekerdheid.

Het einde van Kamel Sachet was een typisch Irakese tragedie, maar de tragedie Irak was geen shakespeariaans drama, dat het lot van een man uitbeeldt en dan doek. Het was slechts een episode uit een lang feuilleton. Zijn zoons hielden een litteken over aan zijn dood, maar ze erfden ook zijn trots en zijn reputatie. Een jaar nadat zijn vader was gedood werd Ali aan de grens gearresteerd toen hij probeerde op een vals paspoort Jordanië binnen te komen, op zoek naar werk en een beter perspectief. Hij werd in elkaar geslagen en in een stampvolle gevangenis gestopt, veroordeeld tot twintig jaar in de Abu Ghraib (en vrijgelaten tijdens de algemene amnestie in november 2002, net een dag na het huwelijk van zijn oudere broer), maar hij slaagde er altijd weer in om onder zijn bewakers iemand te vinden die zijn vader had gekend en die het verleden indachtig antibiotica naar binnen smokkelde als hij ziek was of die hem overbracht naar een betere cel. Vader gewon zoon. Generatie volgt generatie. Leed en onrecht, tirannie en pijn waren het lot van Sachets zoons evenzeer als dat van elke andere zoon in Irak. Oorlog, verarming en onderdrukking hadden geleid tot morele desintegratie en religieus fanatisme, twee kanten van dezelfde medaille.

Het was gemakkelijk genoeg, en wel zo comfortabel, om gewoon maar je hoofd te schudden over de hele failliete boedel. Als iemand mij vroeg waar het volgens mij met Irak heen zou gaan antwoordde ik altijd: 'God mag het weten!' Het script had al vele verschillende verbijsterende richtingen ingeslagen en de toekomst voorspellen is de taak van de jolige hofnar.

Ik zag echter wel een miniem lichtstraaltje in al het pessimisme. Irak had het jarenlang steeds slechter gekregen, maar dat betekende niet dat het zo zou doorgaan. Jarenlang had het islamisme een steeds schrillere, radicale toon aangeslagen, maar dat betekende niet dat ze op die weg verder zouden gaan. Als Irak me iets had geleerd was het wel de complexiteit van de reacties op gebeurtenissen en op de idealen en de ideologieën die ieder mens in zich heeft. Iraki's droegen littekens en herinneringen met zich mee, van goed en kwaad, van dwaas en droef, en een beetje baathisme, druppeltjes trots en een minderwaardigheidscomplex. In hun hoofden soera's uit de Koran naast de geboden van hun grootvaders, eeroude strijdkreten en het refrein van een liedje van Britney Spears. Onhandelbare en humeurige lui, grillig bovendien; van communisme naar baathisme; strijdlustig en oorlogsmoe, religieus en sceptisch; van fanatiek tot cynisch. Geschiedenis betekent niet noodzakelijk vooruitgang en een mensenleven is ook geen rechte streep door de tijd.

Die zomer in Jordanië trof ik dr. Laith weer, de psychiater, vriend en collega van dr. Hassan, die een rapport had geschreven over het moreel van het leger in de oorlog om Koeweit en die halverwege de jaren negentig, nadat hij gearresteerd was geweest, Irak had verlaten. Dr. Laith was in 2003 teruggekeerd naar Irak en was adviseur geworden van de minister van Defensie. Ik had berichten gehoord dat hij ernstig was gewond bij een moordaanslag in 2005 en dus was ik blij hem veilig in Amman aan te treffen, gezond en glimlachend...

'Nee! Niet gewond!' Hij lachte om mijn bezorgdheid. Hij was niet gewond geraakt bij die aanslag, wel twee van zijn lijfwachten. Daarna was hij een paar maanden naar Parijs gestuurd als militair attaché aan de Irakese ambassade, vervolgens verbleef hij een jaar in Irak. 'Ondraaglijk, dat geweld, die chaos.' En hij vertrok weer. Nu hadden hij en zijn vrouw Bushra appartementen in Amman en Damascus en verdeelden hun tijd tussen die twee. Bushra, zo legde dr. Laith liefderijk uit, voelde zich meer op haar gemak in Damascus, maar wat hem betrof was het al te vertrouwd: 'Overal die posters van de dictator!' Het was tijdens de vorige ballingschap in Damascus dat Bushra voor het eerst de hijab was gaan dragen, ze voelde zich daarin op een of andere manier, sociaal en moreel, comfortabeler toen ze daar alleen woonde. Maar nu, toen ze de keuken uit kwam met een dienblad vol glazen thee, zag ik dat ze de hijab had afgelegd. Haar haren waren glanzend opgeföhnd, ze droeg een lange broek en een mouwloos hemdje en haar lippenstift was zorgvuldig aangebracht tot net buiten de rand van haar lippen.

'Bushra! Wat is er gebeurd?' vroeg ik haar.

Ze glimlachte en haalde haar schouders op. Ze zei dat ze uiteindelijk had toegegeven aan de vermaningen en het gezeur van haar echtgenoot en haar dochter Louisa, 'de feministe'. Een hijab dragen in Europa, zei ze, was het tegendeel van comfortabel en hier in Amman, nou ja, in de betere buurten van de stad, was het heel normaal dat een vrouw blootshoofds ging.

Ik vroeg wat voor nieuws ze hadden en hoe het ging met de familie.

Louisa woonde in Nederland: 'O, ze is nu helemaal Europeaan!' zei haar vader half trots, half treurig. Een zoon was in Duitsland, hij werkte hard en het ging hem goed, maar hun jongste! Dr. Laith keek ongelukkig. Hij werd verondersteld in Duitsland te studeren, maar hij had zich bekeerd tot de radicale islam. 'Het is alsof we hem helemaal kwijt zijn,' zei zijn vader.

Schuivende gevoelens, preferenties, waardeoordelen, vaderland, saamhorigheid, dit was een microkosmos op familieniveau. Door de combinatie van de weemoedige wijsheid van dr. Laith, Bushra's omdoen en afleggen van de hijab, en de ironische nevenschikking van hun feministische dochter en hun islamistische zoon, die allebei in Europa woonden, realiseerde ik me dat je beter niets als vaststaand kunt aannemen, niets staat in steen gehouwen.

Epiloog

De laatste keer dat ik de familie Sachet zag was in januari 2005. Ik was terug in Bagdad voor de eerste verkiezingen. Ik vloog vanuit Amman naar Bagdad, gespte me goed vast om de misselijkmakende centrifugale krachten tijdens de spiraallanding (om raketten van opstandelingen te vermijden) te weerstaan. De aarde tolde om de raampjes heen en de grond kwam op ramkoers naderbij. Ik schuifelde in een rij door de douane (Irakese douaniers vroegen 'DoD?', Department of Defense, in plaats van mijn paspoort) en haalde mijn bagage op met de andere somber gestemde reizigers: een verslaggever van de *Washington Post*, twee ongelukkige thuisgekomen parlementariërs en een aantal vlezige contractanten in kakibroeken met pistoolholsters om hun dijen gebonden. Ik reed met de bus naar het parkeerterrein, ontmoette er mijn chauffeur, die een abaja voor me had meegebracht om me te vermommen, en ging achterin zitten. Ik zag de stad die in de afgelopen zes maanden te gevaarlijk voor me was geworden. Op de snelweg was veel verkeer, veel kleine, gammele, oranje-wit geblokte taxi's, tweedehands Honda's, open bestelauto's hoog opgetast met beddegoed en kindertjes. De palmbomen en de struiken bougainvillea op de middenberm waren allemaal verwijderd om schietgrage opstandelingen hun dekking te ontnemen. Amerikaanse tanks hurkten als enorme ineengedoken padden tegen de met afval bezaaide braakliggende grond. Op de bruggen van het hoofdwegennet waren hoge kooiconstructies aangebracht van schakelkettingen, om te voorkomen dat er stenen en IED's (Improvised Explosive Devices) werden gegooid op de Amerikaanse patrouilles die er onderdoor reden. Op een bepaald punt moest het verkeer afremmen achter een Amerikaans militair konvooi. Het leek wel spitsuur. We moesten afstand houden zoals een opschrift achter op een Humvee aangaf – KEEP BACK FIFTY FEET, 'of we schieten op je,' voegde mijn chauffeur eraan toe –, en als berouwvolle smekelingen kropen we voort.

Zes maanden lang was ik weg geweest. Toen we over de Tigris naar Jadriyeh reden, het chique schiereiland tegenover de Groene Zone, waar het Hamra Hotel stond, keek ik of er veel veranderd was. De ijssalon was nog open, maar de drankwinkel was gesloten, de Australiërs bivakkeerden nog steeds op de bovenverdiepingen van een in aanbouw zijnde constructie aan de hoofdweg, maar op de brug naar Dora (eens een gemengde soennitische, sjiitische, christelijke wijk, met geweld, chaos en veel geschiet, een van de nieuwe no-goarea's) was nauwelijks verkeer. Ik zag dat de grote rotonde bij de brug nu werd bewaakt door de zwartgeklede Badrbrigade, een van de belangrijkste sjiitische facties, die daar vlakbij haar hoofdkwartier had. Het Babylon Hotel, waar ik vaak ging zwemmen, de man met zijn groentestalletje onder een gestreepte paraplu, waar ik vaak spinazie kocht, de toegang tot de doodlopende straat waar ik toen woonde, de afgezette weg langs het oude politiebureau, dat was omgeknutseld tot een soort bunker van het ministerie van Binnenlandse Zaken (later ontmaskerd als martelkamer), de zwaar gefortificeerde Amerikaanse controlepost die vorig voorjaar was opgeblazen en daarna nog eens was aangevallen – door de autoruit zag ik al die welbekende ijkpunten voorbijkomen. En alles was nu overwoekerd door oorlogsrommel: betonnen wegversperringen, metalen tankobstakels, rollen prikkeldraad, zandzakken, triplex borden met slordig geschilderde rode pijlen. De onzichtbare angst hing laag over de stad, net zoals de grijze winterlucht. Het gevaar van ontvoering was zo groot dat ik niet uit de auto kon stappen en op straat lopen.

De eerste ochtend werd ik wakker van een autobom vier of vijf blokken verderop: boem, acht uur in de ochtend, wat een wekker. De tweede ochtend werd ik wakker van een autobom twee blokken verderop, gericht tegen de Australiërs. De ramen aan één kant van het hotel waren uit hun sponningen geblazen en een jongetje dat op de hoek sigaretten verkocht was dodelijk getroffen. We troffen elkaar allemaal buiten op de hoofdstraat, sprongen over met as bedekte brokstukken en keken toe hoe de brandweer het met roet bedekte autokarkas drijfnat spoot. De bom had een paar ongepleisterde betonnen pilaren geblakerd, maar de Australiërs op de verdiepingen daarboven lieten weten dat ze geen slachtoffers hadden. We stonden naar het onoverzichtelijke tafereel te kijken, toen opeens een paar fotografen dichterbij kwamen om de laatste lekkende vlammetjes bij het wrak te kieken, en we zeiden tegen elkaar hoe prettig het was om buiten het hotel wat rond te lopen, en hoe potsierlijk ironisch het was dat de onordelijke sfeer na een autobomaanslag ons even vrijaf gaf van de dagelijkse spanning...

Ali Sachet was de eerste die ik belde toen ik me had geïnstalleerd. Saidiya was, zoals een groot deel van Bagdad, absoluut onveilig voor buitenlanders. In feite stonden de wijken onder controle van opstandelingen en waren de straten ondermijnd. De zeldzame Amerikaanse patrouilles die zich in de wijk waagden werden steevast onder vuur genomen. Ali zei dat ze blij waren van me te horen en dat hij me de volgende middag zou oppikken bij het hotel.

Hij en zijn jongere broer Mustafa kwamen me ophalen. Ik herinnerde me Mustafa van de vorige zomer als een broodmagere, slungelige, verlegen jongen met ontzag voor zijn grote broers. Nu zag hij eruit als een bodybuilder, groot, gezwollen spierbundels, sterk. 'Hij heeft met gewichten gewerkt,' zei Ali lachend tegen me en gaf hem een speelse draai om de oren, 'als een echte lijfwacht!' Mustafa grijnsde schaapachtig en gaf gas als het kereltje in een videospelletje dat op volle snelheid door het verkeer meandert alsof de weg van hem is. Ali zei hem kalm aan te doen toen we van de hoofdweg af draaiden en Saidiya binnenreden. Er waren heel wat mensen op straat om te winkelen of anderszins. Beeldde ik me in dat er op de straathoeken rebellen op de uitkijk zaten? Mannen die met een mobiele telefoon naast hun elleboog in cafés zaten, tieners die op de kruispunten rondhingen? 'Dit gebied is nu van ons!' vertelde Ali me fel en opschepperig. 'De Amerikanen komen er hier niet meer in! Ze weten dat we hen afmaken!'

'En de politie?' vroeg ik. Gedurende de eerste paar dagen had ik de politie-eenheden in wording gezien in Jadriyeh en ik had ook nog mezelf wijsgemaakt dat dit me hoe dan ook een veiliger gevoel gaf.

'De politie?' Ali barstte in lachen uit. Mustafa grinnikte. We reden langs de half afgebouwde moskee, op de hoek lag een slordige berg afgedankt prikkeldraad naast een hoop puin. 'Dat was het politiebureau! Ha! Gisteren opgeblazen! Ze durven hier nu niet meer te komen!'

We parkeerden voor het huis, binnen zat iedereen te wachten om me te verwelkomen behalve Omar, die, echt iets voor hem, zo nodig van alles te doen had. Ze schenen allemaal verheugd te zijn me weer te zien en ze leken opgewekt. Um Omar omhelsde me, Shadwan schonk thee voor me in, en ze zeiden dat ze niet verbaasd waren dat ik niet eerder was teruggekomen, ja, ze hadden de beelden gezien van journalisten die die zomer waren ontvoerd. Ja, *hamdilullah*, ze maakten het goed, iedereen maakte het goed. Ali had nu een zoon en ze hadden hem Kamel genoemd! Ze hadden de ontvangstkamer opnieuw geschilderd, zachtgeel en blauw – wat dacht ik ervan? Vond ik het mooi?

'Als we het licht aan hebben is het heel mooi,' zei Um Omar glimlachend, 'maar de elektriciteit doet het niet goed.'

'Nu is het hier koud en we hebben geen brandstof voor de kachel,' zei Ali.

Shadwan voegde eraan toe dat ze al zeven dagen geen water hadden. Ze gebruikten het water van de bron, die ze tijdens de oorlog in de tuin hadden gegraven, om de borden te wassen, voor ander water moesten ze naar verschillende wijken, waar ze het uit kranen of uit tankwagens haalden.

Mohammed, het oudste kleinkind, dat net leerde lopen, werd binnengebracht door zijn moeder. Shadwan zei dat ze nu lesgaf op een pedagogische academie voor vrouwen. Het was niet ver van huis en het was in een veiliger buurt dan haar vorige school, die helemaal onder sjiitische invloed stond.

'En de bommen en het geweld? En al die ontvoeringen? Maakt u zich zorgen als Shadwan naar haar werk gaat? Of om de kleintjes, als die op straat spelen?' vroeg ik.

Um Omar lachte, nee, nee! Helemaal niet, in hun wijk voelden ze zich heel veilig, iedereen kende hen hier, de Amerikanen durfden er niet te komen en de kantoren van de gemeente waren opgeblazen, dus hoefden ze niet bang te zijn dat de politie iets zou ondernemen.

'Soms komen ze – de Amerikanen hebben een vriend van Abu Omar gearresteerd die in de wijk woonde, en namen al zijn zoons mee. Sommigen hebben ze weer vrijgelaten. Ja, het is waar, de zoon van een generaal werd een paar straten verderop ontvoerd, maar wij maken ons geen zorgen.' Iedereen kende de moedjahedien en die zorgden overal voor. Bij hen voelden ze zich veiliger.

Ze schonken me thee en gaven me heilig zamzamwater uit Mekka (klaarblijkelijk hadden Ali en Omar onlangs de heilige plaatsen bezocht). Ze stelden mij geen vragen, ze waren niet geïnteresseerd in mijn uiteenzettingen over de Amerikaanse politiek en bedoelingen zoals ze anderhalf jaar geleden wel waren geweest, toen ik ze voor het eerst had ontmoet. In plaats daarvan hadden ze zelf een heleboel antwoorden en meningen. Jihad, zo beweerden ze, was belangrijk als doel op zich, als heilige taak voor Gods aangezicht. Het resultaat van jihad, zeiden ze, succes of mislukking of de gevolgen, deed er niet zo veel toe. 'Het verzet is nu aan de winnende hand. Op z'n minst worden de grootse plannen die de Amerikanen voor ons en ons land hebben in de war geschopt.'

'In Samarra was het verzet drie maanden de baas!' vertelde Ali trots. 'Het had zelfs verkeersagenten! Ze bezetten de politiebureaus en handhaafden de orde. Ze stelden de prijzen vast op de groentemarkt en distribueerden petroleum. En Salman Park ten zuidoosten van Bagdad is nu zowat helemaal in handen van de moedjahedien en sommige mensen daar, die last hadden van de ontvoeringen, beklaagden zich bij de moedjahedien en de moedjahedien hebben vier kidnappers terechtgesteld en nu is het een van de veiligste gebieden van Irak!'

De familie Sachet was een uitzondering. Ze waren de enige mensen met wie ik die winter in Bagdad sprak die niet wit om hun neus zagen, niet gespannen waren of in shock door de heersende toestanden en die geen moeizame gesprekken voerden over emigratie en over geld, werk, paspoorten en visa. Scholen waren af en aan open en dicht, de mensen waren bang hun kinderen erheen te sturen. Sjiietische facties intimideerden de faculteiten van de universiteit, vluchtelingen uit Falluja en Ramadi kampeerden in leegstaande huizen; elektriciteit, water, riolering, ziekenhuizen, het was een jammerlijke puinzooi – ik hoorde een litanie van desintegratie en criminele bendevorming, parallel met en soms identiek aan de rebellie. Daarbij een epidemie van autodiefstallen, roofovervallen en ontvoeringen. De gangbare prijs voor een gekidnapte jongen, het meest voorkomende geval, was ongeveer vijfduizend dollar. Maar de ontvoerders, vaak buren, oud-collega's, zelfs verre neven, kenden de beoogde gezinnen goed en gingen na wat er aan kapitaal was en als ze meenden dat de vader ergens een spaarpotje had of een rijke broer in het buitenland kon de prijs oplopen tot vijftigduizend dollar of meer. Maar de Sachets schenen niet van hun stuk te brengen. Integendeel, ze kookten haast over van wereldvreemd zelfvertrouwen, want ze vochten terug en ze dachten dat ze gingen winnen.

'Gaan jullie volgende week stemmen?' vroeg ik hun.

'Nee. Nee!' Ze schudden het hoofd met diep doorleefde afschuw. De Associatie van Moslimgeestelijken had gedecreteerd dat soennieten niet moesten gaan stemmen en het grootste deel van de soennitische bevolking boycotte wat ze zag als een door de Amerikanen op touw gezette sjiitische machtsovername.

'In de grondwet staat dat je geen verkiezingen kunt uitschrijven tijdens een bezetting,' legde Ali uit.

'We willen deze verkiezingen niet legitimeren,' zei Shadwan. 'Meestemmen zou betekenen dat we een steentje bijdragen aan hun gezag.'

Ik dronk dus maar mijn kopje thee, bewonderde hun nieuw decor, gaf hun de cadeaus die ik had meegebracht uit Engeland en nam afscheid van iedereen. Ze zeiden me dat ik snel weer op bezoek moest komen! En Mustafa reed me halsoverkop en onophoudelijk dwaas grijnzend terug naar het hotel.

Enkele jaren verstreken. Ik reisde heen en weer tussen Londen en Beirut, Damascus en Parijs. De oorlog in Irak kronkelde en krampte alle kanten op. Er was een soennitische opstand tegen de Amerikanen en toen was er de burgeroorlog tussen soennieten en sjiieten om de controle over Bagdad en toen realiseerden de Amerikanen zich dat ze te lang de sjiitische doodseskaders hadden gekoesterd en hen wel erg royaal hadden bewapend en die bendes hadden connecties met het ministerie van Binnenlandse Zaken waardoor er als het ware een Amerikaans-Iraans bondgenootschap was ontstaan en inmiddels hadden de soennitische opstandelingen hun buik vol van de samenwerking met 'Al Qaida Mesopotamië' en zochten toenadering tot de Amerikanen om Al Qaida uit hun wijken te verdrijven en de Amerikanen benoemden een nieuwe opperbevelhebber, David Petraeus, die het aantal gevechtstroepen opvoerde, de *surge*, en erin slaagde de provincies Anbar en Bagdad een tijdje lang vrij te houden van excessief geweld, maar toen bleek het zuiden een moorddadig ratjetoe van rivaliserende sjiitische clans en in Kirkuk vlamde het verzet op tegen de Koerdische ambities en de Turken bombardeerden van tijd tot tijd de PKK in Irak en er werden bloedbaden aangericht onder sektarische gemeenschappen in verre gebieden waar niemand het fijne van wist. Alles bij benadering. Steeds minder, uiterst summiere getuigenissen. Westerse journalisten konden niet reizen als ze niet waren ingedeeld bij een legeronderdeel en vele tientallen Irakese journalisten werden vermoord. Het alomtegenwoordige geweld leek niet meer weg te denken, het was te groot geworden en te verschrikkelijk.

In de zomer van 2007 vroeg ik in Damascus en Amman altijd als ik met Irakezen sprak of ze nieuws hadden over de familie Sachet. Er deden verschillende geruchten de ronde. Ik was tot de veronderstelling gekomen dat Omar, Ali en Ahmed, maar waarschijnlijk ook Mustafa, betrokken waren bij het verzet. Ze waren immers de zoons van hun vader, religieus, rechtschapen, trots en dapper. De bezetting zou geen stand houden. Ik herinnerde me bijvoorbeeld dat Ali me eens had verteld hoe hij eten en water had gebracht naar de Syrische Fedajien (Syrische vrijwilligers, die hun kaarten hadden gezet op een stadsguerrilla tegen de Amerikanen), die zich schuilhielden in een moskee in Saidiya toen de Amerikanen tijdens de invasie van 2003 met hun tanks over de hoofdweg voorbijreden. Geruchten en snippertjes nieuws bevestigden dat. Saidiya was een van de gewelddadigste frontgebieden in Bagdad geworden waar soennieten en sjiieten elkaar bestreden. De wijk was nu praktisch onbewoonbaar en ik hoorde uit verschillende bronnen dat de Sachets Saidiya hadden verlaten, vermoedelijk omdat hun huis was afgebrand. Ongetwijfeld was de Sadiqmoskee van Kamel Sachet, eerder een haard van verzet, verschillende malen aangevallen door sjiitische milities, platgebombardeerd en opgegeven. Ik vernam van een stel neven in Damascus, en ook van een vroegere lijfwacht van Kamel Sachet, die van Bagdad naar Sulaimaniyah was gekomen om me te ontmoeten, en van ex-Mukhabaratmedewerkers van de Janabi, dat twee van de broers Sachet – niemand wist precies welke – waren gearresteerd door de Amerikanen en daarna, al naar gelang met wie ik sprak, na verscheidene maanden al of niet waren vrijgelaten. Ik hoorde dat een van de jongere dochters (die getrouwd was met een lid van het Irakese boogschuttersteam herinnerde ik me) in Dubai was gaan wonen, dat de rest van het gezin nog in Bagdad was maar in een andere wijk en dat het gezin naar Damascus was verhuisd.

Het verzet was een veelkleurig samenraapsel van elkaar overlappende facties: de Brigade van de Revolutie van 1920, de Islamitische Verovering, de Basisorganisatie van de Jihad in Mesopotamië, de Irakese Hamas, de Islamitische Natie Irak, Ridders van het Tweestromenland, Verlossers van Anbar, Mohammeds Heerscharen, de Bruggen van Salahuddin, de Helden van Irak. Sommige vochten onder de paraplu van Al Qaida, sommige voerden stadsoorlogjes zij aan zij met Al Qaida, sommige keerden zich tegen Al Qaida en werkten nu samen met de Amerikanen om weer de baas te worden in hun eigen gebieden. De situatie was instabiel, veranderlijk en ondoorschouwbaar. Er kwamen in de loop van de zomer druppelsgewijs berichten over een grote slag in het leefgebied van de Albu Hassoen tussen elementen van Al Qaida en ontgoochelde lokale opstandelingen en Amerikanen. Verwaaiende woordjes. Elke keer als ik een lid van de familie Sachet op het spoor was – Kamel Sachet had verscheidene broers, van wie er minstens twee in Damascus woonden – werd de deur dichtgeslagen. Men was bang, men was het zat. Tussenpersonen die ik belde hingen op en mijn tolken en vrienden die voor mij contacten legden kregen de wind van voren. Waar ze ook uithingen, de familie Sachet wilde niet worden gevonden.

Het nieuwe Amerikaanse beleid om plaatselijke soennitische groepen te bewapenen om hun wijken te verdedigen tegen Al Qaida werd gedurende de daaropvolgende winter van de provincie Anbar via de westelijke buitenwijken van Bagdad uitgebreid naar de clangebieden van de Janabi's ten zuiden van Bagdad. Maar het nieuws bleef schaars: er waren geen telefoonverbindingen met die streek, controleposten werden haastig opgezet terwijl elkaar rivaliserende milities met elkaar streden, reizen werd bijna onmogelijk, een stamleider met wie ik in contact hoopte te komen via een tussenpersoon in Bagdad die vaak de regio bezocht, werd belegerd in zijn compound, en stond op het punt om zijn banden met een lokale Al Qaidagroep te verbreken en met de Amerikanen in zee te gaan. Sommigen van mijn Irakese contacten in Damascus en Amman hebben mij gedeeltes van dit verhaal verteld, anderen wilden mij niets vertellen omdat ze bang waren dat ik een spion was. Van de vrouwen van het gezin Sachet, van Um Omar, Shadwan en Amani, was er praktisch helemaal geen nieuws, het was niet gepast dat mannen vroegen naar de vrouwelijke leden van een gezin.

Na de gevechten van die zomer ging een van mijn Irakese journalistieke vrienden naar Jurfa Sakr om deze nieuwe, hachelijke ontwikkeling te onderzoeken, en informeerde voor me bij commandanten en clanoudsten die hij interviewde naar de broers Sachet. Volgens een van hen, een hoge commandant van het Islamitisch Leger, had Omar Sachet zich in 2004 aangesloten bij de opstand en was hij opgeklommen tot een leidende positie, was hij een jaar later bereid tot samenwerking met Al Qaida en zou hij buitengewoon smerige gevechten tegen de sjiieten hebben gevoerd op de grens van de wijken Saidiya en Dora. De commandant moest niets hebben van dat soort geweld. 'Hun vader was een held, maar zij gooiden zijn naam te grabbel.'

Een plaatselijke sjeik was specifieker. 'Als ik hem zie schiet ik hem ter plekke neer.'

Ik dacht terug aan de Omar die ik had gekend in de maanden na de invasie. Net zo lang als zijn vader, net zo zwijgzaam en rustig. Hij wilde nooit gaan zitten om een een-op-eengesprek met me te voeren. Hij had het altijd druk, was altijd weg en hij liet me groeten.

Sjeik Adnan had goede hoop dat de coalitie van opstandige groeperingen die de nieuwe Amerikaanse plannen hadden onderschreven om Al Qaida uit Irak te verdrijven, zou beklijven.

Hij had het er zelfs over dat hij terug naar huis wilde om de vergadering van zijn clanraad weer bijeen te roepen.

Wanneer ik die feiten op een rijtje zet moet ik erkennen dat de laatste paragrafen niet toewerken naar een sluitende conclusie. Zo veel onbedoelde gevolgen. *Hoe en waarom* hadden de zonen van Saddams Irak hun land naar de bliksem geholpen, hun families verscheurd en hun buren omgebracht?

Wie kon weten wanneer het weer mogelijk zou worden om terug te gaan naar Bagdad, om weer door Saidiya te rijden, om de Sachets op te zoeken, en andere vrienden, zij die erin waren geslaagd de barre tijden te overleven en, nog één keer, te vragen: 'Wat is hier allemaal gebeurd?'

Dankwoord

Wanneer de mensen vernemen dat ik veel tijd heb doorgebracht in Irak en in het Midden-Oosten gebeurt het dikwijls dat ze zich naar me vooroverbuigen en zeggen: 'Echt, maar voor een vrouw, een blonde vrouw, is dat toch, eh, een beetje...' Het simpele antwoord is nee. Ik ben in Irak nooit lastiggevallen, nooit bedreigd, en iedereen is me met respect tegemoet getreden. Het gaat nog verder, in moeilijke en gewelddadige omstandigheden, tijdens de bezetting, waarvoor mijn beide regeringen (mijn half Britse, half Amerikaanse nationaliteit!) verantwoordelijk waren, ben ik overal uiterst hoffelijk en gastvrij ontvangen. Iraki's hebben me verder geholpen, me te eten gegeven, met me gesproken, me bij hen thuis uitgenodigd, en, het allerbelangrijkste, met veel geduld hun levens en hun ervaringen uiteengezet.

Om die ervaringen te achterhalen en ze voor me te vertalen ben ik dank verschuldigd aan meerdere Iraki's, in meerdere landen, en ze kunnen in deze gevaarvolle tijden alleen met de voornaam worden aangeduid.

Othello (op mijn eerste werkdag zei ik: 'Laten we naar de Abu Ghraib gaan!' Haast niet te geloven dat je het zes maanden met me hebt uitgehouden), Salih (heeft zelfs gedoogd dat ik me met een absurde roze paraplu tegen de augustuszon van Bagdad beschutte), Mona (weergaloos, niet te intimideren, simpelweg de allerbeste), Mahmoud (staat mijlenver boven de dagelijkse beslommeringen...), Maher (kortaf, maar uiterst doelgericht), Ahlam (ik hoop, ik hoop vurig dat het je gelukt is om van Saida Zeinab naar de vs te verhuizen) en Sirwan (begaafde organisator van picknicks).

283

De steun van vrienden, collega's en autobomkameraden kan soms een grote troost zijn voor de eenzame langeafstandcorrespondent. In herinnering aan al die gesprekken, al die flessen wijn en al die gedenkwaardige avonden; al die vloeren waarop ik kon slapen, jullie advies en de moeilijkheden die we samen moesten doorstaan: Jon Lee Anderson, Michael Goldfarb, Omar Abdul Qadr, Molly Bingham en Steve Connors, Abdul Rahman al Jobouri, Dan Murphy, Jill Carroll, Rory McCarthy en Juliette von Seibold, Sean Langan, Ghaith Abdul-Ahad, George Packer, Matt McAllester, Patrick Bishop, Patrick Cockburn, Adrien Jaulmes, Charlie Glass, Damien Quinn, Lina Sinjab, Khalid Oweis, Malika Browne, Ramsay al Rikabi, Deb Amos, Kate Brooks, Maen Abdul Salam en Aliya Mawani, Oliver August, Hassan Fattah, Janine Di Giovanni, Viyan Sherif en Katherine Zoepf.

Ik wil ook graag de International Crisis Group bedanken. Zij schrijven de beste rapporten over Irak en de ervaringsdeskundigen en monumenten van geleerdheid Joost Hiltermann en Peter Harling in het bijzonder waren altijd vriendelijk en hebben me goed geholpen.

Om te besluiten bedank ik mijn kompanen in Beirut: Lina Saidi, Nadim Mallat, Jeroen Kramer, Ferry Biedermann, Emilie Seuer, en heel heel speciaal Imma thuis weg van huis. En de lui die me die lange winter in Parijs tijdens al die hoofdstukken hebben bijgestaan, met name Mounir Fatmi en Blaire Dessent en Robert Hudson. En mijn vader, die me altijd ophaalt van het vliegveld en zegt dat ik me niet te sappel moet maken om een echte baan te krijgen en die een nieuwe laptop voor me heeft gekocht toen de mijne was gesmolten door de Libanese stroomstoringen.

Van Wendell Steavenson verscheen
eerder bij De Arbeiderspers:

Georgië. Stemmen uit de Kaukasus

Georgië. Stemmen uit de Kaukasus

Wendell Steavenson reisde door Georgië en tekende de verhalen op van soldaten, boeren, hoeren en fantasten, ronddolende journalisten, bergbewoners, eenzelvige kunstenaars en misdadigers. Ze vertelt over de cultus rondom Stalin, een Georgiër, over de post-Sovjetchaos, over Sjevardnadze en zijn maffia, over de kou in kraakpanden zonder elektriciteit en de nabijheid van Tsjetsjenië, over wodka en de grenzeloze gastvrijheid van de oudste wijnmakers ter wereld, de gelijkenis van het land met Lampedusa's Sicilië, maar ook over de restanten uit de Sovjettijd, zoals de grandioos kitscherige datsja van Gorbatsjov.

Georgië. Stemmen uit de Kaukasus is een polyfone, sprankelende ode aan de door etnische geschillen en corruptie geplaagde voormalige Sovjetrepubliek.

* Een sprankelende poëtische lofzang op een van de meest romantische en gevaarlijke landen ter wereld. – Simon Sebag Montefiore

* Dit is het eerste boek van een ervaren en begenadigde schrijver, een jonge Kapuściński met een literaire toekomst voor zich [...] een ongelooflijk talentvolle schrijfster. – Neil Ascherson in *The Observer*